经世济民

诚信服务

德法兼修

"十二五"职业教育国家规划教材

高等职业教育在线开放课程
新形态一体化教材

高等职业教育商贸类专业群
经济贸易类专业新目录·新专标配套教材

国际贸易实务

实务

（第四版）

- 主　编　鲁丹萍
- 副主编　陈　康　金高洁
  周渝霞

新目录
新专标

中国教育出版传媒集团
高等教育出版社·北京

内容提要

本教材是"十二五"职业教育国家规划教材，也是高等职业教育商贸类专业群经济贸易类专业新目录·新专标配套教材。

本教材以国际贸易业务流程为主线，介绍了国际贸易的基本概念、基本理论、外贸方针政策与外贸实践，注重学生国际贸易知识的学习与技能的培养。全书共包括十个项目：国际贸易概述、商订国际贸易合同、国际贸易术语、商品的价格、商品标的物、国际货物运输、国际货物运输保险、国际贸易支付、国际贸易合同履行和国际贸易善后。本教材适应国际贸易发展新形势和高等职业教育发展的新要求，根据关检合一机构改革进行了修订，更新了外贸业务流程、经济数据和案例，新增了数字贸易、进博会、海南自贸区等内容。

本教材在爱课程（中国大学MOOC）平台上配套建设有国家级精品资源共享课"国际贸易理论与实务"，可登录爱课程平台进行在线学习；同时建设有类型丰富的数字化教学资源，并精选其中具有典型性、实用性的资源，以二维码方式标注在教材边白处，供读者即扫即用。教师如需获取本教材授课用课件、习题答案等配套资源，请登录"高等教育出版社产品信息检索系统"(xuanshu.hep.com.cn) 免费下载。

本教材既可以作为高等职业教育专科、本科院校和应用型本科院校国际经济与贸易、国际商务、现代物流管理、跨境电子商务等专业的教材，也可以作为外贸从业人员的业务参考用书和培训辅导用书。

图书在版编目（CIP）数据

国际贸易实务 / 鲁丹萍主编. -- 4版. -- 北京：高等教育出版社，2025. 6. -- ISBN 978-7-04-064320-6

Ⅰ. F740.4

中国国家版本馆CIP数据核字第2025QB7972号

国际贸易实务（第四版）
GUOJI MAOYI SHIWU

策划编辑	康 蓉	责任编辑	刘其芸	封面设计	赵 阳	版式设计	明 艳
责任绘图	于 博	责任校对	张 薇	责任印制	张益豪		

出版发行	高等教育出版社	网　址	http://www.hep.edu.cn
社　址	北京市西城区德外大街4号		http://www.hep.com.cn
邮政编码	100120	网上订购	http://www.hepmall.com.cn
印　刷	唐山嘉德印刷有限公司		http://www.hepmall.com
开　本	787 mm×1092 mm　1/16		http://www.hepmall.cn
印　张	20.5	版　次	2012年6月第1版
字　数	360千字		2025年6月第4版
购书热线	010-58581118	印　次	2025年6月第1次印刷
咨询电话	400-810-0598	定　价	48.80元

本书如有缺页、倒页、脱页等质量问题，请到所购图书销售部门联系调换
版权所有　侵权必究
物料号　64320-00

第四版前言

在数字经济的驱动下，国际贸易的发展速度得到了快速提升，世界各国都将国际贸易视为经济发展的重要支柱。党的二十大报告强调，推动货物贸易优化升级，创新服务贸易发展机制，发展数字贸易，加快建设贸易强国。推动贸易强国建设既是建设现代化经济体系的应有之义，也是全面建设社会主义现代化国家的必然要求，数字贸易将赋予贸易强国建设新动能和新优势。

贸易强国的建设需要培养更多的国际贸易的专业人才。本教材自2012年出版以来，先后再版重印多次，受到广大师生一致好评。本次修订坚持"思想性、先进性、知识性、技术性、实践性、逻辑性"的统一，以素养为核心、以知识为基础、以技能为本位，强化素养提升、知识传授和技能培养。本教材主要体现了以下三个方面的特色：

1. 进一步落实立德树人根本任务，凸显思想性

本教材以习近平新时代中国特色社会主义思想和党的二十大精神为指导，系统梳理了素养、知识和技能三维学习目标。以"持续推进高水平对外开放"为导向，以文化自信为引领，设计了"国际贸易与中国经济""国际贸易新视界"等栏目，以强化教材的中国特色和时代特色，并弘扬"精益求精、国际标准、品牌意识"等专业精神、职业精神和工匠精神，以提升学生的职业道德与素养。

2. 教学与产业深度融合，体现职业教育类型特色

本教材以进出口贸易业务为主线，构建"素养目标—知识目标—技能目标—知识要点—知识与技能训练—综合实训"模式，体现理实一体化职教特色。在设计内容时，通过基于国际贸易进出口业务的项目设计，让学生体验国际贸易谈判、签约、履约等实践环节，培养学生分析问题、解决问题的能力。本次修订对教材内容进行了优化，新增了数字贸易相关内容，凸显了数字经济时代特色；对教材案例和栏目进行了全面更新，在实训上落实《关于在全党大兴调查研究的工作方案》精神，增设"调查研究与善作善成"专题训练，贯彻了"教学做创合一"的教学理念。通过核心素养框架下的技能导向教学，使学生掌握国际贸易的基本知识和基础理论，初步具备国际贸易宏观政策措施的分析能力；使学生了解国际贸易业务的一般流程，具备履行国际贸易合同的工作能力；培养学生具备诚实、守信、善于沟通与合作的品质，为学生将来从事国际贸易相关工作的奠定基础。

3. 坚持线上和线下同步编排，突出信息化教学应用

"国际贸易实务"是一门线上线下结合的混合式课程，具有知识内容更新快、教学资源丰富、师生互动频繁、学习效果显著等特点。本教材编写团队利用数字媒体技术，将传统纸质教材内容、学科前沿讲座和校外实训基地的运作视频资料转化成数字

化教学资源，按照知识点和技能点拍摄微课，实现了在线开放课程和新形态一体化教材的有效互动，满足线上线下混合式教学的需要。

本教材由温州职业技术学院鲁丹萍教授担任主编，温州职业技术学院金高洁、惠州工程职业学院陈康和沙洲职业工学院周渝霞担任副主编，温州职业技术学院陈秀秀和温州国贸集团有限公司的董伯俞也参与了本教材的编写修订工作。具体分工如下：项目一、项目三、项目四、项目五和项目十由鲁丹萍编写，项目二由周渝霞编写，项目六和项目七由陈康编写，项目八由金高洁编写，项目九由陈秀秀编写。

本教材的顺利出版，要感谢高等教育出版社给予的大力支持和帮助。本教材在修订过程中参考了大量的书籍与文献，未能在参考文献中一一列出，在此一并向有关作者表示衷心的感谢！

由于编者水平和时间有限，书中难免存在不妥之处，敬请广大专家与读者批评指正或提出宝贵意见，使本书日臻完善。

编者

2025 年 1 月

第一版前言

国际贸易实务是高等院校财经贸易专业的专业基础课，是为培养学生掌握、理解和应用国际贸易的基本理论、基本规律、基本技能和基本知识而设置的。

本书以国际贸易业务流程为导向，分别介绍了国际贸易相关基础知识、国际贸易合同的条款及其签订、国际贸易合同的履行及相关单证制作，并配备了综合实训。本书内容全面，适应国际贸易的最新发展；取材新颖，结合了国际贸易中现行的惯例，以及国际最新修订、颁布的有关法规和条例；结构编排新颖、实用；具有较丰富的应用案例、精心设计的课后习题和技能训练；实现了课堂讲授、案例讨论、实践平台三位一体的教学模式；为授课教师提供课件，便于教学。

本书的顺利出版，要感谢高等教育出版社给予的大力支持和帮助。本书在撰写过程中参考了大量的书籍和文献，书中未一一列出，在此一并向有关作者和出版社表示衷心的感谢！

由于时间仓促，编者水平和能力所限，书中难免存在不妥之处，请读者见谅，并提出宝贵意见。

编者

2012 年 4 月

目　录

项目一

国际贸易概述

学习目标

// 素养目标 //

- 通过了解国际贸易的作用，培养人类命运共同体意识，拓展国际视野
- 培养更具市场竞争力和适应性的数字贸易人才

// 知识目标 //

- 了解国际贸易、国际贸易地理、贸易条件等概念
- 了解国际贸易条件计算、贸易差额与国际收支知识
- 掌握不同标准下国际贸易的分类
- 熟悉国际贸易发展的历史

// 技能目标 //

- 能够运用国际贸易的基础知识
- 能够运用国际贸易的各环节知识点

思维导图

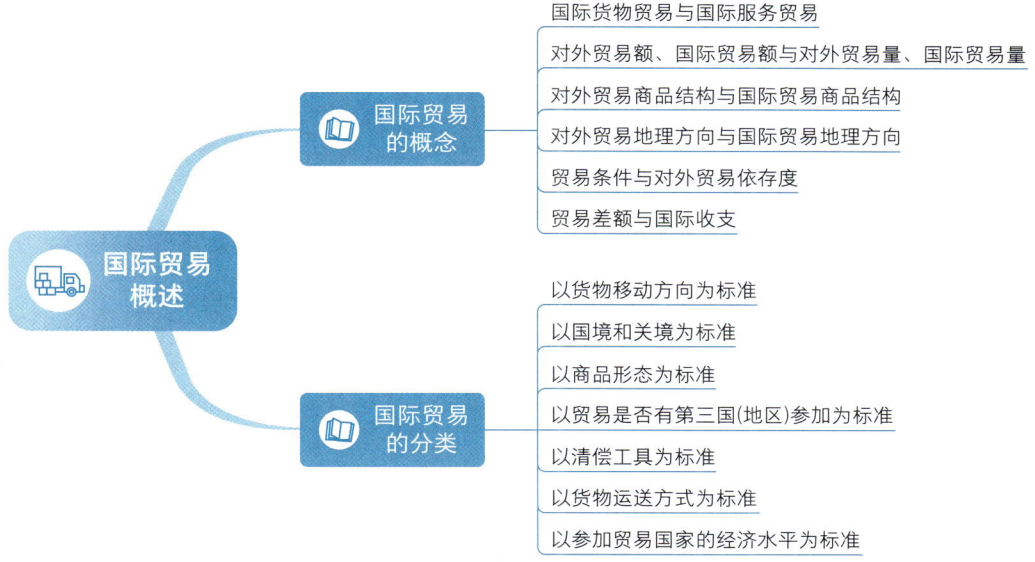

国际贸易概述
- 国际贸易的概念
  - 国际货物贸易与国际服务贸易
  - 对外贸易额、国际贸易额与对外贸易量、国际贸易量
  - 对外贸易商品结构与国际贸易商品结构
  - 对外贸易地理方向与国际贸易地理方向
  - 贸易条件与对外贸易依存度
  - 贸易差额与国际收支
- 国际贸易的分类
  - 以货物移动方向为标准
  - 以国境和关境为标准
  - 以商品形态为标准
  - 以贸易是否有第三国(地区)参加为标准
  - 以清偿工具为标准
  - 以货物运送方式为标准
  - 以参加贸易国家的经济水平为标准

学习计划

● 素养提升计划

_____

_____

_____

● 知识学习计划

_____

_____

_____

● 技能训练计划

_____

_____

_____

任务一

国际贸易的概念

数字贸易高质量发展将成为引领对外贸易高质量发展的重要力量

党的二十大报告强调，推动货物贸易优化升级，创新服务贸易发展机制，发展数字贸易，加快建设贸易强国。推动贸易强国建设是建设现代化经济体系的应有之义，也是全面建设社会主义现代化国家的必然要求。数字贸易将赋予贸易强国建设新动能和新优势。大力发展数字贸易，发挥我国海量数据和超大规模市场优势，对于畅通经济循环，助力经济全球化发展，加快构建新发展格局，推动全球供应链变革，更好满足人民群众对美好生活的需要具有重要意义。

从全球贸易发展趋势看，数字贸易将成为国际贸易的主体，预计到2030年，全球数字服务贸易占全球贸易的比重将达到75%。2022年我国可数字化交付的服务贸易规模达到2.5万亿元，比5年前增长了78.6%，占服务贸易进出口的比重达到42%，数字贸易发展趋势良好、韧性十足。在全球数字经济博弈日趋加剧的背景下，数字贸易高质量发展将成为引领对外贸易高质量发展的重要力量。

【问题】

请根据案例，结合党的二十大报告，思考数字贸易对我国建设贸易强国有何重要作用和历史意义？

【分析提示】

党的二十大报告中指出："必须坚持科技是第一生产力、人才是第一资源、创新是第一动力，深入实施科教兴国战略、人才强国战略、创新驱动发展战略，开辟发展新领域新赛道，不断塑造发展新动能新优势。

展望未来，我国将稳步推进数字技术贸易，提升云计算服务、通信技术服务等业态的关键核心技术自主权和创新能力；积极支持数字产品贸易，持续优化数字服务贸易，促进专业服务、社交媒体等业态创新发展。将聚力强链、补链、延链，加快培育数字经济链领军企业，支持数字平台出海，促进更多中小企业、产品与服务"走出去"，打造培育一批具有国际竞争力的数字经济产业集群，大力推动数字贸易生态包容创新发展，推动数字贸易迈向全球产业链价值链中高端，推动贸易强国建设。

国际贸易（International Trade）是指世界各国（地区）之间商品（Goods）、服务（Services）和生产要素交换的活动，是世界各国在国际分工基础上相互联系的主要形式。由于国际贸易是一种世界范围内的商品和服务的交换，因此又称为世界贸易（World Trade）或全球贸易（Global Trade）。

微课：
国际贸易的基本
概念和主要分类

从英语单词含义的角度很容易理解国际贸易的概念。在英语中"inter"是"互相的"的意思，"national"是"国家的、民族的"的意思，而"trade"是"贸易"的意思。综上所述，国际贸易可理解为国家间的贸易。但这种理解还不全面，如中国香港地区就是单独关税区，虽然它与中国内地之间的贸易属于国际贸易范畴，但它不是一个国家，而是一个地区。因此国际贸易范畴不仅是指国家间的商品和服务交换活动，而且是指地区间（特别是单独关税区与所属国家、其他国家和它们相互之间）的商品与服务交换活动。

不含服务贸易、仅含商品贸易的国际贸易称为狭义的国际贸易；包含商品贸易和服务贸易的国际贸易称为广义的国际贸易。

国际贸易是世界各国及地区对外贸易的总和；对外贸易是指一国（地区）与其他国家（地区）之间商品和服务的交换活动，英国和日本等岛国也称对外贸易为海外贸易（Overseas Trade）。由此可见，国际贸易与对外贸易既有联系又有区别。国际贸易和对外贸易都是跨越国境或关境的商品和服务交换活动，国际贸易主要是从世界范围内考察国家与国家（地区与地区）之间的商品与服务的交换活动，而对外贸易则是从一个国家（地区）的角度来研究的。"国贸"与"外贸"的本质是相同的，只是从不同角度看待同一问题的观点不同：站在世界的角度看问题，为国际贸易；站在一国（地区）的角度看问题，即为对外贸易。它们之间的关系是一般与个别的关系。

在国际贸易与对外贸易这一对基本概念以外，还需要掌握以下几个重要概念。

一、国际货物贸易与国际服务贸易

按照贸易对象是否具有一定的物理形态，国际贸易可以分为国际货物贸易和国际服务贸易。

（一）国际货物贸易

国际货物贸易的买卖对象是具有一定物理形态的商品，是看得见、摸得着的有形货物，所以国际货物贸易也称为有形贸易（Visible Trade）。有形商品的进出口必须办理通关手续，因而反映在海关统计中，构成一国或地区国际收支经常项目的重要内容。国际贸易所买卖的商品种类繁多，为了便于统计及分析，联合国编制了《国际贸易标准分类》（Standard International Trade Classification，SITC），现已被世界上绝大多数国家采用。根据这个标准，国际贸易有形商品分为10大类：1类为食品及主要供食用的活动物；2类为饮料及烟草类；3类为燃料以外的非食用粗原料；4类为矿物燃料、润滑油及有关原料；5类为动植物油脂及蜡；6类为化学成品及有关产品；7类为主要按原料分类的制成品；8类为机械及运输设备；9类为杂项制品；10类为没有分类的其他产品。在进行国际贸易统计时，一般把1—5类商品称为初级产品，6—9类商品称为工业制成品。

1983年6月，海关合作理事会（现名世界海关组织）第61届会议通过了《商品名称及编码协调制度》及其附件《协调制度》，以HS编码"协调"涵盖了《海关合作理事会税则商品分类目录》（CCCN）和《国际贸易标准分类》（SITC）两大分类编码体系，于1988年1月1日正式实施。HS制度将有形商品分为21类、97章、1 241个税目及5 019个子目，该制度使有形商品分类更加细致和科学。全世界目前使用HS制度的国家和地区约有150个，中国海关于1992年起采用HS制度。

（二）国际服务贸易

国际服务贸易是指国家或地区间各种类型服务的交换活动，是无形贸易（Invisible Trade）的重要组成部分。服务贸易作为一个独立概念提出来并被普遍接受是在20世纪70年代。在过去近40年的发展中，服务贸易快速增长，为世界各国经济发展提供了广阔的空间，成为衡量一个国家整体水平的重要指标。

"乌拉圭回合"达成的《服务贸易总协定》（General Agreement on Trade in Services，GATS）将服务贸易界定为四类：

（1）过境交付（Cross-border Supply）。是指在一成员境内向任何其他成员境内提供服务。

（2）境外消费（Consumption Abroad）。是指在一成员境内向任何其他成员的服务消费者提供服务。

（3）商业存在（Commercial Present）。是指一成员的服务提供者在任何其他成员境内通过商业存在提供服务。

（4）自然人流动（Movement of Personnel）。是指一成员的服务提供者在任何其他成员境内通过自然人提供服务。

这个分类已成为"国际服务贸易"的权威性分类，并被各国普遍接受。

第一类服务贸易是指服务的提供者与消费者都不移动，如通过电信、邮电、计算机网络提供的视听、金融、信息等服务完成交易。

第二类服务贸易的提供者是通过消费者的国境移动实现的，如接待外国游客、提供旅游服务、为国外病人提供医疗服务、接受外国留学生等。

第三类服务贸易与市场准入和直接投资有关，即服务的提供者将自己的生产要素（人员、资金、服务工具）移动到另一缔约方内，通过设立商业机构为消费者提供服务，取得收入，如外国公司到中国开办商店，设立商业机构、会计师事务所、律师事务所等。

第四类服务贸易是指服务贸易提供者（自然人）的过境移动在其他缔约方境内提供服务而形成的贸易，如一国或地区的医生、教师、艺人等在另一国或地区从事个体服务。

以上四类各国或地区间的服务贸易，无论交易发生在何地，都属于服务贸易。服务贸易的消费者是服务的进口方，服务贸易的提供者则是服务的出口方。

相对于货物贸易，服务贸易具有以下特点：

① 国际服务贸易的标的具有无形性。货物贸易买卖的商品在空间形态上是确定的、可视的、有形的；而服务贸易买卖的商品在空间形态上是不固定的、不直接可视的、无形的。

② 国际服务贸易标的的生产和消费过程具有同步性。国际货物贸易中的商品生产和消费过程是可以分割的；而国际服务贸易中服务的提供和消费难以分割，也就是服务价值的形成和使用价值的创造过程，服务价值的实现和使用价值的让渡过程，以及使用价值的消费过程往往是同时发生的。

③ 国际服务贸易的标的是难以储存和反复转让的。货物是可以在时空上分离的物品，它可以存储、运输和反复转让；而服务不能存储、运输和反复转让。

④ 国际服务贸易一般不经过海关，也不显示在海关统计中。国际货物贸易必须经过海关，货物的进出口反映在一国的海关统计中。一国货物的进出口和服务

的进出口构成一国国际收支经常项目的主要部分。

国际服务贸易与国际货物贸易尽管有诸多不同，但从总体上看，两者的关系是相互依存、相互促进的。一方面，国际货物贸易的发展会刺激与之有关的国际服务贸易的增长。例如，国际货物贸易的增长会带动与之相关的金融、运输、保险、通信等服务业的发展，而这些服务业一旦超越了一国或地区的界限即属于国际服务贸易的范畴。一个国家或者地区所提供的国际服务贸易水平越高，越能促进这一国家或地区货物贸易的发展。因此，国际货物贸易的增长必然带动国际服务贸易的发展。这是国际贸易的发展实践充分证明的规律。另一方面，国际服务贸易的不断发展也带动了国际货物贸易的增长。例如，运输服务业的发展带来了对汽车、轮船、飞机等运输工具（属于货物贸易范畴）的需求。

2023年，我国服务贸易稳中有升，规模创历史新高。全年服务进出口总额65 754.3亿元，同比增长10%；其中服务出口26 856.6亿元，下降5.8%；服务进口38 897.7亿元，增长24.4%；服务贸易逆差12 041.1亿元。

知识密集型服务进出口实现较快增长。2023年，知识密集型服务进出口27 193.7亿元，同比增长8.5%。其中，知识密集型服务出口15 435.2亿元，增长9%；出口增长较快的领域是保险领域，增幅达67%；知识密集型服务进口11 758.5亿元，增长7.8%；进口增长较快的领域是个人文化和娱乐服务，增幅达61.7%。

【职业判断】

贸易保护主义（Trade Protectionism）是指在对外贸易中实行限制进口以保护本国商品在国内市场免受外国商品竞争，并向本国商品提供各种优惠以增强其国际竞争力的主张和政策。党的二十大报告指出：中国坚持经济全球化正确方向，推动贸易和投资自由化便利化，推进双边、区域和多边合作，促进国际宏观经济政策协调，共同营造有利于发展的国际环境，共同培育全球发展新动能，反对保护主义，反对"筑墙设垒""脱钩断链"，反对单边制裁、极限施压。中国愿加大对全球发展合作的资源投入，致力于缩小南北差距，坚定支持和帮助广大发展中国家加快发展。

问题：

结合实例，谈谈贸易保护主义盛行对国际贸易的发展有哪些不利影响？

分析提示：

贸易保护主义盛行对国际贸易的发展有以下不利影响：第一，导致经济全球化逆转，已经形成的金融体系、全球性分工体系、生产体系和销售体系链条断裂，对参与经济全球化的国家都会造成不利影响；第二，严重冲击全球贸易，引发贸易战，使世界性的贸易摩擦增加，贸易争端加剧；第三，以世界贸易组织为组织和法律基础的多边贸易体制推动的贸易自由化受阻；第四，贸易保护主义将从发达国家向发展中国家蔓延，使发展中国家遭受重创，但在经济全球化传递机制拓宽的情况下，又会出现反向作用；第五，整个世界将会陷入更为严重的经济危机，从而引发社会动荡和政治危机。

二、对外贸易额、国际贸易额与对外贸易量、国际贸易量

对外贸易额（Value of Foreign Trade）、国际贸易额（Value of International Trade）与对外贸易量（Quantum of Foreign Trade）、国际贸易量（Quantum of International Trade）是衡量一国对外货物贸易和国际货物贸易规模的重要指标。对外贸易额是指以货币表示的、按现行价格计算的一国一定时期（通常为一年）的对外贸易总额，也称为对外贸易值。联合国及世界贸易组织编制和发表的世界各国对外贸易额的资料，通常以美元表示。

对外贸易额是一国（地区）出口贸易额与进口贸易额的总和。一国（地区）将本地生产或加工的商品输往其他国家或地区，这种活动称为出口贸易。一国（地区）将外国（地区）生产或加工的商品输入本国（地区），这种活动称为进口贸易。一国（地区）的出口贸易收入称为出口额，进口贸易支出称为进口额。一国（地区）在一定时期（通常为一年）内出口额与进口额的差额称为贸易差额（Balance of Trade）。当一国出口额大于进口额时，称为贸易顺差（Surplus of Trade）或出超（Favorable Balance of Trade）。当一国进口额大于出口额时，称为贸易逆差（Deficit of Trade）或入超（Unfavorable Balance of Trade）。

同一货币单位表示的世界各国货物出口或进口总额，称为国际贸易额或国际贸易值，通常以美元表示。从一国或地区来说，出口额与进口额之和构成一国或地区的对外贸易额。但从整个世界来分析，一国（地区）的出口就是另一国（地区）的进口，如果把各国（地区）的对外贸易额相加，就会造成重复计算。由于世界上的大多数国家根据装运港船上交货价（FOB）计算出口额，用成本加保险费、运费价（CIF）计算进口额，世界进口额比世界出口额增加了运费和保险费。所以，世界出口货物总额总是小于世界进口货物总额。

由于进出口商品的价格经常变动，对外贸易额难以反映某国（地区）贸易的实际规模和发展变化，如果以国际贸易实物数量来表示，则能避免上述矛盾。但是，参加对外贸易的商品数量繁多，计量标准各异，无法将它们直接相加。为此，一般要选择某一固定年份为基期，以基期计算的报告期出口或进口价格指数去除报告期的出口额或进口额，则得到按不变价格计算的进口额或出口额。按不变价格计算的对外贸易额已经排除了价格波动的影响，反映对外贸易的实际规模，故称为对外贸易量。国际贸易量则是以一定时期的不变价格为标准计算的国际贸易额。

【国际贸易新视界】

新兴市场正成为中国外贸增长的新引擎

在国际形势依然复杂严峻、外部需求不断收缩、中国外贸"促稳提质"仍面临压力的时代背景下，新兴市场成为中国外贸发展的增长点。不少中国行业企业已经感受到新兴市场的潜力，开启"出海"之路并获得快速成长。

新兴市场在中国外贸中的比重不断提升，有效对冲了发达经济体对中国进口份额的下降。东盟连续多年成为中国的第一大贸易伙伴，2023 年贸易规模达到 6.41 万亿元人民币。同时，中国与共建"一带一路"国家的贸易也持续提升，2023 年对共建"一带一路"国家进出口总额达 19.47 万亿元，同比增长 2.8%；对拉美地区国家、非洲地区国家进出口总额分别达到 3.44 万亿元、1.98 万亿元，同比分别增长 6.8% 和 7.1%。我国对 RCEP（区域全面经济伙伴关系协定）的 14 个成员国合计进出口总额达 12.6 万亿元，较协定生效前的 2021 年增长 5.3%。

如今，全球产业链供应链加速重构，中国与新兴市场产业互补性优势更加凸显。近年来，中欧班列持续提质增效，西部陆海新通道加速建设，中国与新兴市场"硬联通"水平快速提升；RCEP 深入实施、"一带一路"高质量共建、中国—东盟自贸区 3.0 版谈判全面启动，中国与新兴市场"软联通"能力持续提升；进博会、广交会、服贸会等重大经贸展会高质量举办，中国与新兴市场经贸合作平台基础更扎实；跨境电商、市场采购贸易和海外仓等贸易新业态持续快速发展，中国与新兴市场的贸易创新发展动能不断集聚。新兴市场正逐渐成为中国外贸增长的新引擎。

三、对外贸易商品结构与国际贸易商品结构

就某一个国家（地区）而言，对外贸易商品结构（Composition of Foreign Trade）是指一定时期内进出口贸易中各类商品的构成情况，即某大类或某种商品的进出口贸易额占整个进出口贸易额的比例，以份额表示。一国的对外贸易商品结构可以反映该国的经济发展水平、科技发展水平、产业结构状况。如发达国家的出口商品主要以机器设备等工业制成品为主，而发展中国家的出口商品主要以初级产品和劳动密集型产品为主。

国际贸易商品结构（Composition of International Trade）又称进出口商品结构，是指一定时期内各大类商品或某种商品在整个国际贸易中所占的比例，它用各类或某种商品的贸易额与国际贸易总额的比重来表示。第二次世界大战后，随着世界生产力的发展和科学技术的进步，国际贸易商品结构发生了很大变化，初级产品比重大大下降，工业制成品比重不断上升，特别是化工产品、工程产品及一些技术密集型产品的比重显著增加，从而对不同类型国家的经济产生了不同的影响。

四、对外贸易地理方向与国际贸易地理方向

对外贸易地理方向（Direction of Foreign Trade）是指一定时期内各个国家或国家集团在一国或地区对外贸易中所占有的地位，通常是由它们在该国或地区的进出口总额中的比重来表示。对外贸易地理方向指明一国或地区出口商品的去向和进口商品的来源，从而反映该国或地区与其他国家或国家集团之间经济贸易联系的紧密程度。决定一国或地区对外贸易地理方向的主要因素是经济的互补性、国际分工的形式，以及贸易政策。

国际贸易地理方向（Direction of International Trade）是指世界各国或各地区在国际贸易中所占的比重，说明各国、各地区参与国际交换的水平及其在国际贸易中的地位。计算时可用它们的进出口贸易额占世界进出口贸易总额的比重来表示。它是反映国际贸易地区分布与商品流向的指标。

对外贸易地理方向与国际贸易地理方向之间的关系类似于对外贸易与国际贸易之间的关系，即从不同角度分析同一问题。站在世界的角度考察国际贸易，即可用国际贸易地理方向来分析；站在一国或地区的角度考察对外贸易，即可用对外贸易地理方向来分析。

五、贸易条件与对外贸易依存度

贸易条件（Term of Trade），又称贸易比价，或进出口商品比价，是指一国（地区）在一定时期（通常为一年）内出口商品价格指数和进口商品价格指数之间的比率，其价格关系反映了一国（地区）在对外商品交换上的数量关系，计算公式为：

贸易条件＝出口商品价格指数 / 进口商品价格指数 ×100%

如果指数上升，大于 1，则说明出口商品价格比进口商品价格相对上涨，意味着每出口一单位商品能换回的进口商品数量比原来增加，表明贸易条件比基期有所改善，较基期有利于出口；反之，如果指数下降，小于 1，则表明贸易条件恶化，不利于出口。

对外贸易依存度（Ratio of Dependence on Foreign Trade）是一国（地区）国民经济对进出口贸易的依赖程度。通常用进出口总额占国民生产总值（GNP）的百分比来表示。对外贸易依存度可分为出口贸易依存度和进口贸易依存度。前者是出口总额占国民生产总值的百分比；后者是进口总额占国民生产总值的百分比。

对外贸易依存度反映了一个国家或地区参与国际分工和国际经济技术合作的程度，也是衡量一个国家或地区对世界经济变动敏感性的标尺。不同国家或地区在不同时期的贸易依存度是不同的。随着经济的增长、国际贸易的发展，大多数国家的对外贸易依存度将不断提高。

【案例分析】

对外贸易依存度比较

中国海关总署公布的数据显示，2023 年中国货物贸易进出口总值 41.76 万亿元人民币，同比增长 0.2%；2023 年，中国的国内生产总值 126.06 万亿元。日本财务省公布的数据显示，2023 年日本的出口额同比增长 3.7%，达到 102.9 亿日元，创出历史新高。进口额减少 10.3%，降至 108.79 万亿日元。截至 2023 年底，2023 年日本国内 GDP 总额为 591.5 万亿日元。日本的对外净资产为 471.306 1 万亿日元，同比增长 12.2%。

分析提示：根据对外贸易依存度的计算方法，分别计算中国和日本两国 2023 年的对外贸易依存度并加以对比。

六、贸易差额与国际收支

贸易差额（Balance of Trade）是指一国或地区在一定时期（通常为一年）内出口总额与进口总额之间的差额。如出口总额超过进口总额则称为出超，又称为贸易顺差；如进口总额超过出口总额则称为入超，又称为贸易逆差。贸易顺差表明这个国家或地区的贸易收入大于贸易支出，贸易逆差表明这个国家或地区的贸易收入小于贸易支出。

贸易差额是衡量一个国家或地区对外贸易状况的重要标志之一。一般情况下，贸易顺差反映一个国家或地区的商品在国际市场的竞争中处于优势，在对外贸易收支中处于有利地位。贸易逆差反映一个国家或地区的商品在国际市场的竞争中处于劣势，在对外贸易收支中处于不利地位。

国际收支（Balance of Payment）是指一国或地区在一定时期（通常为一年）内对外国或地区的全部经济交易所引起的收支总额对比。如果收入大于支出，则称为国际收支顺差（或称黑字）；如果支出大于收入，则称为国际收支逆差（或称赤字）；收支相等则称为国际收支平衡。国际收支集中反映在国际收支平衡表中，能从一个侧面反映一国或地区的经济实力以及对外贸易活动状况。

七、数字贸易

数字贸易是指数字技术发挥重要作用的贸易形式，其与传统贸易最大的区别在于贸易方式数字化和贸易对象数字化。其中，贸易方式数字化是指数字技术与国际贸易开展过程深度融合，带来贸易中的数字对接、数字订购、数字交付、数字结算等变化；贸易对象数字化是指以数据形式存在的要素、产品和服务成为重要的贸易标的，导致国际分工从物理世界延伸至数字世界。

当前对于数字贸易的定义和理解有广义和狭义之分，其本质区别在于数字贸易是贸易方式的数字化还是贸易标的的数字化。二者之间是"和"的关系还是"或"的关系，最关键的区别在于实体货物是否被纳入数字贸易中，而货物贸易数字化的典型方式就是跨境电子商务。因此，是否包含跨境电商就成为广义和狭义数字贸易定义最本质的区别。

尽管"数字贸易"在世界范围内并无统一定义，人们在理解"数字贸易"时可以以数字化技术为切入点。数字化技术的涌现和渗透，在传统产品和服务中嵌入不同的数字化载体并实现了交付和销售；同时，无形的数据流也有了贸易的价值，提供这种纯"数据"的商家则拥有更广泛的潜在市场空间。因此数字贸易更像是技术迭代催生的全新经济模式或业态，它不属于任何一个产业结构，却和每个产业息息相关。一方面，数字贸易通过促进信息通信技术与传统货物和服务贸易融合渗透，推动贸易全流程、全产业链数字化，实现贸易业态创新和贸易信息传递优化。另一方面，数字贸易通过数据流动强化各产业间信息和技术要素共享，使得以数据形式存在的要素和服务成为国际贸易中的重要交易对象。

广义的数字贸易（即数字化支撑贸易）包括三大类：第一类是指通过数字技术订购、交易、支付，并进行线下交付实体商品和服务的交易（数字化支撑货物贸易）；第二类是指通过数字技术进行交付服务的交易（数字化支撑服务贸易）；第三类是指涉及数字内容商品和服务的交易（数字资产贸易）。狭义的数字贸易则仅包括上述的第二类和第二类交易。第一类数字化支撑货物贸易和第二类数字化支撑服务贸易，与传统国际货物和服务贸易密切相关，受到世界贸易组织（World Trade Organization，WTO）的《货物贸易多边协定》《服务贸易总协定》《与贸易有关的知识产权协定》的管辖，贸易争端可通过 WTO 等多边既有框架进行协调。而第三类有关数字内容商品和服务的交易，即数字资产交易，此类商品和服务跨境交易此前"不可贸易"，目前可以交易，因此存在诸多新情况、新特点和新问题，存在一定程度的监管和国际协调真空，成为壁垒和争端频繁发生的领域，需要加强在双边／区域以及 WTO 框架下监管政策协调。

国际贸易的分类

国际贸易的分类有很多种，必须先把握其分类标准，再理解其分类结果。

一、以货物移动方向为标准

以货物移动方向为标准，可以将国际贸易划分为出口贸易、进口贸易及过境贸易等。

（1）出口贸易（Export Trade）。是指将本国或地区生产和加工的商品运往他国或地区市场销售，这种贸易活动就称为出口贸易或输出贸易。

（2）进口贸易（Import Trade）。是指将外国或地区商品输入本国或地区市场进行销售，称为进口贸易或输入贸易。

关于出口贸易和进口贸易还有如下几个概念：

复出口（Re-export Trade）。是指外国或地区商品进口后，未经加工又输往外国或地区销售的活动。形成复出口的原因主要与经营转口贸易有关。

复进口（Re-import Trade）。是指本国或地区商品出口后，在外国或地区未经加工而重新输入本国或地区的活动。造成复进口的原因是商品出口后未能销售或者商品遭损坏等。复进口具有偶然性，无实际商业意义。

净出口（Net Export）。是指一个国家或地区在一定时期（通常为一年）内，某种商品的出口量大于进口量，其超出部分即为净出口。

净进口（Net Import）。是指一个国家或地区在一定时期（通常为一年）内，某种商品的进口量大于出口量，其超出部分即为净进口。

净出口和净进口能够反映一国或地区在某种商品的贸易上所处的地位。净出口说明该国或地区在某一特定商品的生产上具有较强的能力，其生产和出口在国际贸易中处于优势；净进口说明该国或地区对特定商品的生产能力较弱，在国际贸易中处于劣势和依赖地位。净出口和净进口都是以数量来表示的。

（3）过境贸易（Transit Trade）。甲国商品经过丙国的关境运往乙国销售，对丙国而言，这种贸易活动就是过境贸易。

过境贸易又分为直接过境贸易和间接过境贸易。直接过境贸易是指外国商品运到本国国境后，不存放在海关仓库，而是在海关的监督下，通过本国的港口或车站输出国外。它完全是为了转运关系而通过关境的。间接过境贸易是指外国商品运到本国关境后，由于各种原因先暂时存放在海关仓库，然后再提出运往国外。过境货物应按照海关规定办理过境手续。

过境贸易产生的原因一般是一些国家或地区没有港口，必须依赖他国港口转运。如非洲一些内陆国家（尼日尔、马里等国）大多依赖多哥的洛美和贝宁的科托努港口转运物资，因此这些国家的进出口贸易大多要过境多哥和贝宁。

二、以国境和关境为标准

以国境和关境为标准，可以将国际贸易划分为总贸易和专门贸易。

（1）总贸易（General Trade）。以进出国境为标准，凡是进入国境的商品一律列为总进口，离开国境的商品一律列为总出口，总出口加上总进口就是一国的总贸易额。

（2）专门贸易（Special Trade）。以进出关境为标准，凡是运入关境的商品一律列为专门进口，运出关境的商品一律列为专门出口，专门出口加上专门进口就是一国的专门贸易额。

在国际贸易统计中，总贸易体系与专门贸易体系是两种不同的统计方法。总贸易体系是指以一国的国境作为统计界限，即以货物通过国境作为统计进出口的标准。专门贸易体系是指以关境作为统计界限，即以货物通过海关结关作为统计进出口的标准。总贸易体系和专门贸易体系说明的是不同的问题。前者说明一国在国际货物流通中所处的地位和所起的作用；后者说明一国作为生产者和消费者在国际货物贸易中具有的意义。

由于各国在编制统计资料时所采用的方法不同，所以联合国发表对外贸易额资料，一般均注明是按照何种贸易体系编制的。目前采用总贸易体系的有 90 个国家和地区，包括日本、英国、加拿大、美国、澳大利亚等；采用专门贸易体系的有 83 个国家和地区，包括德国、意大利、法国等。我国采用的是总贸易体系。

哪个国家采用何种贸易体系，一般的判断是：大国、岛国、陆上邻国较少的国家采用总贸易体系；而关境大于国境（如欧盟成员国）的国家和地区一般采用专门贸易体系。

三、以商品形态为标准

以商品形态为标准，国际贸易可以分为有形商品贸易和无形商品贸易。

（1）有形商品贸易（Tangible Goods Trade）。是指有形的、可以看得见的商品贸易，即如前文所述的国际货物贸易。

（2）无形商品贸易（Intangible Goods Trade）。是指非实物形态的贸易，如金融、运输、旅游、计算机服务、设备租赁、技术转让、法律咨询等劳务的提供与接受。无形商品贸易又称劳务贸易，即如前文所述的服务贸易。

有形商品贸易和无形商品贸易是紧密相连的。国际贸易首先是从有形商品贸易开始发展的，后来随着贸易往来的扩展和国际经济关系的扩大才出现了无形商品贸易，而无形商品贸易又促进了有形商品贸易的发展。两者共同构成一国的国际收支。但有形商品贸易和无形商品贸易亦有区别，通常有形商品贸易的进出口要经过海关手续，其进出口额表现在海关的贸易收支上，是国际收支的主要构成部分；而无形商品贸易虽然不经过海关手续，也不显示在海关的贸易统计上，但它也是国际收支的一部分。

四、以贸易是否有第三国（地区）参加为标准

以贸易是否有第三国（地区）参加为标准，国际贸易分为直接贸易、间接贸易和转口贸易。

（1）直接贸易（Direct Trade）。商品生产国与消费国不通过第三国（地区）进行买卖商品的行为，称为直接贸易。由于直接贸易免除了转口商的渔利行为，减少了中间环节，节省了流通费用，它对出口国和进口国都十分有利。因此，在国际贸易中，大多采用直接贸易的方式。

（2）间接贸易（Indirect Trade）。商品生产国与消费国通过第三国（地区）进行买卖商品的行为，称为间接贸易。间接贸易的存在主要是由于运输航线不通、销售渠道不畅、外汇结算困难或存在政治障碍等原因造成的。在国际贸易中，有相当一部分贸易是以间接贸易方式进行的，间接贸易在发展中国家所占的比重较大。

（3）转口贸易（Entreport Trade）。又称"再输出贸易"或"中转贸易"。商品生产国与商品消费国通过第三国（地区）进行的贸易，对第三国（地区）来说，就是转口贸易。

第三国（地区）从商品生产国进口商品，不是为了本国生产和消费上的需求，而是为了再向其他消费国出口，通过从事转口贸易获取大量转口利润。从事转口贸易的大多是一些地理位置优越、运输条件便利、商业发达、与世界各地贸易联系频繁、信息灵通、贸易限制较少的国家或地区。目前世界三大转口贸易中心依次是新加坡、中国香港和迪拜。

转口贸易有以下两种经营方式：

① 间接转口，即把商品从生产地输入进来，然后由该国商人再销往商品的消费地。

② 直接转口，即转口商人仅参与商品的交易过程，而商品仍从生产地直接运往消费地。

转口贸易的货物一般不办理海关手续。

五、以清偿工具为标准

以清偿工具为标准，国际贸易分为现汇贸易和易货贸易。

（1）现汇贸易（Spot Exchange Trade）。是指在国际贸易中，以货币为清偿工具的贸易。当然，作为偿付工具的货币必须是在国际金融市场上能自由兑换的，如美元、欧元、日元等。

（2）易货贸易（Barter Trade）。把进口与出口结合起来，买卖双方有进有出，互换货物，且货物价值基本相近，一般不需要用外汇支付，仅通过单据的交换即可完成交易。通过易货贸易可缓解买卖双方因外汇紧缺而造成进口能力不足的矛盾，克服因外汇支付困难形成的贸易障碍，避免外币动荡和汇率变化对贸易的影响，有利于促进双方的贸易往来。当然，易货贸易也有它的局限性，如可供交换的商品种类有限，必须是双方正好需要的货物，而且进口和出口还要保持大体平衡，从而也就限制了贸易的规模；交易过程复杂，费时费力。另外，货物计价通过政府间谈判决定，而不是由市场竞争决定。因此，在国际贸易中一般较少采用严格的和单纯的易货贸易。

六、以货物运送方式为标准

以货物运送方式为标准，国际贸易可分为以下几类：

（1）陆路贸易（Trade by Roadway）。在国际贸易中，以陆路运输工具（如火车、汽车等）运送货物的，称为陆路贸易。陆地相邻国家间的贸易，大多采取此种方式。

（2）海路贸易（Trade by Seaway）。在国际贸易中，以海洋运输工具运送货物的，称为海路贸易。国际贸易中大部分的货物都是通过海上运送方式完成的。

（3）空运贸易（Trade by Airway）。在国际贸易中，以航空方式运送货物的，称为空运贸易。对于一些贵重的、体积较小、数量较少的货物，往往采用航空运送的方式。

（4）管道运输贸易（Trade by Pipeline Transport）。在国际贸易中，以管道作为运输工具的一种长距离输送液体和气体物资的，称为管道运输贸易。管道运输是一种专门由生产地向市场输送石油、煤和化学产品的运输方式，多用于石油、天然气等大宗商品的贸易中。

微课：
国际分工和世界市场

（5）邮购贸易（Trade by Mail Order）。在国际贸易中，以邮政包裹方式寄送货物的，称为邮购贸易。它只限于数量不大的交易，随着跨境电子商务的兴起，有了一定程度的发展。

（6）多式联运贸易（Trade by Multimodal Transport）。在国际贸易中，以上述运输方式中的任何两种或两种以上的运输方式运送货物的，称为多式联运贸易。

七、以参加贸易国家的经济水平为标准

以参加贸易国家的经济水平为标准，国际贸易分为水平贸易和垂直贸易。

（1）水平贸易（Horizontal Trade）。是指经济发展水平大体相同的国家之间进行的贸易活动，如发达国家之间的贸易或发展中国家之间的贸易，就属于水平贸易。

（2）垂直贸易（Vertical Trade）。是指经济发展水平不同的国家之间进行的贸易活动，如发达国家与发展中国家之间的贸易，就属于垂直贸易。由于发达国家大多在北半球，发展中国家大多在南半球，故又称"南北贸易"。

【职业判断】

鸦片战争以前，为了打击和限制猖獗的海上走私以及海盗行为，抵御西方殖民者的侵略活动，清政府实行海禁政策，限定广州一口通商，外商来华开展贸易活动须通过清政府特许的公行商人，活动限于指定范围，进口货征收高税额，出口货限制品种和数量。

问题：

同学们分成正方、反方两组，结合本项目所学知识，就清政府的海禁政策利大于弊还是弊大于利展开辩论。

分析提示：

正面影响：从一定程度上打击和限制了猖獗的海上走私以及海盗行为，对沿海地区的稳定起到了积极作用；对西方殖民者的侵略活动，起到一定的自卫作用。负面影响：这一政策的长期推行，限制了中外文明的交流，约束了中国的对外贸易和工商业的发展，致使中国与世界隔绝，阻碍了资本主义的萌芽，使得中国和世界脱轨，慢慢地落后于世界。

案例背景：

当前，新一轮科技革命和产业变革加快推进，数字贸易正成为国际贸易发展的新趋势和经济的新增长点。高盛发布的《全球电商手册》报告显示，2023年，全球电子商务销售额达到3.6万亿美元。预计2023—2028年，全球电子商务销售额年均复合增长率达7%，到2028年将达到5万亿美元规模。据世界贸易组织统计，2023年全球数字化交付服务出口额达4.25万亿美元，占世界服务出口的54.2%。2019—2023年全球数字化交付服务出口年均增速达10.8%，比同期服务出口增速高4.9个百分点。

根据我国商务部发布的《中国数字贸易发展报告（2024）》，中国数字贸易迅速发展，新动能优势不断壮大，2023年可数字化交付的服务进出口总额达3589亿美元，同比增长2.9%，贸易顺差521.8亿美元。据海关总署统计，2023年中国跨境电商总额为2.37万亿元人民币，增长15.3%。其中，出口1.83万亿元，增长19.6%；进口5483亿元，增长3.9%。参与跨境电商进口的消费者人数逐年增加，2023年达到1.63亿人。跨境电商快速发展，每个人都能"买全球、卖全球"，既满足了国内消费者多样化个性化需求，又助力我国产品通达全世界，成为外贸发展重要动能。

问题：

如何理解数字经济和数字贸易是我国在新发展格局下建设贸易强国的重要手段，是建设更高水平开放型经济新体制的重要推动力量？

分析提示：

随着新一代技术革命的颠覆式发展，数字技术在经济发展各领域广泛渗透融合，对全球经贸发展与规则体系构建产生了长远而深刻的影响，已成为全球贸易增长中最具活力的组成部分。目前我国正处于全面建设社会主义现代化国家开局起步的关键时期，而数字经济领域是当前科技创新最为活跃的领域之一，要依靠科技创新来赋能高质量发展。

知识与技能训练

一、单项选择题

1. 国际贸易与对外贸易的区别在于（　　　）。

    A. 国际贸易是一种跨越国界所进行的商品交换活动

    B. 国际贸易的发展离不开各国对外贸易的发展

    C. 各国的对外贸易总和构成了国际贸易

    D. 国际贸易是站在世界的角度看问题，而对外贸易是站在一国（地区）的角度看问题

2. （　　　）是衡量一个国家或地区对世界经济变动敏感性的标尺。

    A. 对外贸易依存度   B. 贸易条件

    C. 国际贸易商品结构   D. 国际贸易地理方向

3. 一国或地区商品进口后，未经加工又输往国外销售的活动称为（　　　）。

    A. 复出口   B. 复进口

    C. 净出口   D. 净进口

4. 凡是 A 国商品经过 C 国国境运往 B 国销售，对 C 国而言，这种贸易活动就是（　　　）。

    A. 转口贸易   B. 过境贸易

    C. 总贸易   D. 专门贸易

5. 数字贸易是指（　　　）发挥重要作用的贸易形式。

    A. 多媒体技术   B. 数字技术

    C. 人工智能技术   D. 电气技术

二、多项选择题

1. 如果贸易条件公式中的指数上升，大于 100，则说明（　　　）。

    A. 每出口一单位商品能换回的进口商品数量比原来增加

    B. 出口价格比进口价格相对上涨

    C. 贸易条件比基期有所改善

D. 贸易条件较基期有利于进口

2. 一国或地区的对外贸易商品结构可以反映该国的（   ）。

    A. 经济发展水平   B. 科技发展水平

    C. 产业结构状况   D. 消费物价指数

3. 决定一国对外贸易地理方向的主要因素是（   ）。

    A. 经济的互补性   B. 国际分工的形式

    C. 贸易条件   D. 贸易政策

4. 有形贸易和无形贸易的区别在于（   ）。

    A. 有形贸易的进出口要经过海关手续，而无形贸易的进出口不经过海关手续

    B. 有形贸易的进出口额表现在海关的贸易收支上，而无形贸易的进出口额不显示在海关的贸易统计上

    C. 无形贸易促进了有形贸易的发展

    D. 国际贸易首先是从有形贸易开始发展的，后来随着贸易往来的扩展和国际经济关系的扩大才出现了无形贸易

5. 间接贸易的存在主要是由于（   ）等原因造成的。

    A. 运输航线不通   B. 销售渠道不畅

    C. 外汇结算困难   D. 存在政治障碍

三、判断题

1. 数字贸易仅包括基于信息通信技术开展的线上宣传、交易、结算等促成的实物商品贸易。（   ）

2. 贸易条件是一国或地区在一定时期内进口商品价格指数和出口商品价格指数之间的比率。（   ）

3. 净出口是指一个国家或地区在一定时期内某种商品的出口量。（   ）

4. 总出口加上总进口就是一国的总贸易额。（   ）

5. 无形贸易不经过海关手续，也不显示在海关的贸易统计上，因此不是国际收支的一部分。（   ）

【调查研究与善作善成】

一、调查研究

关于地方服务贸易或数字贸易情况的调查研究

1. 总体要求

党的二十大报告提出，推动货物贸易优化升级，创新服务贸易发展机制，发展数字贸易，加快建设贸易强国。请结合本项目学习内容，实地走访当地服务贸易或数字贸易龙头企业，深入一线调查，了解企业的贸易现状、机遇与挑战，形成一篇调研报告。

2. 具体要求

（1）准备要足。事先组建调查研究小组（每组4～5人），落实调查对象、地点和时间，拟定调查提纲和问卷，确定调查出行的交通工具，牢记调查过程中的安全要求，注意个人仪表和言谈举止。

（2）选题要准。围绕当地企业贸易情况，了解企业的主要产品和市场，聚焦企业的优势和不足，关注市场的机遇及挑战，从而对本地区的服务贸易或数字贸易发展形势有较为深入的了解。

（3）内容要实。凡事要求贯彻落实。调查内容要深入全面，立意要高，及时总结有价值的经验，加以推广应用。

二、综合实训

2024年第三届全球数字贸易博览会小组讨论

1. 实训目标

通过讨论，让学生建立起对国际贸易的认知，并探究中国数字贸易发展对我国对外贸易的影响和重要意义。

2. 实训资料

全球数字贸易博览会（以下简称"数贸会"）是中国唯一以数字贸易为主题的国家级、国际性、专业型展会，是综合展示全球数字贸易新技术、新产品、新生态的重要窗口，是共商共议国际数字贸易新标准、新议题、新趋势的交流平台，是共建共享新时代经贸合作新市场、新机遇、新发展的开放平台。数贸会由浙江省人民政府和商务部联合主办，杭州市人民政府、浙江省商务厅和商务部外贸发展事务局共同承办。

2024年9月25日—29日，以"数字贸易 商通全球"为主题的第三届全球数字贸易博览会在浙江省杭州市举办。本届数贸会吸引 32 个国家和地区的 1 500 多家企业参展，超 3 万名专业采购商注册参会。

本届数贸会设置 1 个综合展区和 8 个特色数字产业展区，更加聚焦行业热点和发展趋势，为各国推进数字经济领域的交流合作搭建了平台。综合展区设置中国馆、国际组织、主宾国、主宾省、港澳专区、浙江馆等展区，展示全球数字贸易领域的龙头企业、创新模式及应用场景。中国馆集中展示中国数字经济、数字贸易发展取得的成就。数据与金融、丝路电商、人工智能、智慧城市等 8 个特色数字产业展区，集中展示数字新技术下贸易的未来潮流与方向。

3. 实训要求

（1）教师介绍全球第三届全球数字贸易博览会的相关背景。

（2）学生分组完成对数贸会的相关资料搜索。

（3）学生积极参与小组讨论。

（4）教师讲解。

4. 实训指导

（1）讲解国际贸易对于经济社会的重要性和作用。

（2）引导学生分享自己对于数贸会主题"数字贸易 商通全球"的理解。

5. 实训评价：

教师对各组完成情况进行点评并作出综合评价，并填入表 1-1。

表 1-1　综合实训评价表

考评人		被考评人	
考评地点			
考评内容	数贸会小组讨论	分值	实际得分
	规定时间内完成资料收集	50	
	讨论中积极分享个人想法	50	
	合计	100	

项目二

商订国际
贸易合同

学习目标

// 素养目标 //

- 培养国际视野，能够尊重国际文化差异
- 提高在交易磋商、商订国际贸易合同过程中的抗压、耐挫能力
- 提高国际贸易合同制定规范意识，提升学生的诚信意识、法律意识和贸易风险防范意识

// 知识目标 //

- 了解交易磋商的形式和程序
- 熟悉《联合国国际货物销售合同公约》对发盘和接受的有关规定
- 掌握国际贸易合同的结构和内容

// 技能目标 //

- 能够书写询盘函、发盘函、还盘函和接受函
- 能够制作进出口贸易合同
- 能够准确审核、修改、签订合同

思维导图

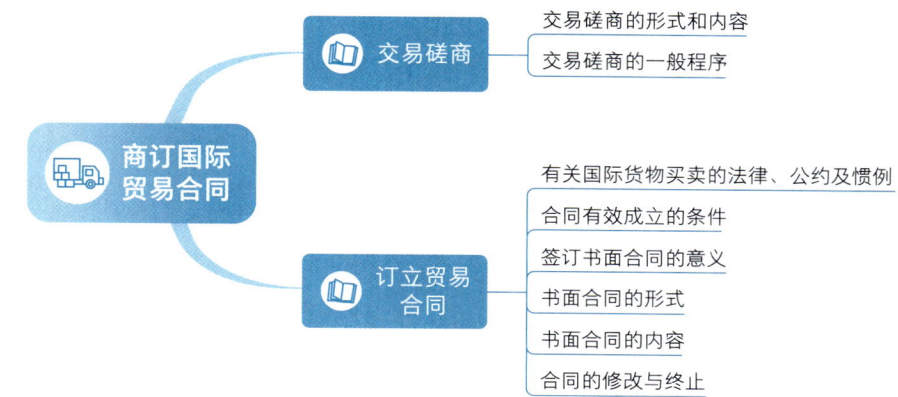

学习计划

● 素养提升计划

_____

_____

_____

● 知识学习计划

_____

_____

_____

● 技能训练计划

_____

_____

_____

2024年6月27日，约旦甲公司应荷兰乙公司的请求，报出脱核干枣200吨、每吨CIF鹿特丹1 800美元、即期装运的实盘。乙公司接到甲公司报盘，未作还盘，而是一再请求增加数量，降低价格。甲公司于7月17日复电将数量增至300吨，每吨CIF鹿特丹减至1 750美元，有效期经两次延长，最后期限为7月25日。乙公司于7月22日来电，接受该盘，并提出："不可撤销，即期信用证付款，即期装船，按装船量计算。除了需要提供通常装船单据，还需提供卫生检疫证书、原产地证、磅码单及良好适合海洋运输的袋装。"但甲公司接到该电报时，发现该产品的国际市场价格猛涨，于是甲公司拒绝成交，并复电称："由于国际市场的变化，货物在收到电报前已售出。"可是乙公司不同意甲公司的说法，坚持要按照发盘的条件执行合同，否则要甲公司赔偿差价损失13万美元或提交仲裁裁决。

【问题】

双方应当如何处理交易中的纠纷？

【分析提示】

从以上案例可以看出：

（1）甲公司6月27日的发盘是实盘，因为发盘的内容明确，主要条款齐备，并有期限。

（2）甲公司7月17日复电内容明确，主要条款齐备，有期限，也是实盘。

（3）乙公司于7月22日来电的内容是对甲公司7月17日报盘的完全接受，故属于承诺。

（4）甲公司在接到乙公司7月22日作出的承诺复电后，于7月24日给乙公司发出拒绝成交的复电，是违反国际贸易的"约定信守原则"。因为按照国际贸易惯例，乙公司的承诺是在发盘有效期内作出的，甲公司已经收到，乙公司的承诺已经生效，表明合同已成立，甲公司应按合同的约定履行自己报价中规定的义务。然而，甲公司在乙公司已作出承诺的情况下，复电拒绝成交，是违约行为，应承担因违约行为所产生的法律责任。乙公司在接到甲公司拒绝成交的电报后提出"要么执行合同，要么赔偿差价损失 13 万美元，否则提交仲裁裁决"的要求是正当的。为了合理有效地解决纠纷，最好是由甲公司撤销拒绝成交的电报，双方执行已经成立的合同。

　　交易磋商是买卖双方就拟订贸易合同的各项条款，如品名、品质、包装、数量、价格、装运、支付、保险、检验、不可抗力、索赔，以及仲裁等有关内容进行洽谈，以便达成交易的过程。与客户进行交易磋商是达成交易的重要环节，是订立合同的基础。

视频：
交易磋商

一、交易磋商的形式和内容

（一）交易磋商的形式

　　交易磋商的形式主要有面对面谈判、电话谈判和函电谈判三种。

　　1. 面对面谈判

　　面对面谈判是上述三种谈判方式中应用最广泛、最普遍、最经常的一种方式。即使在信息技术发达的今天，面对面谈判仍因其综合优势全面而在三种谈判方式中居首要位置。此种谈判方式的特点是比较正式、正规，能够使谈判内容深入细致，便于施展谈判策略和技巧，及时了解交易对方的态度和诚意，尤其适用于谈判内容复杂、涉及问题较多的谈判。

微课：
开展进出口交易
磋商

　　2. 电话谈判

　　电话谈判是随着电话通信的广泛采用和日益普及而产生的谈判方式，在生活、工作节奏不断加快的当今社会，为现代人所青睐。这种谈判方式的优势是快速方便，联系广泛；劣势是谈判双方相距较远，只能听到对方的声音，不能看到对方的表情、手势等，容易造成磋商双方的误解。有些事情很容易被遗漏和删除，注意力难以集中，有时还增加了风险。

　　3. 函电谈判

　　函电谈判是国际营销和地区营销中进行业务沟通、磋商交易的一种谈判方式，这种谈判方式在各国进出口公司、外贸部门、涉外企业应用最常见、最频繁。它包括电报、传真、电子邮件等形式。一方通过函电发盘或还盘，另一方以函电的形式表示接受，从而使双方达成交易，签订协议或者合同，这种函电来往的过程称为函电谈判。函电谈判具有快速、准确、材料齐全、有据可查的优点。特别需要指出的是，函电具有法律效力。

（二）交易磋商的内容

进出口企业在做好进出口交易的前期准备工作之后，即可对外进行交易磋商。交易磋商的内容一般包括两部分：一部分是带有变动性的主要交易条件，如货物品质、规格、标准、数量、包装、价格、交货、支付等。这些交易条件因货物种类、交易数量及交易时间等因素不同，每笔交易也不尽相同。另一部分是相对固定的交易条件，称为一般交易条件，如商品检验、申诉索赔、仲裁和不可抗力等，它是由进出口商共同拟定的对每笔交易都适用的一套共性的交易条件，大多印在合同的背面或合同正面的下部。主要交易条件与一般交易条件的区分并不是绝对的。在实际业务中，买卖双方在初次接触时，可就一般交易条件进行洽商，经双方共同确认后，将其作为未来交易的基础。在洽商具体交易时则不必逐条重复这些条件，只洽商主要条件即可，这样可以节省往来函电的费用和交易磋商的时间。

二、交易磋商的一般程序

每笔交易磋商的程序不完全相同，但在通常情况下，交易磋商包括询盘、发盘、还盘和接受四个环节。其中，发盘和接受是交易达成和合同成立的必不可少的两个环节。

（一）询盘

询盘（Enquiry/Inquiry）又称询价，也称邀请发盘（Invitation to Offer），是指交易的一方为了购买或销售商品，向对方询问买卖该商品的有关交易条件。询盘可由卖方提出，也可由买方提出。询盘可只询问价格，也可询问其他一项或几项交易条件，直至要求对方发盘。在实际业务中，买方询盘较多。询盘除了品名外，有时还包括价格、品质、数量、包装、交货期等。询盘可采用口头方式，亦可采用书面方式。书面方式除了包括书信、电报、传真询价外，还通常采用询价单进行询盘。在国际贸易中，询盘虽然对询盘人没有约束力，但是也要慎重。不要随便乱发询盘，以免引起不良后果。

询盘时，可不直接用 enquiry，而用 advise 或 quote 等表述。例如：

We are now sending you a quotation sheet for your consideration. You will note that our prices are very competitive.

We have much pleasure in enclosing a quotation sheet for our products and trust that their high quality will induce you to place a trial order.

询盘时应注意以下问题：

（1）询盘在通常交易中并非必不可少的环节。询盘的主要作用是笼统地询问对方能否供应或购买某种商品，具体、详尽的交易条件还需要在沟通信息之后，根据双方的真实意图进一步磋商。所以询盘仅仅是对一项交易进行的询问，是正式进入磋商过程的先导。

（2）询盘对双方均无法律上的约束力，即买方询价后无购买货物的义务，卖方询价后也无出售货物的责任。在实际业务中，为了确保企业的商业信誉，同时出于相互的尊重，应尽量避免出现只询价不购买或不售货的现象。对有关询盘应及时答复。

（3）询盘的对象应事先有所选择。除了因用货单位订购特定的商品，只能向指定的供应商询盘外，一般可根据以往的业务资料，或从其他方面查询，选择适当的对象进行询盘。询盘对象的多少要根据商品和交易的特点来选择确定，即不宜只局限于个别客户而不货比三家，也不宜在同一地区多头询盘，影响市场价格。如订购数量大而且又是向中间商发出的询盘，则中间商的数量不宜太多。因为如果几家中间商把同一询盘转到同一个厂商手中，将会造成市场的虚假需求现象，生产厂商将抬高价格，这样不仅达不到货比三家的目的，反而使进口商受到损失。对数量较大的采购任务，应适当安排采购进度，防止同一时期大量集中采购，遭到对方抬价。

（4）询盘要注意策略。一般地说，不能过早地透露自己需要采购的数量、可接受的价格等意图，以免在磋商时处于不利地位。对于技术含量较高的机械设备，如果厂商自己可以直接签约，最好直接向对方生产厂商询盘，供求双方直接见面，以减少中间环节，这样既可以节约费用，又可以加快磋商进程。

交易双方向对方发出询盘时，可采取口头形式，但更多的是采取函电的形式。询函可分为一般询函（General Inquiry）与具体询函（Specific Inquiry）。一般询函是买方向卖方了解产品的一般情况，内容往往是索取商品目录（Catalogue）、价格单（Price List）、样品（Sample）、报价单（Quotation）、形式发票（Proforma Invoice）等。不少公司使用事先印制好的询价表。具体询函则是双方有具体交易意图和要求，包括某项商品的品种、规格、价格、包装、付款条件、交货期等。如条件合适，成交的可能性较大。如双方是首次接触，则称为"首次询函"（First Inquiry）。

首次询函通常要先说明如何得知对方的名称、地址，并对本公司经营范围和经营状况进行简单介绍，然后写明写信的目的和要求，如询问某种产品的价格及其他交易条件等。在书写询函时应注意开门见山、简明扼要、具体明了、合理有礼，语言不宜冗长和过分客气，更不可显得自卑。下面是询函的实例。

【实例示范】

TH 食品进出口股份有限公司（TH FOODSTUFFS IMPORT & EXPORT CO., LTD.，以下简称"TH 公司"）是经商务部批准的具有进出口经营权的贸易公司，主营各类罐头食品，公司与多家供货厂商有长期的业务往来，货源基础稳定。

SULEIMAN ABDUL RAZZAK CO.
P.O.BOX 152 CODE 11438 T-445913, F-4455941 RIYADH,KSA

Aug. 15, 2024

Dear Mr. Yang,

At present, we are in the market for canned melon jam, and we have established long-term trade relations. We shall be glad to receive your best quotation for this item, with indications of detailed specifications, package, terms of payment. Please offer CFR RIYADH PORT VIA DAMMAM PORT.

We are looking forward to your favorable reply.

Yours Sincerely,
SULEIMAN ABDUL RAZZAK CO.
James Brown

沙特阿拉伯客户 SULEIMAN ABDUL RAZZAK CO.（以下简称"S.A.R. 公司"）与 TH 公司是合作多年的业务伙伴。2024 年 8 月 15 日，TH 公司收到 S.A.R. 公司要求订购甜瓜酱罐头的询盘邮件。

（二）发盘

1. 发盘的含义

发盘（Offer/Quotation）是指买卖双方的一方（发盘人，Offeror）向对方（受盘人，Offeree）提出各项交易条件，并愿按照这些条件与对方达成交易，订立合同的一种肯定的表示。发盘在法律上称为要约，既属商业行为，又属法律行为。

2. 发盘的形式

在实际业务中，发盘通常是一方在收到对方的询盘之后提出的，也可以未经过对方询盘而直接向对方发盘。发盘多由卖方发出，称为售货发盘（Selling Offer）；也可以由买方发出，称为购货发盘（Buying Offer）或递盘（Bid）。

无论是买方发盘，还是卖方发盘，发盘可以口头进行，也可以书面进行。在发盘的有效期内，发盘人不得任意撤销或修改其内容。发盘一经对方在有效期内表示无条件接受，发盘人将受其约束，并承担按照发盘条件与对方订立合同的法律责任。

3. 发盘的构成条件

（1）发盘要有特定的受盘人。发盘必须向特定的人提出，只有发盘中特定的人才能作为受盘人对有关发盘表示接受而成立合同。特定的受盘人可以是自然人，也可以是法人；可以是多个人，也可以是一个人，但不可以泛指广大公众。例如，有的交易在报纸杂志或其他媒体上所做的商业广告，即使内容完整，由于没有特定的受盘人，也不能构成有效发盘，只等同于邀请发盘。

（2）发盘的内容必须十分确定。发盘的内容确定是指发盘的条件是完整的、明确的、终局性的。一般来说，一项条件完整的发盘应包括商品的品名、品质、数量、包装、价格、交货和支付等主要条件。但也有例外，例如，交易双方事先订有"一般交易条件"的协议，有些内容已经存在于该协议中；或者发盘中援引以往的函电或合同等。

（3）表明发盘人愿意承受约束的意图。即发盘人必须表明发盘人愿意按照发盘所列条件同对方签订合同的意思。

（4）送达受盘人。因为受盘人必须在收到发盘时才能决定是否可以接受，所以发盘必须在送达受盘人时才能生效。送达受盘人是指将发盘内容通知对方、送交对方本人或其营业地址、通信地址。

4. 发盘的有效期

发盘的有效期是指可供受盘人作出接受的期限。凡是发盘都有有效期，一般都明确作出规定。凡是明确规定有效期的发盘，从发盘被送达受盘人时开始生效，到发盘规定的有效期满为止。不明确规定有效期的发盘，是指在合理时间内有效。所谓"合理时间"，国际上并没有明确的规定或解释，一般与买卖货物的特性及发盘采用的方式有关。一些在国际市场上价格波动频繁的商品，采用电信方式发盘的，其合理时间应理解为相对短一些；而对市价比较稳定的货物，或者是采用信件方式发盘的，其合理时间可理解为相对长一些。

5. 发盘的撤回与撤销

如果一项发盘还没到达受盘人，发盘人为了使该项发盘不产生效力，以一种更快捷的通信方式将撤回的通知先于或与发盘同时到达受盘人，取消原发盘。这种行为称作发盘的撤回。如果一项发盘已经到达受盘人，但受盘人在有效期内未表示接受前，发盘人为了使这项已生效的发盘失去效力而通知受盘人，这种行为则被称为发盘的撤销。

关于发盘的撤销，世界各国的法律规定存在很大的差异。

英美法系国家的法律认为：在发盘被接受之前，发盘人有权撤销发盘或变更发盘的内容，例外的情况是受盘人给予了"对价"（Consideration）或者发盘人以签字蜡封的特殊形式发盘。但美国在《统一商法典》中对上述原则做了修改，规定凡是商人以书面形式做成的发盘，在规定的有效期内不得撤销，未规定有效期的发盘在合理时间内不得撤销，但最长时间不得超过三个月。

大陆法系国家的法律认为：发盘在有效期内不得撤销。例如，德国法律认为，发盘原则上对发盘人有约束力，除非他在发盘中已表明不受约束；法国法律虽然允许发盘人在有效期内撤销其发盘，但判例表明，如果撤销不当，则必须承担赔偿责任。

如果撤销通知于受盘人发出接受通知之前送达受盘人，发盘可以撤销。但是在下列情况下，发盘不得撤销：① 发盘中写明接受发盘的有效期或以其他方式表明发盘是不可撤销的；② 受盘人有理由相信该项发盘是不可撤销的，而且受盘人已本着对该发盘的信赖行事。

6. 发盘的失效

发盘的失效是指发盘法律效力的消失。发盘失效的原因很多，归纳起来，主要有以下几种情况：

（1）在有效期内未被接受而过期。明确规定有效期的发盘，在有效期内如未被受盘人接受即失效；未明确规定有效期的发盘，在合理时间内未被接受的也在失效之列。

（2）受盘人表示拒绝或还盘。

（3）发盘人对发盘依法撤回或撤销。

（4）发盘人发盘后发生了不可抗力事件。

（5）发盘人或受盘人在发盘被接受前丧失行为能力。

7. 发盘的英文表示

发盘一般采用 offer、quote、bid firm、firm bid 等表述。例如：

（1）At your request we make you an offer as follows...

（2）We take pleasure in making you an offer as required by you some time ago，subject to our final confirmation.

（3）Thanks for your enquiry of May 5，2024 and make you the quotation.

This offer is firm，subject to the receipt of reply by us before January 25，2025.

8. 发盘的内容

发盘可采用谈判或函电的形式。一封理想的报盘书信，通常应包括以下内容：对对方的询盘表示感谢；说明欲交易的商品的品质、数量、价格、交货、包装、支付条件等；报盘的有效期限；表示希望该报盘能为对方接受。

下面是一则发盘函的实例。

【实例示范】

TH 公司收到 S.A.R. 公司要求订购甜瓜酱罐头的询盘邮件后，立即联系罐头生产厂家，并以工厂报价、国内费用、海洋运费、公司利润等为基础向 S.A.R. 公司发盘。

TH FOODSTUFFS IMPORT & EXPORT CO.，LTD.	
TO：SULEIMAN ABDUL RAZZAK CO. ATTN.：Mr. Brown	DATE：Aug.16, 2024 FM：TH FOODSTUFFS IMPORT & EXPORT CO., LTD.

Dear Mr. Brown,

We have received your mail of Aug.15，2024, asking us to offer the CANNED MELON JAM for shipment to SAUDI ARABIA .

Comply with your kindly request, we are pleased to offer our best price as follows.

1. Commodity：Canned melon jam
2. Specifications：24 tins per carton, per tin 340 grams net weight
3. Package：Export carton
4. Quantity：Each container stuff with 1 700 cartons
5. Price：USD6.50/CARTON CFR RIYADH PORT VIA DAMMAM PORT
6. Payment：T/T
7. Shipment：Not later than Oct.1, 2024

PLS kindly pay attention to the fact that we have not much ready stock on hand. Therefore, it's very important to reply us before Aug. 20，2024.

We are looking forward to hearing from you soon.

**TH FOODSTUFFS
IMPORT & EXPORT CO.,LTD.**

Best Regards,
TH FOODSTUFFS
IMPORT & EXPORT CO., LTD.
Mr. Yang

（三）还盘

还盘（Counter Offer）是指受盘人不同意或不完全同意发盘人在发盘中提出的条件，为了进一步协商，对发盘提出修改意见。还盘既是受盘人对发盘的拒绝，也是受盘人以发盘人的地位向原发盘人提出的新发盘。一方的发盘经对方还盘后即失去效力，除非得到原发盘人同意，受盘人不得在还盘后反悔，再接受原发盘。

还盘可以用口头方式或者其他方式表达出来，一般与发盘采用的方式相符。还盘可以针对价格，也可以针对商品的品质、数量、交货时间及地点、支付方式等主要条件提出修改意见。一方发盘，另一方如不同意其内容，可以进行还盘。同样，一方还盘，另一方如不同意其内容，也可以再进行还盘。一笔交易有时不经过还盘即可达成，有时要经过还盘，甚至往返多次还盘才能达成。

【案例分析】

包装是否属于发盘或还盘实质性条件？

2024年2月1日，巴西大豆出口商向日本某外贸公司报出大豆价格，在发盘中除了列出各项必要条件外，还表示需要"编织袋包装运输"。在发盘有效期内，日方复电表示接受，并称："用最新编织袋包装运输。"巴西方收到上述复电后即着手备货，并准备在双方约定的7月份装船。然而，3月份大豆价格从每吨420美元跌至350美元左右。日方向对方去电称："我方对包装条件做了变更，你方未确认，合同并未成立。"而巴西出口商则坚持认为合同已经成立，双方为此发生了争执。分析此案应如何处理，简述你的理由。

分析提示：

此为国际贸易磋商中的还盘问题。由于包装不属于发盘或还盘实质性条件，因此日方的回复不构成一项还盘，巴西方不必对此作出回答，合同已经按照原发盘内容和接受中的某些修改为交易条件成立。所以日方以巴西方对修改包装条件未确认为理由否认合同的成立是不正确的。

在进出口业务中，还盘时应注意以下问题：要识别还盘的形式，有的明确使用"还盘"字样，有的则不使用；接到还盘后，要与原发盘进行核对，找出还盘中提出的新内容，然后结合市场变化情况和销售意图并认真对待；还盘是对发盘的拒绝，原发盘人可以就此停止磋商。如果原发盘人继续与受盘人进行还盘或再还盘，一旦达成协议，在履约过程中发生争议，所有交易磋商过程中的函电或谈判记录即为解决争议的依据；在表示还盘时，一般只针对原发盘提出不同意或需要修改的部分，已同意的内容在还盘中可以省略。

（四）接受

接受（Acceptance）在法律上称为"承诺"，是指受盘人接到对方的发盘或还盘后同意对方提出的条件，愿意与对方达成交易，并及时以声明或行为表示出来。

接受同发盘一样，既属于商业行为，也属于法律行为，接受产生的法律后果是双方达成交易，合同成立。在实际业务中，接受的形式一般都是用函电、口头等形式表示，但在某些情况下，接受也可以用行为表示出来，但该方式的前提必须是发盘规定允许的方式，或者当事人双方已经形成的惯例。

1. 接受构成的条件

（1）接受必须由特定的受盘人作出。发盘是向特定的人作出的。因此，只有特定的人才能对发盘作出接受，而不能是其他人。其他人即使通过某个途径了解发盘的内容而向发盘人表示接受，合同也不能成立。这种"接受"只能被认为是其他人向原发盘人发出了一项新发盘。

（2）发盘必须以某种方式表示出来。接受的方式有两种：一是用声明来表示，即受盘人用口头形式或书面形式向发盘人表示同意发盘内容；二是用行为来表示，即在发盘明确规定的有效期内，或在合理时间之内，根据发盘的要求或依照当事人之间确定的习惯做法（如卖方备货或发运货物、买方支付价款等）行事。值得注意的是，我国在批准加入《联合国国际货物销售合同公约》（简称《公约》）时，对《公约》承认合同可以用书面以外形式订立的规定声明保留。因此，在实际业务中，意愿上已同意接受对方的发盘，以保持沉默或者用行为表示接受，这对我国不适用。

（3）接受必须在发盘的有效期内传达到发盘人。按照《公约》采用的"到达生效"原则的规定，接受只有在发盘有效期内到达发盘人时才生效。这种规定在采用面对面谈判或函电谈判进行磋商时，比较切实可行，而在用信件或电报方式进行磋商以及用行动表示接受时，接受的表示没有立即送达到发盘人，对此，接受应于何时生效的问题，国际上不同法系的规定有较大的分歧。

英美法系的国家采用"投邮生效"原则。即作为一般规则，接受必须传达到发盘人才生效，但是如果接受是用信件或电报作出时，法律例外地承认：当信件投邮或电报交发，接受即告生效。即使接受的函电在邮递途中延误或遗失，发盘人未能在发盘有效期内收到，也不影响合同的成立。但如果发盘人在发盘中规定接受必须于有效期内传达到发盘人，则接受的函电传达到发盘人时，接受才能生效。

大陆法系的国家采用"到达生效"原则。即接受必须到达发盘人时才能生效，使用信件或电报作出表示也不例外。如果表示接受的函电在邮递过程中延误或遗失，那么合同不能成立，其传递延误或遗失的风险由受盘人承担。

（4）接受的内容必须与发盘相符。如果要达成交易，成立合同，根据传统的法律规定，受盘人必须无条件地全部同意发盘的条件。即接受必须是绝对的，无保留的，与发盘人的发盘条件完全相符。

根据英美法系的"镜相规则"，接受必须像照镜子一样照出发盘。大陆法系也有类似的原则，要求接受必须"纯净"（Pure）并与发盘"完全相符"。但这样严格的规定，难以适应国际贸易实际业务的需求，所以在国际贸易实践中，受盘人在表示接受时，为了不影响合同的成立，往往对发盘作出某项添加、限制或其他更改，尽量促成交易的达成。《公约》将接受中对发盘的条件所作的变更分为两类：实质性变更发盘条件和非实质性变更发盘条件。凡是对货物的价格、付款、质量和数量、交货地点和时间、赔偿责任范围或解决争端等的添加、限制或更改，均视为实质上变更发盘条件，发盘人对此不予确认。而接受中含有非实质性变更发盘条件，例如，要求提供重量单、装箱单、检验证书和产地证等单据，或要求分两批装运等。除了发盘人及时向受盘人表示反对其间的差异，将构成接受，合同得以成立，并且合同的条件以该项发盘的条件以及接受中所作的变更为准。

【知识链接】

《公约》对有条件接受的规定

《公约》第 19 条规定如下：

（1）对发价表示接受但载有添加、限制或其他更改的答复，即为拒绝该项发价并构成还价。

（2）但是，对发价表示接受但载有添加或不同条件的答复，如所载的添加或不同条件在实质上并不变更该项发价的条件，除发价人在不过分迟延的期间内以口头或书面通知反对其间的差异外，仍构成接受。如果发价人不作出这种反对，合同的条件就以该项发价的条件以及接受通知内所载的更改为准。

（3）有关货物价格、付款、货物质量和数量、交货地点和时间、一方当事人对另一方当事人的赔偿责任范围或解决争端等的添加或不同条件，均视为在实质上变更发价的条件。

2. 逾期接受

逾期接受（Late Acceptance）是指接受通知到达发盘人的时间已经超过了发盘所规定的有效期，或在发盘中未规定有效期时，已超过了合理的时间。逾期接受一般无效，只能认为是新的发盘。但为了有利于双方合同的成立，对逾期接受采取一些灵活的处理方式，使其在符合某些条件的情况下，仍然具有接受效力。如果发盘人于收到逾期接受后毫不迟延地通知受盘人，确认其为有效，则该逾期接受具有接受的效力。

对于另一种情况，一项接受由于传递不正常而未能及时送达发盘人，造成了延误，则该项逾期接受具有接受的效力。除非发盘人毫不迟延地用口头或书面通知受盘人，他的发盘已经失效。

【案例分析】

逾期接受是否是有效的？

我国某出口企业对意大利某商人发盘，发盘中限定最迟当月20日复到有效。19日意大利商人用电报通知我方接受该发盘，由于传递延误，我方于21日上午才收到对方的接受通知，而我方在收到接受通知前获悉市场价格已上涨。对此，我方应如何处理？

分析提示：

中国与意大利均是《公约》缔约国，该案例双方洽谈过程中，均未排除或作出任何保留，因此，双方当事人均应受《公约》约束。我方于21日收到意大利商人的电报属于因传递延误而造成的逾期接受。因此，如我方不能同意此项交易，则应即复电通知对方：我方原发盘已经失效。如我方鉴于其他原因，愿按原发盘达成交易，订立合同，则可回电确认；也可不予答复，予以默认。

3. 接受的撤回

接受可以撤回，但必须在合同生效之前撤回。撤回的通知必须在该项接受到达发盘人之前或和该项接受同时到达发盘人，接受才可以撤回，因为此时接受尚未生效。

但是，按照英美法系的投邮生效原则，情况则不同。接受一经投邮立即生效，合同就此成立，所以不存在接受的撤回问题。

接受通知一旦到达发盘人即不能撤销。因为接受一经生效，合同即告成立，如果允许撤销，这实际上无异于允许毁约的行为。

4. 注意事项

在实际进出口业务中，表示接受时应注意以下问题：

（1）在表示接受时，应该慎重地对磋商的函电或谈判记录进行认真核对。经核对后认为对方提出的各项主要交易条件已明确、完整、无保留条件和肯定时，才能表示接受。如果在核对过程中发现有不清楚之处，应同对方澄清之后，再表示接受。在实际业务中，对一般交易可用简单形式表示接受，即对主要交易条件不再重述，但接受电报、电传或信函中，必须注明对方来电、信函的日期或文件号；对大宗交易或者交易磋商过程较复杂的，为了慎重起见，在表示接受时，应该采用详细叙述主要交易条件的方式。

（2）表示接受应在对方报盘规定的有效期限之内进行，并应严格遵守有关时间的计算规定。

（3）在表示接受之前，应该详细分析对方的报盘，准确识别是发盘还是询盘。如果将对方的询盘误认为发盘而表示接受，可能暴露了我方接受的底价和条件，使我方处于被动地位；如果将对方的发盘误认为询盘，可能会错失成交良机。

【国际贸易新视界】

数字技术改变国际贸易的交易磋商方式

在数字化浪潮的推动下，国际贸易的交易磋商方式正在经历一场变革。

传统的面对面谈判、电话沟通和纸质文件交换等交易磋商方式逐渐被数字技术所改变，使得交易磋商更加高效、透明和便捷。

数字技术的优势在于其连接全球的能力。通过电子商务平台，如全球资源网、中国制造网等B2B网站，国际贸易中的买方和卖方可以跨越地理障碍，实现即时沟通和信息共享。这种连接不仅缩短了交易双方的磋商时间，还降低了因信息不对称而产生的交易风险。

人工智能（Artificial Intelligence，AI）技术的引入，尤其是AI采购智能体，进一步改变了交易磋商的面貌。通过训练人工智能使其能够理解复杂的采购需求，提供个性化的供应商匹配，甚至预测市场趋势，为买家提供决策支持。它们通过对话式体验，简化了采购流程，使得即使是国际贸易新手也能轻松进行交易磋商。

此外，区块链技术的应用为国际贸易提供了一个安全、透明的交易环境。智能合约的使用确保了合同条款的自动执行，减少了违约风险，同时也降低了因合同纠纷而产生的法律成本。

订立贸易合同

在国际商务交易磋商过程中，一方的发盘被另一方有效接受以后，买卖双方就达成了交易，合同宣告成立。但按照一般的习惯做法，买卖双方达成协议后，通常还要将各自的权利和义务以书面形式确定下来，即签订书面合同。签订书面合同是合同成立的证据，是合同履行的依据，也是合同生效的条件。

一、有关国际货物买卖的法律、公约及惯例

（一）各国国内法

各国调整国际货物买卖合同的法规主要可以分为大陆法系国家的买卖法和英美法系国家的买卖法等。所以，我国国际货物买卖，主要依据《中华人民共和国民法典》（简称《民法典》）的相关规定，符合《联合国国际货物销售合同公约》的适用条件，则受到此公约支配。

（二）国际条约与国际贸易惯例

1980 年《联合国国际货物销售合同公约》（以下简称《公约》）是迄今为止有关国际货物买卖合同的一项最为重要的国际条约。它是由联合国国际贸易法委员会主持制订的，于 1980 年在维也纳举行的外交会议上获得通过。在 1988 年 1 月 1 日，中国、美国、法国等 11 个国家完成批准参加手续，《公约》正式生效。核准和参加《公约》的国家既包括德国、法国、意大利等大陆法系国家，又包括美国、澳大利亚、加拿大等英美法系国家。

1.《公约》的适用范围

《公约》适用于营业地在不同缔约国的当事人之间所订立的货物销售合同。需要注意的是，此条强调营业地位于不同国家，而非当事人的国籍。营业地是指固定的、永久的、独立进行营业的场所。代表机构所在地不是本公约意义的"营业地"，而是属于代理关系中的代理人的"营业地"。如果当事人有一个以上的营业地，则选择与合同最紧密的；如果没有营业地，以当事人惯常居住地为准。

《公约》第二条指出了不适用的销售，包括：购供私人、家人或家庭使用的货物的销售，除非卖方在订立合同前任何时候或订立合同时不知道而且没有理由知道这些货物是购供任何这种使用；经由拍卖的销售；根据法律执行令状或其他令状的销售；公债、股票、投资证券、流通票据或货币的销售；船舶、船只、气垫船或飞机的销售；电力的销售。

《公约》的适用不具有强制性：只要贸易双方在合同中约定不适用《公约》，即可以排除《公约》的适用。如未明确法律适用问题，则《公约》自动适用。此外，贸易双方在合同中还可以部分排除《公约》适用。

2.《公约》对我国的适用问题

中国对《公约》的适用提出了两项保留。首先，对其中第一条第一款（B）做出保留，即不同意扩大《公约》适用范围至缔约国与非缔约国之间；其次，对《公约》的第十一条作出保留，规定合同必须采取书面形式。

此外，调整国际货物买卖合同的还包括如 Incoterms®2020（《国际贸易术语解释通则 2020》）等国际贸易惯例。

二、合同有效成立的条件

在合同磋商的过程中，一方的发盘经过对方有效接受，合同即告成立。该合同虽已成立，但要具有法律效力，还需要具备下列条件。

（一）当事人必须在自愿和真实的基础上达成协议

商订合同必须是双方自愿的，不得存在一方把自己的意志强加给对方的行为。任何一方也不得采取欺诈或胁迫手段。当事人依法享有自愿订立合同的权利，任何单位和个人不得非法干预。一方以欺诈、胁迫的手段或者乘人之危，使对方在违背真实意思的情况下订立的合同，受害方有权请求人民法院或者仲裁机构变更或者撤销。

（二）当事人应具有相应的行为能力

双方当事人应具有商订国际货物买卖合同的合法资格，具体的要求是：作为自然人应是成年人并且必须有固定住所；神志不清、未成年人等不具有签订合同的合法资格。作为法人，应是已经依法注册成立的合法组织，有关业务应当属于其合法单位的法定经营范围之内，负责磋商及签约者应当是其法人的法定代表人或其合法授权人。

（三）合同的标的和内容必须合法

合同的标的，是指交易双方买卖行为的客体。签订合同时，合同的标的和内容只有符合双方国家法律的规定，才是有效的合同。

（四）必须是互为有偿的

国际货物买卖合同是货币与货物互换的交易。一方提供货物，另一方支付价金。如果一方不按合同的规定提供货物，或另一方违约拒不付款或不按合同规定支付货款，都要以合同为依据负有赔偿对方损失的责任。

（五）合同的形式必须符合法律规定的要求

《民法典》第四百六十九条规定，当事人订立合同，可以采用书面形式、口头形式或者其他形式。书面形式是合同书、信件、电报、电传、传真等可以有形地表现所载内容的形式。以电子数据交换、电子邮件等方式能够有形地表现所载内容，并可以随时调取查用的数据电文，视为书面形式。

我国法律规定涉外合同必须是书面形式。

三、签订书面合同的意义

在进出口贸易中，当买卖双方就交易条件经过磋商达成协议后，合同即告订立。依法成立的合同，对当事人具有法律约束力，并受法律保护。

合同的书面形式并不局限于某种特定的格式，任何载明双方当事人名称、标的物的质量、数量、价格、交货和支付等交易条件的书面文件，包括买卖双方为达成交易而交换的信件、电报或电传，都足以构成书面合同。但是，在国际贸易实践中，买卖双方通过磋商达成交易后，一般还需要另行签订一份正式的书面合同，因为它具有以下三方面的意义。

（一）合同成立的证据

凡是合同必须能够得到证明，提供证据，包括口头证据和书面证据。但一旦发生争议而诉诸法律，法院或仲裁机构都将要求当事人对合同的成立提供书面证据。在用信件、电报或电传磋商时，书面证据自不成问题。但是通过口头谈判成立的合同，如果不用一定的书面形式加以确定，那么，它将由于不能被证明和不具备法律所规定的形式而难以得到法律的保护。因此，通过口头谈判达成的交易，签署一份书面合同是必不可少的。

（二）合同生效的条件

买卖双方为达成交易而交换的信件、电报或电传，也可构成书面合同。但是，在交易磋商时，如果买卖双方的一方曾声明"合同的成立以双方签订正式合同或确认书为准"，并得到了另一方同意，那么，即使双方已对交易条件全部取得一致意见，在正式书面合同或确认书签订之前，还不存在法律上有效的合同。在此情况下，正式书面合同或确认书就成为合同生效不可缺少的条件。此外，凡是必须经政府机构审核批准的合同，也必须是正式的书面合同。

（三）合同履行的依据

在国际贸易中，合同的履行涉及企业内外的许多部门和单位，环节多，过程也很复杂。口头合同如不转变成书面合同，不仅不符合某些国家的法律要求，而且其履行的困难也是不言而喻的。即使通过信件、电报或电传达成交易，如不将分散于多份信件、电报、电传中的双方协议一致的条件，集中归纳到一份书面合同上来，也将难以顺利履行合同，而且容易产生差错。所以，买卖双方不论通过口头磋商还是书面磋商，在达成交易后，将商定的交易条件全面、清楚地一一列明在同一个书面文件上，这对进一步明确双方的权利和义务，以及为合同的正确履行提供依据，具有重要意义。

四、书面合同的形式

根据我国法律规定和进出口贸易的一般习惯做法，交易双方通过口头或电信方式磋商达成协议后，还必须签订一定格式的正式书面合同。

国际上对货物买卖合同的书面形式没有特定的限制。从事进出口贸易的买卖双方，可采用正式合同（Contract）、确认书（Confirmation）、协议书（Agreement），也可采用备忘录（Memorandum）等形式。此外，还有意向书（Letter of Intent）、订单（Order）和委托订购单（Indent）等。其中，采用正式合同和确认书的居多。

（一）正式合同

正式合同的内容比较全面，对双方的权利、义务，以及发生争议后如何处理，均有较详细的规定。大宗商品或成交金额较大的交易，多采用此种形式的合同。

我国在对外贸易中使用的合同，分为销售合同和购买合同，又称出口合同和进口合同。这两种合同的格式和主要内容基本一致，其中包括商品的名称、品质、数量、包装、价格、装运、保险、支付、商检、索赔、仲裁、不可抗力等条款。

合同有正副本之分。在我国的对外贸易业务中，通常由我方缮制合同正本一式两份，经双方签字后，买卖双方各保存一份。合同副本与正本同时制作，无须签字，亦无法律效力，仅供交易双方内部留作参考资料，其份数视双方需求而定。

（二）确认书

确认书是一种简式合同，在格式上与正式合同有所不同，条款比较简单，主要就一般内容作出规定，对双方义务的规定不是很详细。这种形式的合同主要适用于金额不大、批次较多的商品，或者已订立代理、包销等长期协议的交易。

在我国对外贸易中使用的确认书，分为销售确认书和购买确认书。这两种确认书的格式和主要内容基本一致。通常也由我方缮制一式两份，经双方签字后，买卖双方各保存一份，但无正本和副本之分。

【职业判断】

我国 A 公司与某外商洽谈进口交易。经往来电传磋商，就合同的主要条件全部达成协议，但在最后一次磋商中，A 公司所发的表示接受的电传中列有"以签订确认书为准"。事后对方拟就合同草稿，需要 A 公司确认，但由于对某些条款的措辞尚待进一步研究，故未及时给予答复。不久，该商品的国际市场价格下跌，外商要求 A 公司开立信用证，A 公司以合同尚未有效成立为由拒绝开证。

问题：

分析 A 公司的做法是否有理？

分析提示：

有理，合同不成立，以签订确认书为准。

（三）协议书

在法律上，协议一般与合同同义。书面文件冠以"协议"或"协议书"的名称，只要其内容对买卖双方的权利和义务都做了明确、具体的规定，它就与合同一样对买卖双方具有法律约束力。但是，如果交易磋商的内容比较繁杂，双方商定了一部分条件，还有一部分条件有待进一步磋商，于是先签订一个"初步协议"，在协议书中也做了协议属初步性质的说明，这种协议就不具有合同的性质，没有法律约束力。

（四）备忘录

备忘录是指进行交易磋商时用来记录磋商的内容，以备今后核查的文件。如果双方当事人把磋商的交易条件完备、明确、具体地记入备忘录，并经双方签字，那么这种备忘录的性质和作用就与合同无异。如果双方经磋商后，只是对某些事项达成一致或一定程度的理解，并记入备忘录，甚至冠以"理解备忘录"的名称，则这种备忘录不具有法律约束力。

（五）意向书

在交易磋商尚未达成最后协议前，买卖双方为了就达成的某项交易，将共同争取实现的目标、设想和意愿，有时还包括初步商定的部分交易条件，记录在一份书面文件上，作为今后进一步谈判的参考和依据。这种书面文件可称之为"意向书"。意向书只是双方当事人为了达成某项协议所作出的一种意愿的表示，它不是法律文件，对有关当事人没有约束力。但根据意向书，有关当事人彼此负有道义上的责任；在进一步洽谈中，一般不应与意向书中所作的规定偏离太远。

（六）订单

订单是指进口商或实际买家拟制的货物订货单。在我国进出口业务中，有的客户往往发出订单，要求我方签回。这种经磋商成交后发出的订单，实际上是国外客户的购买合同或购买确认书。

（七）委托订购单

委托订购单是指由代理商或佣金商拟制的代客户购买货物的订购单。在实际业务中，出口企业一般都印制有固定格式的出口合同或销售确认书。若当面成交，则买卖双方共同签署合同或确认书。若双方是通过函电往来成交的，由我方签署合同或确认书后，将正本一式两份寄送国外买方签署，买方收到合同或确认书后，签署寄回一份，以备存查，同时附函说明。

【国际贸易与中国经济】

展会缤纷，呈现中国对外开放多彩姿态

近年来，面对经济逆全球化、一些国家贸易保护主义抬头等不利的国际贸易环境，中国仍然持续推进高水平对外开放，致力于与其他国家实现合作共赢。在各类活动中，展会成为中国提升开放能力的重要平台。

中国进出口商品交易会（广交会），被誉为"中国第一展"，自1957年创办以来，已成为全球规模最大、影响最广的展会之一。从最初只有来自19个国家和地区的1 200多名采购商参展，到如今214个国家和地区25.3万名境外采购商参展，广交会见证了中国经济的腾飞以及对外开放的推进。

中国国际进口博览会（进博会），作为全球首个以进口为主题的国家级展会的博览会，是中国主动向世界开放市场的重大举措。从首届的172个国家、地区和国际组织参会，到第七届的297家世界500强和行业龙头企业参会，进博会已成为中国推动建设开放型世界经济、支持经济全球化的务实行动。某新闻网这样写道："在进博会上，外国企业赢得的不仅是订单、市场、

理念，还有中国现代化建设带来的无限机遇。"

世界互联网大会乌镇峰会（乌镇峰会）和全球数字贸易博览会（数贸会）等展会，为中国与全球数字科技和贸易发展提供了重要交流平台。乌镇峰会已成为在中国举办的规模最大、层次最高的互联网大会，而数贸会则成为中国进一步扩大对外开放、同各国共享发展机遇和红利的重要举措。

为提升国际循环质量和水平，加快建设现代化经济体系，中国国际供应链促进博览会（链博会）应运而生。第二届链博会吸引了来自69个国家、地区和国际组织的620家中外企业和机构参加，共签署合作协议、意向协议210多项，涉及金额1 520多亿元，展现了中国在全球供应链中承担的重要角色。

五、书面合同的内容

书面合同的内容一般包括下列三个部分。

（一）约首

约首是指合同的序言部分，其中包括合同的名称和编号，订约双方当事人的名称和地址（要求写明全称）。除此之外，在合同序言部分常常写明双方订立合同的意愿和执行合同的保证。

（二）本文

本文是指合同的主体部分，具体列明各项交易的条件或条款，如品名条款、品质条款、数量条款、价格条款、包装条款、装运条款、支付条款、保险条款、检验条款、索赔条款、仲裁条款和不可抗力条款等。这些条款可分为基本条款和一般条款，如图2-1所示，基本条款是合同的主体内容，因此也被称为主要条款。

（三）约尾

约尾一般列明合同的份数，使用文字及其效力，订约的时间、地点、生效的时间，以及双方当事人的签字等内容。合同的缔约地点涉及合同准据法的问题，因此要慎重对待。我国出口合同的缔约地点一般都写在我国。

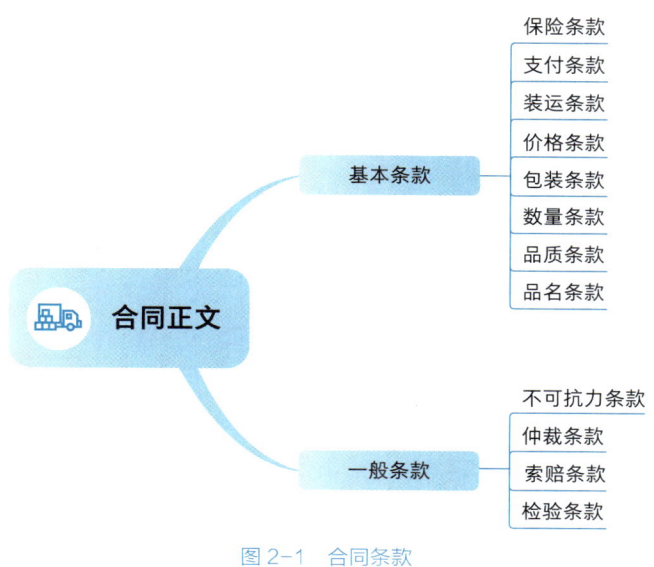

图 2-1　合同条款

六、合同的修改与终止

　　合同一经交易双方订立，就成为具有法律效力的文件，对订立的双方均有法律约束力，双方应当按照合同的约定履行自己的义务，任何一方不得擅自变更或者解除合同。

　　但在实际业务中，合同虽经双方确认并签字，但有时一方或双方当事人发现需要对合同的某些内容加以修改或补充。在此情况下，必须经过双方协商同意才能对合同进行修改。

【实例示范】

　　因 TH 公司与 S.A.R. 公司已有多次合作关系，经过几次磋商，8 月 19 日，双方最终确定以每箱 USD6.35 的报价成交。8 月 20 日，TH 公司制作外销合同并传真给 S.A.R. 公司要求其会签。

SALES CONTRACT			
卖方 SELLER:	TH FOODSTUFFS IMPORT & EXPORT CO., LTD. 128 TI YU CHANG ROAD, HANGZHOU 310003 CHINA	编号 NO.:	2024EK151
		日期 DATE:	Aug. 20, 2024
		地点 SIGNED IN:	ZHEJIANG
买方 BUYER:	SULEIMAN ABDUL RAZZAK CO. P.O BOX 152 CODE 11438 T-445913, F-4455941 RIADH. KSA		

SALES CONTRACT

买卖双方同意以下条款达成交易:

This contract is made by and agreed between the BUYER and the SELLER, in accordance with the terms and conditions stipulated below.

1. 品名及规格 Commodity & Specification	2. 数量 Quantity	3. 单价及价格条款 Unit Price & Trade Terms	4. 金额 Amount
CFR RIYADH PORT VIA DAMMAM PORT			
"MAILNG" BRAND CANNED MELON JAM, 24 TINS PER CARTON PER TIN 340 GRAMS NET WEIGHT	2 200 CARTONS	USD6.35	USD13 970.00
Total:	2 200 CARTONS		USD13 970.00

允许 With	5%	溢短装，由卖方决定 more or less of shipment allowed at the sellers'option

5. 总值 Total Value	USD THIRTEEN THOUSAND NINE HUNDRED AND SEVENTY ONLY
6. 包装 Packing	EXPORT CARTON
7. 唛头 Shipping Marks	WAZAH/RIYADH
8. 装运期及运输方式 Time of Shipment & means of Transportation	Not Later Than Oct.15, 2024 BY VESSEL
9. 装运港及目的地 Port of Loading & Destination	From：XINGANG, P.R.CHINA To：RIYADH PORT, SAUDI ARABIA Via：DAMMAM PORT, SAUDI ARABIA
10. 保险 Insurance	TO BE COVERED BY THE BUYER
11. 付款方式 Terms of Payment	By T/T within 3 working days after the buyer's receipt of copy of B/L by fax. Full set of documents will be sent to the buyer courier service within 5 days after the seller's receipt of full amount from the buyer
12. 备注 Remarks	(1) Transshipment allowed, Partial shipment not allowed (2) Certificate of Original Invoice to be legalized by Chamber of Commerce

SALES CONTRACT	
The Buyer SULEIMAN ABDUL RAZZAK CO. （进口商签字和盖章）	The Seller TH FOODSTUFFS IMPORT & EXPORT CO., LTD. （出口商签字和盖章）

【职业道德与素养】

案例背景：

我国甲公司拟进口一批货物，请乙公司发盘。5月1日，乙公司发盘"5月31日前答复，报价为 CIF 纽约价，每箱20美元，共200箱罐装沙丁鱼，7月份纽约港装运。"甲公司则发出以下还盘："对你5月1日报价还盘为5月20日前答复，CIF 纽约价每箱18美元，共200箱罐装沙丁鱼，7月份纽约港装运。"截至5月20日，甲公司尚未收到回电。鉴于此货价上涨，甲公司于5月22日去电："你5月1日电……我们接受。"

问题：

乙公司原报价是否继续约束乙公司至5月31日？乙公司能否因货价上涨而不理会甲公司？

分析提示：

在上述情况下，乙公司原报价不能继续约束乙公司至5月31日。因甲公司已对乙公司5月1日的发盘作出还盘，甲公司的还盘构成了新的发盘，乙公司的原发盘就失去法律效力，对乙公司就无约束力。所以，对于甲公司的5月22日电，乙公司可以不予理会。

知识与技能训练

一、单项选择题

1. 在进出口业务中，一项口头发盘（　　　）。

　　A. 只要接受就有效

　　B. 接受与否都无效

　　C. 必须立即接受并写成书面文件才有效

　　D. 在发盘的有效期内接受就视为有效

2. 根据《公约》，合同成立的时间是（　　　）。

　　A. 接受生效的时间　　　　　　　　　　B. 交易双方签订书面合同的时间

　　C. 在合同获得国家批准时　　　　　　　D. 当发盘送达受盘人时

3. 关于逾期接受，《公约》规定（　　　）。

　　A. 逾期接受无效

　　B. 逾期接受是一个新的发盘

　　C. 逾期接受完全有效

　　D. 逾期接受是否有效，关键看发盘人如何表态

4. 根据《公约》的规定，受盘人对发盘表示接受，可以有几种方式，下列（　　　）不属此列。

　　A. 通过口头向发盘人声明　　　　　　　B. 通过书面向发盘人声明

　　C. 通过沉默或不作为表示接受　　　　　D. 通过实际行动表示接受

5. 以下不属于发盘的构成条件的是（　　　）。

　　A. 发盘必须由卖家发出　　　　　　　　B. 发盘的内容十分确定

　　C. 标明发盘人愿意承受约束　　　　　　D. 发盘有特定的受盘人

二、多项选择题

1. 一般地说，交易磋商有四个环节，其中达成交易不可缺少的两个基本环节和必经的法律步骤是（　　　　）。

　　A. 询盘　　　　　　　　　　　　　　　B. 发盘

C. 还盘 D. 接受

2. 根据《公约》规定，接受生效的时间为（　　　　）。

　　A. 接受送达发盘人时

　　B. 受盘人采取某种行为时

　　C. 接受通告一经投邮或交给电报局发出时

　　D. 受盘人作出接受答复时

3. 根据《公约》规定，发盘内容必须十分确定。所谓十分确定，是指在发盘中，应包括的要素是（　　　　）。

　　A. 标明货物的名称

　　B. 明示或默示地规定货物数量或规定数量的方法

　　C. 明示或默示地规定货物的价格或规定确定价格的方法

　　D. 标明货物的交货时间和地点

　　E. 标明支付的办法

4. 根据《公约》规定，受盘人对（　　　　）提出添加或更改，均作为实质性变更发盘条件。

　　A. 价格 B. 付款

　　C. 品质 D. 数量

　　E. 交货时间与地点

5. 国际货物买卖合同的形式包括（　　　　）。

　　A. Contract B. Confirmation

　　C. Agreement D. Order

三、判断题

1. 发盘的撤回和撤销是同一概念。（　　　）

2. 发盘可由买方或卖方发出，而其中的买方发盘也可称之为递盘。（　　　）

3. 任何人对某发盘作出的接受，均视为有效的接受。（　　　）

4. 接受和发盘一样也是可以撤销的。（　　　）

5. 从法律效力来看，合同和确认书这两种形式的书面合同没有区别。（　　　）

【调查研究与善作善成】

一、调查研究

我国企业国际贸易常用磋商方式、程序、技巧

1. 总体要求

请结合本项目教学内容，学生分小组实地走访当地三家以上不同行业、规模的对外贸易企业。调研小组与企业外贸相关人员进行交流，了解企业常用的贸易磋商方式和程序，学习企业国际贸易磋商技巧，发现企业国际贸易磋商工作中的常见问题，分析贸易磋商问题产生的原因，提出企业完善贸易磋商工作的建议。调研小组结合调查研究结果，撰写一份调查研究报告。

2. 具体要求

（1）准备要足。每3～5人组建调查研究小组，商议小组成员调研分工。小组调研前，通过电子邮件、电话、实地走访等方式对所选调研企业进行调研前的沟通，确定调研对象、时间、地点等信息。拟定调研提纲和问卷，做好调研行程安排。

（2）选题要准。对接调研目的，合理设计调研主题。小组此次调研主要围绕外贸企业国际贸易磋商方式的选择、磋商程序设计、磋商技巧运用等选择主题，收集企业国际贸易磋商工作的经验，探寻企业国际贸易磋商工作存在的痛点和难点，分析企业国际贸易磋商工作问题存在的原因，研究完善企业国际贸易磋商工作的举措。

（3）内容要实。充分查阅文献资料后，结合企业外贸磋商的特点，制定内容翔实的调研提纲和问卷。实地访问结束后，分析整理调研资料，总结企业国际贸易磋商工作中有价值的经验，撰写内容丰富、建议可行的调研报告。

二、综合实训

依据业务资料草拟出口贸易合同

1. 实训目标

通过实训，使学生理解国际贸易合同的基本结构和主要条款，掌握国际贸易合同拟定的基本流程和注意事项，提高学生在国际贸易合同拟定中的实践操作能力，提升法律意识和贸易风险防范意识。

2. 实训资料

请根据以下业务资料草拟一份出口合同，要求合同条款规范、完整和清晰。

A 进出口公司出口一批童装给 B 贸易有限公司，具体背景资料如下：

合同号码：GD202405

卖方：A 进出口公司

买方：B 贸易有限公司

商品名称：童装

规格货号：ART.NO.BS-22

数量：3 500 打

单价：每打 CIF 纽约价 $138

总金额：483 000 美元

装运条件：自收到信用证的 30 天起，最迟于 2024 年 5 月 31 日装运

支付条款：不可撤销的即期信用证

包装：每 12 打装 1 纸箱，200 个纸箱装 1 个 20 英尺集装箱

唛头：由卖方选定

保险：由卖方按发票金额的 110% 投保一切险和战争险

签约日期：2024 年 3 月 1 日

3. 实训要求

（1）教师介绍拟定出口贸易合同的背景。

（2）学生完成出口贸易合同的制定。

（3）学生展示实训成果。

（4）教师讲解。

4. 实训指导

（1）教师讲解国际贸易合同的重要性和作用。

（2）教师演示国际贸易书面合同范例，讲解合同基本结构和主要条款。

（3）学生讨论合同中存在的问题和风险，并提出解决方案。

（4）学生拟定出口贸易合同。

5. 实训评价

教师对各组完成情况进行点评并作出综合评价，填入表 2-1。

表 2-1　实训综合评价表

考评人			被考评人	
考评地点				
考评内容	拟定出口贸易合同	分值	实际得分	
	在规定时间内完成	10		
	合同结构的规范性	30		
	合同内容的合法性	30		
	合同对贸易风险的防范管理	20		
	团队清晰展示合同内容	10		
合计		100		

项目三

国际贸易术语

学习目标

// 素养目标 //

- 树立规则意识、法律意识，培养遵守国际贸易规则、惯例和法律的素养
- 维护我国外贸企业的正当权益，减少和避免国际贸易工作中出现的法律纠纷

// 知识目标 //

- 了解国际贸易术语的含义与作用
- 了解《国际贸易术语解释通则 2020》
- 掌握国际贸易术语的具体要求
- 掌握选用国际贸易术语的原则

// 技能目标 //

- 能够分析国际贸易术语
- 能够运用国际贸易术语

思维导图

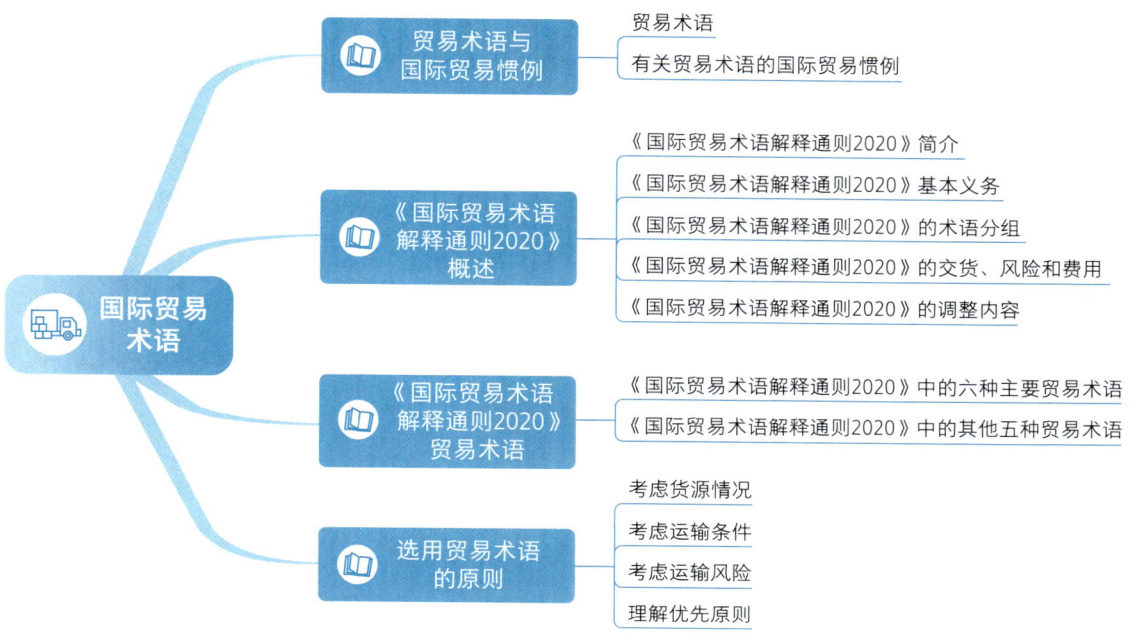

国际贸易术语
- 贸易术语与国际贸易惯例
  - 贸易术语
  - 有关贸易术语的国际贸易惯例
- 《国际贸易术语解释通则2020》概述
  - 《国际贸易术语解释通则2020》简介
  - 《国际贸易术语解释通则2020》基本义务
  - 《国际贸易术语解释通则2020》的术语分组
  - 《国际贸易术语解释通则2020》的交货、风险和费用
  - 《国际贸易术语解释通则2020》的调整内容
- 《国际贸易术语解释通则2020》贸易术语
  - 《国际贸易术语解释通则2020》中的六种主要贸易术语
  - 《国际贸易术语解释通则2020》中的其他五种贸易术语
- 选用贸易术语的原则
  - 考虑货源情况
  - 考虑运输条件
  - 考虑运输风险
  - 理解优先原则

学习计划

- 素养提升计划

_____

_____

_____

- 知识学习计划

_____

_____

_____

- 技能训练计划

_____

_____

_____

贸易术语与国际贸易惯例

我国 A 公司以 CFR 贸易术语与某国公司签订了一份消毒碗柜的出口合同，合同规定装运时间为 4 月 15 日前。A 公司备妥货物，并于 4 月 8 日装船完毕。由于逢星期日休息，A 公司的业务员未及时向买方公司发出装运通知，导致买方公司未能及时办理投保手续，而货物因 4 月 8 日晚发生了火灾被烧毁。

【问题】

货物损失责任由谁承担？为什么？

【分析提示】

从以上案例分析可知，货物损失的责任由 A 公司承担。其原因是，在 CFR 术语成交的条件下，租船订舱和投保手续分别由卖方和买方办理。因此，卖方装船完毕应及时向买方发出装运通知，以便买方办理投保手续。否则，由此而产生的风险应由卖方承担。本案中，因为 A 公司未能及时发出装运通知，导致买方公司未能及时办理投保手续，未能将风险及时转移给保险公司。因此，风险应由 A 公司承担。

一、贸易术语

（一）贸易术语的产生与发展

贸易术语是国际贸易发展到一定历史阶段的产物。在早期的国际贸易活动中，货主自己承担货物在长途运输中的全部风险、责任和费用。随着商品经济的日益发展和国际贸易规模的不断扩大，18 世纪末至 19 世纪初出现了装运港船上交货的术语，即 FOB 贸易术语的雏形。到 19 世纪中叶，以 CIF 为代表的单据买卖方式逐渐成为最常用的国际贸易方式。

国际商会于 1936 年制定并于 1953 年修订的《国际贸易术语解释通则》（简

称《通则》）只包括 9 种贸易术语。后来，由于业务发展的需要，对《通则》作了多次修订。《国际贸易术语解释通则 1980》（简称《1980 通则》）包含的贸易术语已增加到 14 种。20 世纪 80 年代，随着科学技术的快速发展，通过信息技术进行的电子数据交换得到日益广泛的运用，多式联运业务也在国际货物运输中进一步普及。

《国际贸易术语解释通则 1990》（简称《1990 通则》）由国际商会综合各国的贸易习惯，在广泛征求意见的基础上，经国际商会 1990 年 4 月修订，并于同年 7 月 1 日生效。其目的是为在对外贸易中经常使用的贸易术语的解释提供一套国际规则，以便把不同国家对这类术语做不同解释的不确定性避免或降至最低程度。《1990 通则》共有 13 种贸易术语。

《国际贸易术语解释通则 2000》（简称《2000 通则》）由国际商会通过其各国家委员会吸取了各行业国际贸易从业者的意见和建议，在《1990 通则》和广泛调查的基础上，经国际商会 1999 年 7 月修订，自 2000 年 1 月 1 日起正式生效。《2000 通则》共有 13 种贸易术语，与《1990 通则》相比变动不大，主要是力求在语言上准确反映国际贸易实务。《2000 通则》在以下两个方面做出了实质性改变：在 FAS 和 DEQ 术语下，办理清关手续和交纳关税的义务；在 FCA 术语下装货和卸货的义务。

《国际贸易术语解释通则 2010》（简称《2010 通则》）是国际商会根据国际货物贸易的发展对《2000 通则》的修订版本，于 2010 年 9 月 27 日公布，自 2011 年 1 月 1 日起在全球范围内实施。在《2010 通则》中，13 种贸易术语变为 11 种。《2010 通则》较《2000 通则》更加准确标明各方承担货物运输风险和费用的责任条款，有助于避免现实中经常出现的码头处理费（THC）纠纷。《2010 通则》增加大量指导性贸易解释和图示，以及电子交易程序的适用方式。

《国际贸易术语解释通则 2020》（简称《2020 通则》），是国际商会根据国际货物贸易的发展对《2010 通则》的修订版本，自 2020 年 1 月 1 日起在全球范围内实施。《2020 通则》共有 11 种贸易术语。

（二）贸易术语的含义与作用

贸易术语（Trade Terms），又称价格术语（Price Terms），是进出口商品价格的一个重要组成部分。贸易术语用一个简短的概念或三个英语字母的缩写，来说明交货地点、商品的价格构成和买卖双方有关费用、风险和责任的划分，确定卖方交货和买方接货应尽的义务。

贸易术语的作用有两个：第一，确定交货条件，即说明买卖双方在交接货物方面彼此承担责任、费用和风险的划分；第二，表示成交商品的价格构成因素，特别是货价中所包含的从属费用。

不同的贸易术语表明买卖双方各自承担不同的责任、费用和风险，而责任、费用和风险的大小会影响成交商品的价格。由于其价格构成因素不同，所以成交价格应有所区别。贸易术语具有两重性，即一方面表示交货条件，另一方面表示成交价格的构成因素，这两者是紧密相关的。

国际贸易的买卖双方在确定价格条件时使用贸易术语，既可以节省交易磋商的时间和费用，又可以简化交易磋商和买卖合同的内容，有利于交易的达成和履约中争议的解决。

二、有关贸易术语的国际贸易惯例

贸易术语是在长期的贸易实践中形成的习惯做法，经过某些国际组织的编撰和解释，形成国际贸易惯例。目前，在国际上有较大影响的有关贸易术语的惯例有以下三个：

（一）《1932 年华沙—牛津规则》

《1932 年华沙—牛津规则》（Warsaw—Oxford Rules 1932，简称 W.O.Rules 1932）。该规则由国际法协会制定，共 21 条，主要说明 CIF 买卖合同的性质，并具体规定了买卖双方所承担的费用、风险和责任，以及所有权转移的方式。

（二）《1941 年美国对外贸易定义修订本》

《1941 年美国对外贸易定义修订本》（Revised American Foreign Trade Definitions 1941）是由美国九大商业团体制定的，对以下六种术语做了解释：

EX（Point of Origin）——产地交货。

FOB（Free on Board）——运输工具上交货。FOB 又分为六种，其中第五种为装运港船上交货，即 FOB vessel（Named Port of Shipment）。

FAS（Free along Side）——在运输工具旁边交货。

C&F（Cost and Freight）——成本加运费。

CIF（Cost，Insurance and Freight）——成本、保险费加运费。

Ex Dock（Named Port of Importation）——目的港码头交货。

该惯例在北美国家影响较大，在与采用该惯例的国家进行贸易时，要特别注意与其他惯例的差别，买卖双方应在合同中明确规定贸易术语所依据的惯例。

（三）《国际贸易术语解释通则》

《国际贸易术语解释通则》（Incoterms）是国际商会关于国内外贸易术语使用

的通则，旨在便利全球贸易活动，避免世界各地贸易商之间不同做法和不同法律解释对国际贸易的阻碍。在买卖合同中使用的国际贸易术语可以帮助简化并明确国际贸易体系下买卖双方有关货物交付、运输及清关手续方面的合同义务，为企业的贸易行为提供指导和预测，减少法律纠纷风险。自1936年国际商会制定《国际贸易术语解释通则》以来，这套全球普遍接受的合同标准不断定期更新，以适应国际贸易的发展。

【国际贸易新视界】

中小企业应对关税壁垒的策略

2024年12月11日，美国贸易代表办公室宣布，将依据《1974年贸易法》第301条款对中国出口的多种关键材料加征新的高额关税，具体包括钨产品、矽晶圆和多晶硅等原材料。根据这一决定，从2025年1月1日起，太阳能矽晶圆和多晶硅的关税税率将提升至50%，钨产品的税率则提高至25%。面对他国的关税壁垒和新规，中小企业需要快速调整策略，找到适合自身的应对之道。

1. 分散转口国家，降低单一市场风险

对于出口产品至美国的企业而言，墨西哥是传统的转口热门地，但中小企业也可以尝试分散布局，将目光转向东南亚国家（如越南、泰国、马来西亚）。这些国家与美国之间不存在直接的贸易摩擦，出口商品关税风险较低。另外，东南亚国家劳动力成本更低，适合从事简单加工的商品转口贸易。

2. 降低转口成本，规避海关追溯风险

中小企业在转口贸易中，需要特别注意控制成本并规避风险，确保做到文件准备齐全，原产地证明、增值记录和发票清晰完整，避免因文件问题被海关追溯。灵活处理产品出口形式，可通过出口零部件或半成品，再在第三国完成组装或包装。

3. 强化跨境电商销售，减少中间环节

跨境电商为中小企业提供了一条绕过传统贸易的有效路径。第一，利用海外仓的优势，提前将商品存放至海外仓，可以有效规避关税波动对物流造成延误的影响，并缩短配送时间，提高客户满意度。第二，专注轻小件商品，选择物流成本低、高附加值的小商品（如家居小件、便携电子产品）进行销售，提升市场竞争力。第三，选择合适的平台，比如亚马逊、速卖通等电商平台具备强大的客户流量和物流体系，中小企业可以低成本进入美国市场。

加征关税无疑增加了中小企业的出口成本和经营压力，但它也迫使中小企业重新审视市场策略，探索新的增长路径。无论是通过转口贸易分散风险，还是借助跨境电商开拓直销模式，都是企业应对不确定性风险因素的重要策略调整。在复杂的国际贸易环境中，中小企业只有把握挑战中的机遇，方能找到适合自身的发展和破局之道。

《国际贸易术语解释通则 2020》概述

一、《国际贸易术语解释通则 2020》简介

《国际贸易术语解释通则 2020》（简称《2020 通则》），是国际商会（ICC）根据国际货物贸易的发展对《国际贸易术语解释通则 2010》（简称《2010 通则》）的修订版本，于 2020 年 1 月 1 日开始在全球范围内实施。《2020 通则》在《2010 通则》的基础上进一步明确了买卖双方的责任。

二、《国际贸易术语解释通则 2020》基本义务

《国际贸易术语解释通则 2020》对十项基本义务的内部顺序做了重大调整。在《2020 通则》规则中，各项基本义务的内部顺序排列如下：

A1/B1 一般义务

A2/B2 交货 / 提货

A3/B3 风险转移

A4/B4 运输

A5/B5 保险

A6/B6 交货 / 运输单据

A7/B7 出口 / 进口清关

A8/B8 查验 / 包装 / 标记

A9/B9 费用划分

A10/B10 通知

《2020 通则》与《2010 通则》基本义务的对照如表 3-1 所示。

表 3-1　《2020 通则》与《2010 通则》基本义务对照表

基本义务	《2020 通则》	《2010 通则》
A1/B1	A1 General obligations （一般义务） B1 General obligations （一般义务）	A1 General obligations of the seller （卖方的一般义务） B1 General obligations of the buyer （买方的一般义务）
A2/B2	A2 Delivery （交货） B2 Taking delivery （提货）	A2 Licences, authorizations, security clearances and other formalities （许可证、批准、安全通关及其他手续） B2 Licences, authorizations, security clearances and other formalities （许可证、批准、安全通关及其他手续）
A3/B3	A3 Transfer of risks （风险转移） B3 Transfer of risks （风险转移）	A3 Contracts of carriage and insurance （运输合同与保险合同） B3 Contracts of carriage and insurance （运输合同和保险合同）
A4/B4	A4 Carriage （运输） B4 Carriage （运输）	A4 Delivery （交货） B4 Taking delivery （受领货物（接收货物））
A5/B5	A5 Insurance （保险） B5 Insurance （保险）	A5 Transfer of risks （风险转移） B5 Transfer of risks （风险转移）
A6/B6	A6 Delivery/transport document （交货 / 运输单据） B6 Delivery/transport document （交货 / 运输单据）	A6 Allocation of costs （费用划分） B6 Allocation of costs （费用划分）
A7/B7	A7 Export/import clearance （出口 / 进口清关） B7 Export/import clearance （出口 / 进口清关）	A7 Notices to the buyer （通知买方） B7 Notices to the seller （通知卖方）
A8/B8	A8 Checking/packaging/marking （查验 / 包装 / 标记） B8 Checking/packaging/marking （查验 / 包装 / 标记）	A8 Delivery document （交货凭证） B8 Proof of delivery （交货证明）

基本义务	《2020 通则》	《2010 通则》
A9/B9	A9 Allocation of costs（费用划分） B9 Allocation of costs（费用划分）	A9 Checking‐packaging‐marking（检查、包装、标志） B9 Inspection of goods（货物检验）
A10/B10	A10 Notices（通知） B10 Notices（通知）	A10 Assistance with information and related costs（信息帮助和相关费用） B10 Assistance with information and related costs（信息帮助和相关费用）

三、《国际贸易术语解释通则 2020》的术语分组

《2020 通则》中的术语仍分为 E、F、C、D 四组，共 11 个术语，如表 3-2、表 3-3 所示。E 组仍为 1 个术语，为 EXW（Ex Works）；F 组仍为 3 个术语，分别为 FCA（Free Carrier）、FAS（Free Alongside Ship）和 FOB（Free on Board）；C 组仍为 4 个术语，分别为 CFR（Cost and Freight）、CIF（Cost Insurance and Freight）、CPT（Carriage Paid To）和 CIP（Carriage and Insurance Paid To）；D 组虽然仍为 3 个术语，但是名称有所调整，分别为 DAP（Delivered at Place）、DPU（Delivered at Place Unloaded）和 DDP（Delivered Duty Paid）。

微课：
Incoterms 2020
贸易术语的分类

表 3-2 　《2020 通则》贸易术语一览表

组别	国际代码	含义	
		英文	中文
E 组	EXW	Ex Works	工厂交货
F 组	FCA	Free Carrier	货交承运人
	FAS	Free Alongside Ship	船边交货
	FOB	Free on Board	船上交货
C 组	CFR	Cost and Freight	成本加运费
	CIF	Cost Insurance and Freight	成本、保险费加运费
	CPT	Carriage Paid To	运费付至
	CIP	Carriage and Insurance Paid To	运费和保险费付至

组别	国际代码	含义	
		英文	中文
D 组	DAP	Delivered at Place	目的地交货
	DPU	Delivered at Place Unloaded	目的地卸货后交货
	DDP	Delivered Duty Paid	完税后交货

表 3-3 《2020 通则》贸易术语及分类

第一类	适用于任一或多种运输方式的规则 Rules for any Mode or Modes of Transport	第二类	适用于海运和内河水运的规则 Rules for Sea and Inland Waterway Transport
EXW	Ex Works 工厂交货（填入指定交货地点）	FAS	Free Alongside Ship 船边交货（填入指定装运港）
FCA	Free Carrier 货交承运人（填入指定交货地点）	FOB	Free On Board 船上交货（填入指定装运港）
CPT	Carriage Paid To 运费付至（填入指定目的地）	CFR	Cost and Freight 成本加运费（填入指定目的港）
CIP	Carriage and Insurance Paid To 运费和保险费付至（填入指定目的地）	CIF	Cost Insurance and Freight 成本、保险费加运费（填入指定目的港）
DAP	Delivered at Place 目的地交货（填入指定目的地）		
DPU （新）	Delivered at Place Unloaded 目的地卸货后交货（填入指定目的地）		
DDP	Delivered Duty Paid 完税后交货（填入指定目的地）		

四、《国际贸易术语解释通则 2020》的交货、风险与费用

依据《2020 通则》，以下地点将用以确定：被视为卖方已经完成将货物"交付"买方的地方或港口，即交货地，或者卖方必须组织货物运输到达的地点或港口，即目的地；或者 D 组规则下的交货地和目的地。

《2020 通则》中，A2 将定义交货地或港，该地或港在 EXW 和 FCA（卖方所在地）中离卖方最近，而在 DAP、DPU 和 DDP 中离买方最近。

A2 中确定的交货地或港对风险和费用的划分至关重要。

A2 中的交货地或港标明 A3 中风险从卖方转移给买方的地方或港口。正是在这个地方或港口，卖方履行了其在 A1 中的合同项下的交货义务，这样在货物越过该点后发生的灭失或损坏，买方不能向卖方追偿。

A2 中的交货地或港也标明 A9 中买卖双方费用划分的核心点。广义而言，A9 将交货地点前发生的费用划归卖方承担，其后的费用由买方承担。

五、《国际贸易术语解释通则 2020》的调整内容（《国际贸易术语解释通则 2020》与《国际贸易术语解释通则 2010》的区别）

《2020 通则》最重要的举措就是聚焦在如何改善呈现方式，以便引导企业针对他们的合同正确地选择《国际贸易术语解释通则》中的贸易术语，更加清晰地解释销售合同与附属合同之间的区分与联系；针对每个《国际贸易术语解释通则》规则，将使用说明升级为现在的解释说明；重新对《国际贸易术语解释通则》规则排序，更加突出交货和风险，旨在帮助国际贸易企业更加顺利地进行出口 / 进口交易。

国际商会在《2020 通则》中作出对《2010 通则》的修改，这些修改包括：

（一）增加 FCA 术语下关于"已装船"批注提单的附加选项

如货物以 FCA 术语销售经由海运方式运输，卖方或买方（或者更可能是他们的银行，如使用信用证）可能需要已装船批注提单。然而，FCA 术语下的交货在货物装船之前已经完成，无法确定卖方是否能够从承运人处获取已装船提单。根据运输合同，只有在货物实际装船后，承运人才可能有义务并有权签发已装船提单。

（二）费用划分条款的调整

在《2020 通则》规则条款的新排序中，费用显示在每条规则的 A9/B9 中。但是，除此重新排序外，规则中不同术语中各条款划分的各种费用传统上出现在规则中每个术语的不同部分。例如，FOB2010 是在标题为"交货单据"的 A8 条款中提及与获取交货单据有关的费用，而不是在标题为"费用划分"的 A6 条款中出现。

（三）在 CIP 和 CIF 术语下，设置不同层级的最低保险范围

《2020 通则》在 CIF 规则和 CIP 规则中规定不同的最低险别。CIF 规则更可能用于海运大宗商品贸易，但维持《协会货物保险条款》条款（C）作为默示立场的现状，当然双方当事人仍可以自由商定较高的保险险别。在 CIP 规则中，卖方现在必须取得符合《协会货物保险条款》条款（A）的保险险别，尽管双方当

事人当然仍可以自由商定较低的保险险别。

（四）在 FCA、DAP、DPU、DDP 中使用卖方或买方自己的运输工具安排运输

《2010 通则》假定卖方和买方之间的货物将由第三方承运人运输，未考虑到由卖方或买方自行负责运输的情况。

《2020 通则》则考虑到卖方和买方之间的货物运输不涉及第三方承运人的情形。因此，在 D 组规则中，允许卖方使用自己的运输工具。同样，对于 FCA 术语下的采购，也不能阻止买方使用自己的运输工具收货并运往买方所在地。

（五）将 DAT 三个首字母缩写改为 DPU

在《2020 通则》中，国际商会对 DAT 和 DAP 做出两项修改。首先，《2020 通则》两个术语的排列位置被颠倒过来，交货发生在卸货前的 DAP 现在出现在 DAT 前。其次，DAT 规则的名称已被更改为 DPU，更强调目的地可以是任何地方，而不仅仅是"运输终端"（运输的终点）。

（六）在运输义务和费用中加入与安全有关的要求

《2010 通则》各规则的 A2/B2 及 A10/B10 简单提及了安全要求。由于与运输要求相关，与安全相关的义务的明确划分现已添加到每个《2020 通则》规则的 A4 和 A7 中。这些要求产生的费用现在在费用条款中，即 A9/B9，也占有更为突出的地位。

（七）升级"使用说明"为"用户解释说明"

《2010 通则》每个规则开头处出现的"使用说明"在《2020 通则》中作为"用户解释说明"出现。这些说明解释了《2020 通则》每个规则的基本原理。例如，应该何时使用、风险何时转移和卖方与买方之间如何划分费用。

除了上述调整外，《2020 通则》其余部分的规定较之前版本并未有实质性变化。在此次修订中，国际商会旨在通过对各个贸易术语项下规则的介绍性和解释性说明，以及对排版和术语排列顺序的变化，使各个术语的内容更加清晰明确，进而鼓励使用者根据其所从事的贸易采用最合适的贸易术语，尤其是避免在非海运贸易中使用海运术语。

> **【国际贸易与中国经济】**
> **美国提高关税对我国经济的影响与应对措施**
>
> 美国提高关税对我国经济主要有三大影响：关税增加导致成本上升、供应链和生产方式的调整、对我国出口商品需求的波动。

一、关税增加导致成本上升

美国额外加征关税意味着中国出口到美国的商品将面临更高的成本压力。特别是对于依赖美国市场的企业，这将直接提高商品的售价，削弱价格竞争力，导致需求下降。

应对措施：

（1）提高生产效率。优化生产工艺、提升劳动生产率，减少成本压力。

（2）调整定价策略。通过产品捆绑、逐步提价等方式部分转嫁成本，或通过提升附加值来弥补关税增加。

二、供应链和生产方式的调整

加征关税可能迫使企业调整其供应链布局。为了规避高关税，企业可能需要将部分生产环节转移到其他国家（如越南、印度、墨西哥等），以享受更低的关税，或者将一部分生产转向国内。

应对措施：

（1）全球化生产布局。考虑将生产基地迁移至东南亚、印度等低关税地区和国家，以降低关税负担并避免依赖单一市场。

（2）加强国内生产。增加国内生产的比重，尤其是对美出口的商品，在国内完成生产，降低跨境运输成本和关税负担。

（3）优化供应链管理。通过建立多元化的供应链体系，减少对单一供应商的依赖，提升供应链的灵活性和抗风险能力。

三、对我国出口商品需求的波动

加征关税会直接影响美国消费者的购买力，尤其是价格敏感型商品（如消费电子产品、家居用品等）。随着商品价格上涨，美国消费者可能减少购买，从而导致我国商品出口量下降。

应对措施：

（1）多元化市场布局。加大对其他国际市场的开拓，减少对美国市场的依赖，拓展开发东南亚、非洲和拉美等新兴市场，巩固和发展欧洲市场。

（2）提升产品附加值。通过技术创新、产品升级和品牌建设，提升产品的附加值，弥补关税带来的成本增加，使产品更具吸引力。

（3）增强品牌竞争力。加大品牌推广力度，增加消费者对中国制造的认可度和忠诚度，以维持市场份额。

《国际贸易术语解释通则 2020 》贸易术语

一、《国际贸易术语解释通则 2020 》中的六种主要贸易术语

在进出口贸易中、FOB、CFR、CIF 和 FCA、CPT、CIP 是六种常见的贸易术语。因此，熟练掌握这六种主要贸易术语中买卖双方的权利和义务，以及在使用中应注意的事项极为重要，尤其是在国际贸易实务中使用频率最高的前三种贸易术语。其原因是：第一，这三种贸易术语属于象征性交货（即交货于运输工具上，并不实际交付收货人），卖方比较容易控制交货；第二，这三种贸易术语对于双方的责任和风险划分比较均衡，较之其他贸易术语更容易被买卖双方接受。

（一）FOB

FOB，Free on Board（...named port of shipment）——船上交货（……指定装运港），是指当货物在指定装运港口被装上船时，卖方即完成交货。

按照《2020 通则》的解释，在 FOB 下，买卖双方的主要义务如下：

1. 卖方的义务

（1）卖方必须提供符合销售合同约定的货物和商业发票，以及合同可能要求的其他与合同相符的证据。

（2）卖方提供的任何单据，根据双方约定可以是纸质或电子形式，如果没有约定，则按照惯常做法提供。

（3）卖方必须在买方指定的装运港内的装货点（如有），以将货物置于买方指定的船上、或以取得已经如此交付的货物的方式交货。

（4）除根据 B3 的灭失或损坏情况外，卖方承担按照 A2 完成交货前货物灭失或损坏的一切风险。

（5）卖方必须自付费用，向买方提供已按照 A2 交货的通常证明。

（6）出口清关，协助进口清关。

微课：
FOB

（7）卖方必须支付为了按照 A2 交货所需要进行的查验费用。

（8）卖方必须自付费用包装货物，除非该特定贸易运输的所售货物通常无须包装。除非双方已经约定好具体的包装或标记要求，否则，卖方必须以适合该货物运输的方式对货物进行包装和标记。

（9）卖方必须就其已按照 A2 完成交货或船舶未在约定时间内提货，给予买方充分通知。

2. 买方的义务

（1）买方必须按照销售合同约定支付货物价款。

（2）买方提供的任何单据，根据双方约定可以是纸质或电子形式，如果没有约定，则按照惯常做法提供。

（3）当卖方按照 A2 完成交货时，买方必须提取货物。

（4）买方承担按照 A2 交货时起货物灭失或损坏的一切风险。

（5）除非卖方按照 A4 的规定订立了运输合同，否则，买方必须自付费用订立自指定装运港起的货物运输合同。

（6）买方必须接受按照 A6 提供的交货证明。

（7）协助出口清关，进口清关。

（8）买方必须就任何运输相关的安全要求、船舶的名称、装货点以及约定期限内所选择的交货时间（如有）给予卖方充分通知。

FOB 贸易术语下买卖双方风险责任如图 3-1 所示。

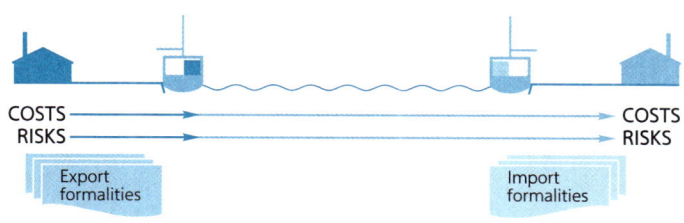

图 3-1　FOB 贸易术语下买卖双方风险责任示意图

3. 使用 FOB 贸易术语应注意的主要问题

（1）船货衔接问题。在买卖合同中，卖方的基本义务是交付符合合同的货物。以 FOB 术语成交的合同属于装运合同，卖方应按照合同规定的装船期和装运港，将货物装上船。但这一术语中订立运输合同，安排船只是买方的义务，买方应租船订舱，将船名、装船时间等及时通告卖方，以便卖方备货装船。这就存在船货衔接的问题，如果处理不好这一问题，发生货等船或船等货的现象，势必影响合同的履行。

　　按照有关法律和惯例对买卖双方义务的规定，如果买方按期派船到装运港并给予了卖方充分的通知，而卖方因货未备妥未能及时装运，则卖方应承担未按合同履约的后果，包括承担空舱费（Dead Freight）或滞期费（Demurrage）；如果买方延迟派船导致卖方不能按照合同规定的时间装船交货，则买方承担由此产生的损失和费用。

　　（2）《1990年美国对外贸易定义修订本》对FOB术语的不同解释。在《1990年美国对外贸易定义修订本》中，FOB适用于各种运输方式，只能在FOB后加注"vessel"并列明装运港名称，才认同是在装运港交货。采用此种解释时，如在旧金山进行船上交货，就应表示为FOB Vessel San Francisco。如未写明为FOB Vessel San Francisco，则卖方有权在旧金山市的内陆运输工具上交货，不负责交到旧金山港口的船上。因此，与北美商人做交易时，尤其是进口贸易，一定要注意在FOB后接的港口名称之间加上"vessel"（货轮）一词，并注意两者之间的区别。

【案例分析】

　　我国B公司以FOB条件出口一批冻鸡。合同签订后接到买方来电，称租船较为困难，委托我方代为租船，有关费用由买方承担。为了方便合同履行，B公司接受了对方的要求，但时间已到了装运期，B公司在规定的装运港无法租到合适的船，且买方又不同意改变装运港，因此到装运期限届满之时，货仍未装船。买方因销售即将结束，便来函以B公司未按期租船履行交货义务为由撤销合同。

　　问题：

　　B公司应如何处理？

　　分析提示：

　　B公司应拒绝撤销合同这一无理要求。

　　根据FOB术语，买方负责租船订舱、运输、支付运费。为了卖方装船交货方便，卖方也可以接受买方的委托，代为租船订舱，但费用和风险应由买方承担，卖方不承担租不到船的责任。

　　结合本案例，因为卖方代买方租船没有租到，买方又不同意改变装运港，因此卖方不承担因自己未租到船而延误装运的责任。买方也不能因此撤销合同。

（二）CFR

CFR，Cost and Freight（...named port of destination）——成本加运费（……指定目的港）。

按照《2020 通则》的解释，在 CFR 下，买卖双方的主要义务如下：

1. 卖方的义务

（1）卖方必须提供符合销售合同约定的货物和商业发票，以及合同可能要求的其他与合同相符的证据。

（2）卖方提供的任何单据，根据双方约定可以是纸质或电子形式，如果没有约定，则按照惯常做法提供。

（3）卖方必须以将货物装上船，或者以取得已经如此交付的货物的方式交货。在这两种情况下，卖方均必须在约定日期或期限内，按照该港口的习惯方式交货。

（4）除按照 B3 的灭失或损坏情况外，卖方承担按照 A2 完成交货前货物灭失或损坏的一切风险。

（5）卖方必须签订或取得运输合同，将货物自交货地内的约定交货点（如有），运送至指定目的港，或位于该港内的任何交货点（如已约定）。

（6）卖方必须承担费用，向买方提供运至约定目的港的通常运输单据。

（7）出口清关，协助进口清关。

（8）卖方必须向买方发出已按照 A2 完成交货的通知。

（9）卖方必须向买方发出买方收取货物任何所需通知以便买方收取货物。

2. 买方的义务

（1）买方必须按照销售合同约定支付货物价款。

（2）买方提供的任何单据，根据双方约定可以是纸质或电子形式，如果没有约定，则按照惯常做法提供。

（3）当卖方按照 A2 交货时，买方必须提取货物，并在指定目的港自承运人处收取货物。

（4）买方承担按照 A2 交货时起货物灭失或损坏的一切风险。

（5）协助出口清关，进口清关。

（6）如果运输单据与合同相符，买方必须接受按照 A6 提供的运输单据。

（7）无论何时根据约定，买方有权决定运输时间及 / 或指定目的港的收货点，买方必须给予卖方充分通知。

CFR 贸易术语下买卖双方风险责任如图 3-2 所示。

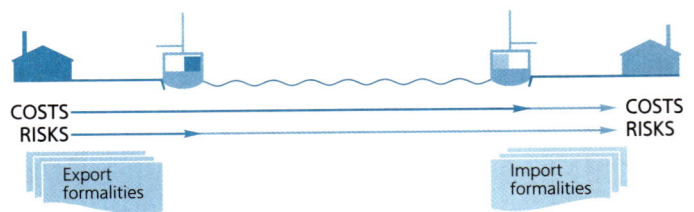

图 3-2　CFR 贸易术语下买卖双方风险责任示意图

CFR 与 FOB 的不同之处在于：

其一，由卖方负责租船订舱并支付费用。按照《2020 通则》的解释，卖方只需要按通常条件租船订舱，经习惯航线运送货物。

其二，关于运输单据。CFR 术语规定，应由卖方自行承担费用，除非另有约定，卖方应提交可以转让的海运提单或者可以使买方得以通知承运人的方式出售在途货物；而 FOB 则无此要求，可以提交海运提单，也可以提交不可转让的海运提单。

CFR 在货物装船、风险转移、办理进出口手续和接单付款方面，买卖双方的义务和 FOB 是相同的。

【案例分析】

我国 C 公司以 CFR 术语出口一批瓷器。C 公司按期在装运港装船后，将有关交易寄交买方，要求买方支付货款。随后，C 公司业务人员才发现忘记向买方发出装船通知。此时，买方已来函向 C 公司提出索赔，因为货物在运输途中因海上风险而损毁。

问题：

C 公司能否以货物运输风险是由买方承担为由拒绝买方的索赔？

分析提示：

C 公司不能以风险界点在装运港船舷为由而拒绝买方的索赔要求。

这个案例涉及 CFR 术语，根据 CFR 术语，买卖双方的风险界点在装运港船舷，货物在装运港越过船舷以前的风险由卖方承担，货物越过船舷以后的风险由买方承担。卖方为了保证自己在遭遇风险时能够将损失降低，可以通过向保险公司办理货运保险手续将风险转嫁给保险公司，但是买方能否及时办理保险取决于卖方在装运港装船后是否即时向买方发出装船通知。根据 CFR 术语，卖方在货物装船后及时向买方发出装船通知是其重要义务，如果卖方未及时向买方发出装船通知而导致买方未能及时办理保险手续，由此产生的损失由卖方负担。

（三）CIF

CIF，Cost，Insurance and Freight（...named port of destination）——成本、保险费加运费（……指定目的港）。

微课：
CFR 与 CIF

按照《2020 通则》的解释，在 CIF 下，买卖双方的主要义务如下：

1. 卖方的义务

（1）卖方必须提供符合销售合同约定的货物和商业发票，以及合同可能要求的其他与合同相符的证据。

（2）卖方提供的任何单据，根据双方约定可以是纸质或电子形式，如果没有约定，则按照惯常做法提供。

（3）卖方必须以将货物装上船，或者以取得已经如此交付的货物的方式交货。

（4）卖方必须签订或取得运输合同，将货物自交货地内的约定交货点（如有），运送至指定目的港，或位于该港内的任何交货点（如已约定）。

（5）卖方必须遵守运送至目的地过程中任何与运输有关的安全要求。

（6）除非另有约定或特定贸易中的习惯做法，卖家须自付费用取得货物保险。

（7）卖方必须承担费用，向买方提供运至约定目的港的惯常运输单据。

（8）出口清关，协助进口清关。

（9）卖方必须向买方发出已按照 A2 完成交货的通知。

（10）卖方必须向买方发出买方收取货物任何所需的通知，以便使买方收取货物。

2. 买方的义务

（1）买方必须按照销售合同约定支付货物价款。

（2）买方提供的任何单据，根据双方约定可以是纸质或电子形式，如果没有约定，则按照惯常做法提供。

（3）当卖方按照 A2 交货时，买方必须提取货物，并在指定目的港自承运人处收取货物。

（4）买方承担按照 A2 交货时起货物灭失或损坏的一切风险。

（5）如买方未按照 B10 发出通知，则买方承担自约定交货日期或约定交货期限届满之时起的货物灭失或损坏的一切风险，但以该货物已清楚地确定为合同项下货物为前提条件。

（6）如果运输单据与合同相符，买方必须接受按照 A6 提供的运输单据。

（7）协助出口清关，进口清关。

（8）无论何时根据约定，买方有权决定运输时间及 / 或指定目的港的收货点，买方必须给予卖方充分通知。

CIF 贸易术语下买卖双方风险责任如图 3-3 所示。

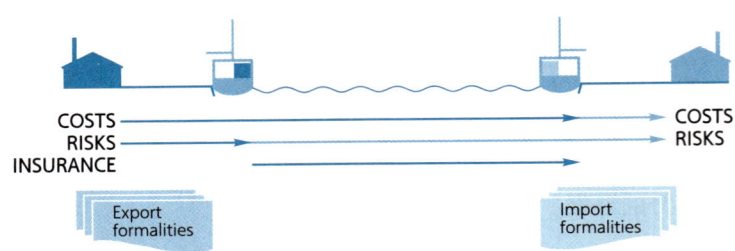

图 3-3　CIF 贸易术语下买卖双方风险责任示意图

CIF 与 CFR 的不同之处在于：以 CIF 方式成交，卖方还承担为货物办理运输保险并支付保险费的义务。在 FOB 和 CFR 中，由于买方是为自己所承担的运输风险而办理保险，因而不构成一种义务。而在 CIF 中，卖方应在不迟于货物装上船时，办理货运保险。在合同无明示时，卖方可按保险条款中最低责任的险别投保，保险金额一般为 CIF 价格的 110%。

【案例分析】

　　2024 年 7 月，我国 D 公司向一个英国商人出售一批坚果，双方以 CIF 术语达成交易。由于该商品是为制作节日产品而购进的原料，商品的季节性较强，双方在合同中规定：买方必须在当年 9 月底之前将信用证开到，卖方要在 10 月完成货物的装运，运输货物的船只必须在 11 月 30 日之前抵达英国伦敦港。如果货轮不能在 11 月 30 日之前到达伦敦港，买方有权取消合同。如果货款已收，卖方必须将收到的货款退回给买方。

　　问题：

　　这份合同还属于装运合同吗？如果按照英国商人的要求保证货物在 11 月 30 日前到达伦敦港，那么这份合同适用于哪种贸易术语成交？

　　分析提示：

　　CIF 贸易术语达成的合同是装运合同，卖方在装运港把货物装到船上即完成交货，不必保证货物是否按时到达目的港。如果要保证货物到达目的港，应使用到达合同的贸易术语，如 DDP。

【职业判断】

FOB、CFR、CIF 贸易术语的异同

相同点：

1. 适用的运输方式　　　　只适用于海运或内河运输

2. 交货地点　　　　　　　在装运港船上完成交货

3. 风险划分界限　　　　　以货物交到船上划分风险

不同点：

1. 责任

FOB　　卖方只负责将货物交至指定装运港船上

CFR　　卖方不仅负责将货物交至指定装运港船上，而且负责办理出口
　　　　货物运输

CIF　　卖方不仅负责将货物交至指定装运港船上，而且负责办理出口
　　　　货物运输和保险

2. 费用

FOB　　卖方不承担出口运费、保险费

CFR　　卖方承担出口运费

CIF　　卖方承担出口运费、保险费

3. 价格构成

FOB　　成本价

CFR　　成本加运费

CIF　　成本、保险费加运费

（四）FCA

FCA，Free Carrier（...named place）——货交承运人（……指定地点），是指卖方在指定地点将经出口清关的货物交给买方指定的承运人，即完成了交货义务。

按照《2020 通则》的解释，在 FCA 下，买卖双方的主要义务如下：

1. 卖方的义务

（1）卖方必须提供符合销售合同约定的货物和商业发票，以及合同可能要求的其他与合同相符的证据。

（2）卖方提供的任何单据，根据双方约定可以是纸质或电子形式，如果没有约定，则按照惯常做法提供。

微课：
FCA 与 CPT

（3）卖方必须在指定地或指定点（如有），向买方指定的承运人（或其他人）交付货物，或以取得已经如此交付货物的方式交货。

（4）卖方必须自付费用，向买方提供已按照 A2 交货的通常证明。

（5）出口清关，协助进口清关。

（6）卖方必须支付为了按照 A2 交货所需要进行的查验费用。

（7）卖方必须就其已按照 A2 完成交货或买方指定的承运人或其他人未在约定期限内提货的情况给予买方充分通知。

2. 买方的义务

（1）买方必须按照销售合同约定支付货物价款。

（2）买方提供的任何单据，根据双方约定可以是纸质或电子形式，如果没有约定，则按照惯常做法提供。

（3）当卖方已按照 A2 完成交货时，买方必须提取货物。

（4）买方承担按照 A2 交货时起货物灭失或损坏的一切风险。

（5）除非卖方根据 A4 订立运输合同，否则，买方必须自付费用订立运输合同或安排从指定交货地开始的货物运输。

（6）买方必须接受已按照 A2 完成交货的证据。

（7）协助出口清关，进口清关。

FCA 贸易术语下买卖双方风险责任如图 3-4 所示。

图 3-4　FCA 贸易术语下买卖双方风险责任示意图

【案例分析】

我国 E 公司按照 FCA 条件进口一批化工原料，合同中规定由卖方代办运输事项。结果在装运期满时，国外卖方来函通知，无法租到船，不能按期交货。因此，E 公司向国内生产厂家支付了 10 万元违约金。

问题：

E 公司的 10 万元延期交货违约金，可否向国外的卖方索赔？

（五）CPT

CPT，Carriage Paid To（...named place of destination）——运费付至（……指定目的地），是指当货物已被交给由卖方指定的承运人时，卖方即完成了交货义务，但卖方还必须支付将货物运至指定目的地所需的运费。CPT 适用于任何运输方式，也可以适用于多式联运。

按照《2020 通则》的解释，在 CPT 下，买卖双方的主要义务如下：

1. 卖方的义务

（1）卖方必须提供符合销售合同约定的货物和商业发票，以及合同可能要求的其他与合同相符的证据。

（2）卖方提供的任何单据，根据双方约定可以是纸质或电子形式，如果没有约定，则按照惯常做法提供。

（3）卖方必须以将货物交给按照 A4 订立合同的承运人或以取得已经如此交付的货物的方式交货。

（4）卖方必须签订或取得运输合同，将货物自交货地内的约定交货点（如有），运送至指定目的地，或位于该目的地的任何交货点（如已约定）。

（5）卖方必须遵守运至目的地过程中任何与运输有关的安全要求。

（6）依惯例或应买方要求，卖方必须承担费用，向买方提供其按照 A4 订立的运输合同项下的通常运输单据。

（7）出口清关，协助进口清关。

（8）卖方必须向买方发出已按照 A2 完成交货的通知。

（9）卖方必须向买方发出任何所需通知以便买方收取货物。

2. 买方的义务

（1）买方必须按照销售合同约定支付货物价款。

（2）买方提供的任何单据，根据双方约定可以是纸质或电子形式，如果没有约定，则按照惯常做法提供。

（3）当卖方按照 A2 交货时，买方必须提取货物，并在指定目的地或在该地方内约定地点自承运人处收取货物。

（4）买方承担按照 A2 交货时起货物灭失或损坏的一切风险。

（5）如果运输单据与合同相符，买方必须接受按照 A6 提供的运输单据。

（6）协助出口清关，进口清关。

（7）无论何时根据约定，当买方有权决定发货时间及 / 或指定目的地的收货点时，买方必须给予卖方充分通知。

CPT 贸易术语下买卖双方风险责任如图 3-5 所示。

图 3-5　CPT 贸易术语下买卖双方风险责任示意图

（六）CIP

微课：
CIP

CIP，Carriage and Insurance Paid to（...named place of destination）——运费和保险费付至（……指定目的地），是指卖方除了必须承担在 CPT 术语下同样的义务外，还必须负责办理货物运输保险，并支付保险费。

按照《2020 通则》的解释，在 CIP 下，买卖双方的主要义务如下：

1. 卖方的义务

（1）卖方必须提供符合销售合同约定的货物和商业发票，以及合同可能要求的其他与合同相符的证据。

（2）卖方提供的任何单据，根据双方约定可以是纸质或电子形式，如果没有约定，则按照惯常做法提供。

（3）卖方必须以将货物交给按照 A4 订立合同的承运人或以取得已经如此交付的货物的方式交货。

（4）除 B3 的灭失或损坏情况外，卖方承担按照 A2 完成交货前货物灭失或损坏的一切风险。

（5）卖方必须签订或取得运输合同，将货物自交货地内的约定交货点（如有），运送至指定目的地，或位于该目的地的任何交货点（如已约定）。

（6）除非另有约定或在特定贸易中的习惯做法，卖家须自付费用取得货物保险。

（7）依惯例或应买方要求，卖方必须承担费用，向买方提供其按照 A4 订立的运输合同项下的通常运输单据。

（8）出口清关，协助进口清关。

（9）卖方必须向买方发出已按照 A2 完成交货的通知。

（10）卖方必须向买方发出任何所需通知以便买方收取货物。

2. 买方的义务

（1）买方必须按照销售合同约定支付货物价款。

（2）买方提供的任何单据，根据双方约定可以是纸质或电子形式，如果没有约定，则按照惯常做法提供。

（3）当卖方按照 A2 交货时，买方必须提取货物，并在指定目的地或在该地方内约定地点自承运人处收取货物。

（4）买方承担按照 A2 交货时起货物灭失或损坏的一切风险。

（5）如果运输单据与合同相符，买方必须接受按照 A6 提供的运输单据。

（6）协助出口清关，进口清关。

（7）无论何时根据约定，买方有权决定发货时间及／或指定目的地的收货点时，买方必须给予卖方充分通知。

CIP 贸易术语下买卖双方风险责任如图 3-6 所示。

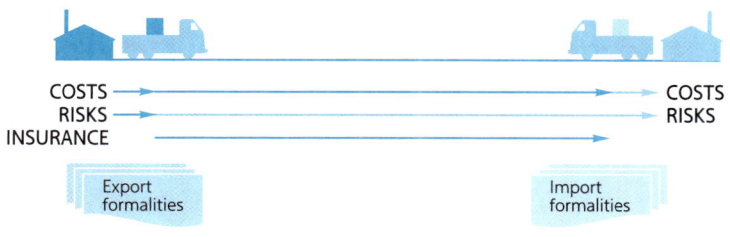

图 3-6　CIP 贸易术语下买卖双方风险责任示意图

FCA、CPT、CIP 贸易术语的异同

相同点：

1. 适用的运输方式

适用于任何运输方式，包括多式联运。

2. 风险划分界限

货交承运人。

不同点：

责任、费用承担及价格构成不同。

FCA 卖方不负责办理货物运输、保险，不承担相应费用，价格中不包含出口运费、保险费。

CPT 卖方办理货物运输并支付运费，价格中包含运费。

CIP 卖方办理运输、保险并支付运费、保险费，价格中包含运费、保险费。

FCA、CPT、CIP 三种贸易术语不仅适用于海运和内河运输，而且适用于航空运输、铁路运输、公路运输及多式联运。买卖双方的交货地点是出口国某一指定地点，风险划分以货交承运人为界；进出口手续类似于 FOB、CFR 和 CIF，它们均属于装运合同。

FCA、CPT、CIP 与传统的 FOB、CFR、CIF 相比较，有以下三个共同点：

第一，它们都是象征性交货，相应的买卖合同均为装运合同。

第二，它们都由出口方负责出口报关，进口方负责进口报关。

第三，买卖双方所承担的运输、保险责任相互对应。即 FCA 和 FOB 一样，由买方办理运输；CPT 和 CFR 一样，由卖方办理运输；而 CIP 和 CIF 一样，由卖方承担办理运输和保险的责任并支付费用。

这两类贸易术语的主要不同点在于：

第一，适用的运输方式不同。FCA、CPT、CIP 适用于各种运输方式，而 FOB、CFR、CIF 只适用于海运和内河运输方式。

第二，交货地点和风险划分界限不同。FCA、CPT、CIP 术语中，交货地点由于运输方式的不同而不同；买卖双方的风险、费用和责任划分以"货交承运人"

为界。而传统的贸易术语，其交货地点都在装运港船上；风险划分则以"货物在装运港被装上船时"为界。

第三，装卸费用承担不同。FCA、CPT、CIP 术语本身已经明确说明，因而不存在需要使用贸易术语变形的问题，而传统的贸易术语却有贸易术语的变形。

第四，运输单据性质不同。海运提单具有物权凭证的性质，可以转让；而公路运单、航空运单和铁路运单等不具有这一性质。CFR 和 CIF 术语强调了所提交运输单据应为可转让海运提单，而 CPT 和 CIP 则无此要求（即使在海运方式中）。

二、《国际贸易术语解释通则 2020》中的其他五种贸易术语

（一）EXW

EXW，Ex Works（...named place）——工厂交货（……指定地点），是指卖方在其商品的产地或储存地将货物交由买方处置，即完成了交货。买方自行负责将货物装运，并承担其间的全部风险、责任和费用，包括货物出入境的手续和费用。此术语是卖方承担义务最少的贸易术语，当买方无法直接或间接办理货物出境手续时，则不宜采用这一术语。

EXW 贸易术语下买卖双方风险责任如图 3-7 所示。

图 3-7　EXW 贸易术语下买卖双方风险责任示意图

（二）FAS

FAS，Free Alongside Ship（...named port of shipment）——船边交货（……指定装运港），是指卖方负责将货物交至装运港买方指定的船边。若买方所派船只不能靠岸，卖方应负责用驳船把货物运至船边，卖方在船边完成交货义务，风险责任同时转移。买方负责装船手续和费用，卖方办理出口报关手续，卖方的交单义务与 FOB 相同。

FAS 贸易术语下买卖双方风险责任如图 3-8 所示。

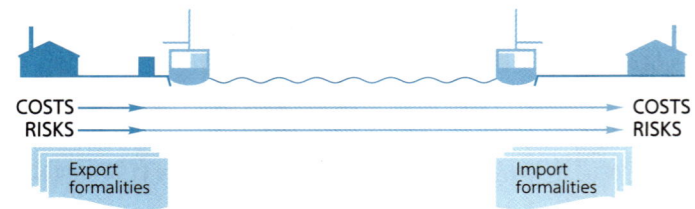

图 3-8　FAS 贸易术语下买卖双方风险责任示意图

（三）DAP

DAP，Delivered at Place（...named place of destination）——目的地交货（……在指定目的地），是指卖方在指定的目的地交货。此术语下卖方只需要做好卸货准备，无须卸货即完成交货。卖方承担将货物运至指定的目的地的运输风险和费用。本贸易术语适用于任何运输方式。

DAP 贸易术语下买卖双方风险责任如图 3-9 所示。

图 3-9　DAP 贸易术语下买卖双方风险责任示意图

（四）DPU

DPU，Delivered at Place Unloaded ——目的地卸货后交货，是指卖方在指定的目的地卸货后完成交货。卖方承担将货物运至指定的目的地的运输风险和费用。DPU 与 DAP 的主要差异是：DPU 术语下卖方需要承担把货物由卸货地从运输工具上卸下的费用；DAP 术语下卖方只需要在指定目的地把货物处于买方控制之下，而无须承担卸货费。本贸易术语适用于任何运输方式。

DPU 贸易术语下买卖双方风险责任如图 3-10 所示。

图 3-10　DPU 贸易术语下买卖双方风险责任示意图

（五）DDP

DDP，Delivered Duty Paid（...named place of destination）——完税后交货（……指定目的地），是指卖方将货物运至进口方的指定地点，交由买方处置。卖方还应承担交货前的一切风险、责任和费用，其中包括可能的货物进口报关手续和费用，以及支付的进口关税和其他关税。DDP 和 DPU 的最大区别在于：DDP 是出口方负责进口清关手续，DPU 是进口方负责进口清关手续；DDP 是买方负责卸货费用和风险，DPU 是卖方负责卸货费用和风险。

DDP 贸易术语下买卖双方风险责任如图 3-11 所示。

图 3-11　DDP 贸易术语下买卖双方风险责任示意图

与 EXW 相反，DDP 是卖方所承担义务最多的贸易术语。

本贸易术语适用于各种运输方式，实际业务中货物均以集装箱方式装载。

选用贸易术语的原则

一、考虑货源情况

如果货源地靠近沿海地区，则可以考虑选用适合水上运输（注：水上运输包括海上运输）的贸易术语成交，例如，山东是我国汽车轮胎出口大省，经常采用 FOB QINGDAO 术语。

二、考虑运输条件

国际贸易主要采用水运、空运、陆运等运输方式，其中，以水运中的海运为最主要的运输方式。但是我国某些内陆省份的出口则无法采用水运方式，亦无法采用适合水上运输的贸易术语成交。

三、考虑运输风险

国际贸易货物运输距离远、时间长、风险大。正是由于上述原因，所以 FOB、CFR 和 CIF 才成为双方责任和义务较为折中、行业广泛接受的贸易术语。若采用其他贸易术语，要么卖方责任过大，要么买方责任过大，难以被广泛接受。

四、理解优先原则

值得一提的是，术语不是法律，不具有强制性，它们是以当事人的"意思自治"为原则的。在实际操作中，法律优先于合同，合同优先于术语，即若有冲突，术语服从于合同，合同服从于法律。

案例背景：

买卖双方按照 FOB 条件达成一笔大麦种子的买卖合同，合同规定大麦种子的发芽率必须在 90% 以上。卖方在装船前对货物进行了检验，结果符合合同的规定。然而，货到目的港，买方提货后由指定的检验机构进行检验，却发现大麦种子发芽率不到 60%。于是，买方要求退货，并提出索赔。卖方予以拒绝，其理由是：卖方在装船前进行检验，证明所交货物是合格的；买方在目的地检验后发现质量有问题，说明货物品质的变化是在运输途中发生的。

按照国际贸易惯例，在 FOB 条件下，货物在装运港装船时越过船舷，风险转移，运输途中货物品质变化的风险，应该由买方承担。双方协商后无法达成一致意见，遂将争议提交仲裁。仲裁庭审理时发现，大麦种子包装所用的麻袋上粘有虫卵，正是这些虫卵在运输途中孵化成虫，咬坏了种子胚芽，造成发芽率降低。

问题：

应由谁来承担这一后果？

分析提示：

卖方引用国际贸易惯例，以货物越过船舷风险既已转移给买方为由拒绝赔偿，其主张是不能成立的。因为货物品质在中途发生变化，其损失是由于包装不良造成的，这说明致损的原因在装船前就已经存在，货物发生损失已具有必然性，这属于卖方履约过程中的过失，应构成违约。虽然根据国际贸易惯例对 FOB 的风险转移的解释，如途中由于突发的意外事件导致货物的损失由买方承担，但是本案所说的情况不属于惯例规定的范围，而是由于包装不良造成的，故卖方拒赔是没有道理的，他应当承担自己违约的后果。

知识与技能训练

一、单项选择题

1.《国际贸易术语解释通则 2020》按英文字母排列，将国际贸易术语分成（   ）组。

    A. 四   B. 五   C. 六   D. 三

2.（   ）以货物交给承运人的时间和地点作为买卖双方风险划分界限的术语。

    A. EXW   B. FAS   C. FOB   D. FCA

3. CFR 贸易术语是指（   ）。

    A. 装运港码头交货   B. 目的港码头交货

    C. 成本加运费加保险费   D. 成本加运费

4. 根据《国际贸易术语解释通则 2020》，若以 CFR 条件成交，买卖双方风险划分以（   ）为界。

    A. 货物交给承运人保管   B. 货物交给收货人

    C. 货物在装运港越过船舷   D. 货物在目的港越过船舷

5. 按 CIF 贸易术语成交，买方应承担的主要责任是（   ）。

    A. 只承担货物超过船舷之后的风险

    B. 只负责接受卖方提供的有关单据

    C. 承担货物越过船舷之后的一切风险；接受卖方提供的各种合格单据，并按合同支付货款；自负风险和费用，领取进口许可证并办理收货和进口手续

    D. 只需要负责办理进口手续

二、多项选择题

1. 国际贸易术语是以不同的交货地点为标准，用简短的概念或英文缩写的字母表示的术语。它可以明确表示（   ）。

    A. 商品的价格构成   B. 货物风险的划分

    C. 买卖双方在交易中的权利与义务   D. 买卖双方在交易中的费用分担

2. FOB、CFR、CIF 三种贸易术语的共同点在于（   ）。

    A. 交货地点相同   B. 适用的运输方式相同

C. 风险划分的分界点相同　　　　　D. 交货性质相同

E. 费用分担相同

3. FCA、CIP、CPT 与 FOB、CIF、CFR 两组贸易术语的区别是（　　　　）。

A. 适用的运输方式不同　　　　　B. 交货地点不同

C. 风险转移分界点不同　　　　　D. 提交的单据的种类不同

E. 交货性质不同

4. 在使用集装箱海运的出口贸易中，卖方采用 FCA 贸易术语比采用 FOB 贸易术语更为有利的具体表现是（　　　　）。

A. 可以提前转移风险　　　　　B. 可以提早取得运输单据

C. 可以减少卖方的风险责任　　　　　D. 可以提早交单结汇，提高资金的周转率

5. 根据《2020 通则》的解释，FOB 术语和 CFR 术语下卖方均应负责（　　　　）。

A. 提交商业发票及海运提单

B. 租船订舱并支付运费

C. 货物于装运港越过船舷以前的一切风险

D. 办理出口通关手续

三、判断题

1. EXW 术语是买方承担责任、费用和风险最小的术语。（　　）

2. 在所有的贸易术语下，出口报关的责任和费用均由卖方承担。（　　）

3. 根据《2020 通则》的规定，以 C 组术语成交签订的合同都属于装运合同。（　　）

4. 在一般情况下，按 CFR 贸易术语成交的出口合同，保险费不应计入货物价格。
（　　）

5. 按照 CFR 条件成交的合同双方，风险与费用的划分点均在装运港船舷。（　　）

一、调查研究

调查当地企业国际贸易术语使用情况

1. 总体要求

请结合本项目教学内容，实地走访当地从事国际贸易活动的进出口企业及相关从业人员。通过实地调研与访谈，调研小组了解企业及相关从业人员对国际贸易术语的认知程度，分析企业在国际贸易活动中对贸易术语的运用情况，探讨企业在运用贸易术语过程中遇到的问题及解决策略，收集企业对提升国际贸易术语知识普及和应用的建议与意见。调研小组结合调查研究结果，撰写一份调查研究报告。

2. 具体要求

（1）准备要足。每3～5人组建调查研究小组，商议成员调研分工。企业实地调研前，通过电子邮件、电话、实地走访等方式对所选调研企业进行调研前的沟通，确定调研对象、时间、地点等信息。拟定好调研提纲和问卷，做好调研行程安排。

（2）选题要准。对接调查研究的目的，合理选择调查研究的选题。调研小组本次调研主要围绕企业及相关人员在国际贸易术语掌握情况、运用水平以及存在问题等设计调研主题。思考提高我国企业国际贸易术语知识普及和应用的举措，为企业科学地运用国际贸易术语防范贸易风险、保护贸易权益提供建议和参考。

（3）内容要实。充分查阅国际贸易术语的发展历程、现状和未来趋势等文献资料后，结合调查研究目的，制定内容翔实的调研提纲和问卷。实地调研访谈后，分析和整理调研资料，总结企业在运用贸易术语方面的成功经验和不足处，撰写内容丰富、建议可行的调研报告。

二、综合实训

使用贸易术语进行磋商

1. 实训目标

使学生了解不同贸易环境下正确选择贸易术语的重要性，掌握不同贸易术语的构成，灵活运用不同贸易术语合理地处理国际贸易问题。

2. 实训资料

全班分成两组学生，一组代表卖方，另一组代表买方，给出基本的成本、出口运费、出口保险费等条件，买卖双方运用各种贸易术语进行贸易磋商谈判。条款可设置为出口地点变化、市场行情变化、汇率变化、交易数量变化等。

3. 实训要求

（1）教师介绍合同条款中贸易术语的表述要点。

（2）学生分成出口、进口两方，自由磋商贸易条款。

（3）学生展示实训成果。

（4）教师讲解。

4. 实训指导

（1）讲解贸易术语的构成。

（2）分析选择不同贸易术语的意义。

（3）讨论不同贸易术语进行贸易磋商谈判技巧的运用。

（4）拟定出口贸易合同，包括价格、出口地点、汇率、交易数量等条款。

5. 实训评价

教师对各组完成情况进行点评并作出综合评价，填入表3-4。

表3-4　实训综合评价表

考评人		被考评人	
考评地点			
考评内容	贸易术语的磋商	分值	实际得分
	在规定时间内完成	20	
	合同的贸易术语表述规范	30	
	谈判技巧运用合理	30	
	团队合作展示合同	20	
合计		100	

项目四

商品的
价格

学习目标

// 素养目标 //

- 灵活运用国际贸易价格条款相关知识，学会妥善应对贸易摩擦和各种形式的贸易保护主义

- 树立国际商务活动中的互惠互利、合作共赢意识

- 弘扬精益求精精神，努力提供零差错、高效率、求极致的优质服务

// 知识目标 //

- 了解国际贸易商品价格作价原则

- 了解国际贸易商品价格作价的影响因素

- 掌握国际贸易合同的价格条款

- 掌握佣金和折扣的运用

// 技能目标 //

- 能够分析国际贸易商品价格作价影响因素

- 能够确定国际贸易合同的价格条款

- 能够运用专业知识，利用佣金、折扣等方式扩大市场

思维导图

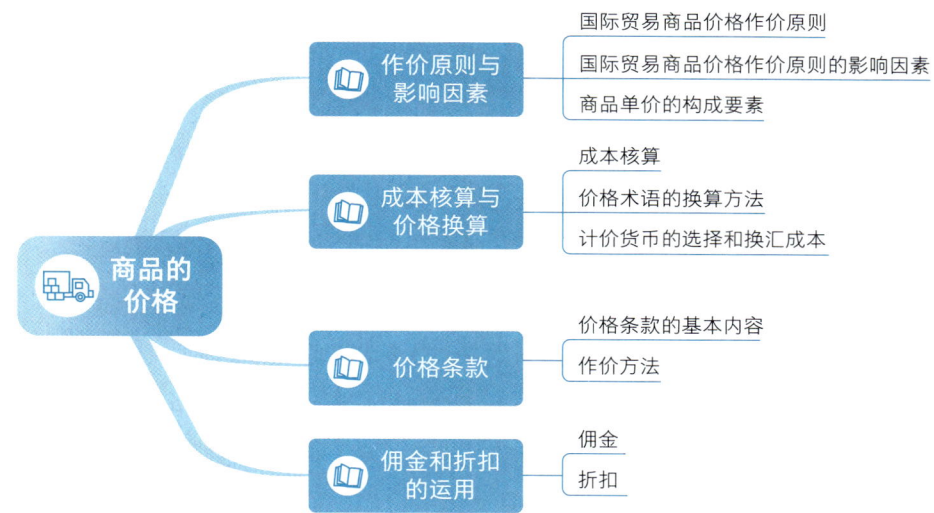

作价原则与影响因素
- 国际贸易商品价格作价原则
- 国际贸易商品价格作价原则的影响因素
- 商品单价的构成要素

成本核算与价格换算
- 成本核算
- 价格术语的换算方法
- 计价货币的选择和换汇成本

商品的价格

价格条款
- 价格条款的基本内容
- 作价方法

佣金和折扣的运用
- 佣金
- 折扣

学习计划

- 素养提升计划

_____
_____
_____

- 知识学习计划

_____
_____
_____

- 技能训练计划

_____
_____
_____

作价原则与影响因素

引 例

我国某出口公司拟出口化妆品到某国。正好该国某中间商来函与该出口公司联系，表示愿意为推销化妆品提供服务，并要求每笔交易的成交金额给予佣金5%。不久，经该中间商介绍，出口公司与当地进口商达成 CIFC 5% 总金额 50 000 美元的交易，装运期为订约后 2 个月内从中国港口装运，并签订了销售合同。合同签订后，该中间商即来电要求我出口公司立即支付佣金 2 500 美元。我出口公司复电称：佣金需要等货物装运并收到全部货款后才能支付。于是双方发生了争议。

【问题】

分析双方发生争议的原因。

【分析提示】

对于佣金的支付方式，国际上并无统一的规定。上述案例中，造成纠纷的主要原因是：双方事先并未约定佣金的支付方式。

在国际货物买卖中，如何确定进出口商品价格和规定合同中的价格条款，是交易双方最为关心的一个重要问题。因此，讨价还价往往成为交易磋商的焦点，价格条款便成为买卖合同中的核心条款。买卖双方在其他条款中的利害与得失，一般会在商品价格上反映出来，而价格条款的内容又对其他条款产生影响。可见，价格条款与合同中的其他条款有着密切的联系。

在实际业务中，正确掌握进出口商品价格，合理采用各种作价方法，选用有利的计价货币，适当运用与价格有关的佣金和折扣，并制订好合同中的价格条款，对完成进出口任务和提高外贸经济效益，都具有十分重要的意义。

价格的掌握是一项复杂的工作。为了做好此项工作，必须正确贯彻我国进出口商品的作价原则，切实掌握国际市场价格的变动趋势，充分考虑影响价格的各种因素，加强成本核算、盈亏核算等，掌握价格换算方法。

一、国际贸易商品价格作价原则

确定进出口商品价格应遵循以下原则:

(一)按照国际市场价格水平作价

国际市场价格是以商品的国际价值为基础并在国际市场竞争中形成的,它是交易双方都能接受的价格,是确定进出口商品价格的客观依据。

(二)结合国别、地区政策作价

在参照国际市场价格水平作价的同时,也可适当考虑国别、地区政策。

(三)结合购销意图作价

在国际市场价格水平的基础上,进出口商品价格可根据购销意图来确定,即可略高或略低于国际市场价格。

二、国际贸易商品价格作价的影响因素

(一)商品的质量和档次

在国际市场上,一般都贯彻按质论价的原则,即好货好价、次货次价。品质的优劣、档次的高低、包装装潢的好坏、式样的新旧、商标与牌号的知名度等都将影响商品的价格。

(二)运输距离

国际货物买卖一般都要通过长途运输。运输距离的远近会影响运费和保险费的开支,从而影响商品的价格。因此,确定国际贸易商品价格时,必须核算运输成本,做好比价工作,以体现地区差价。

(三)交货地点和交货条件

在国际贸易中,由于交货地点和交货条件不同,买卖双方承担的责任、费用、风险等存在差异。在确定进出口商品价格时,必须考虑这些因素。

(四)季节性需求变化

在国际市场上,某些时令性商品,只有赶在时令前到货,抢行应市,才能卖上好价。过了时令的商品,往往售价很低,甚至低于成本价出售。因此,国际贸易商品价格作价应充分考虑季节性需求的变化,把握好季节性差价。

(五)成交数量

按照国际贸易的习惯做法,成交量的大小也会影响价格。即成交量大时,卖方在价格上应给予适当优惠，例如，采用数量折扣的办法。如果成交量过少，甚至低于起订量时，则可以适当提高售价。不论成交多少，始终保持一个价格的做法是不恰当的，应当掌握好数量方面的差价。

（六）支付条件和汇率变动风险

支付条件是否有利和汇率变动风险的大小都会影响商品的价格。例如，同一商品在其他交易条件相同的情况下，采取预付货款和凭信用证付款两种方式，其价格应当有所区别。同时，国际贸易商品确定价格，一般应争取采用对自身有利的货币成交。采用对自身不利的货币成交时，应当把汇率变动的风险考虑到货价中去，即适当提高出售价格或压低购买价格。

此外，交货期的远近、市场销售习惯、消费者偏好等因素对确定价格也会产生不同程度的影响，必须通盘考虑和正确掌握。

三、商品单价的构成要素

国际贸易中的价格，除了个别交易按总价或总值（Total Amount）达成外，通常是指商品的单价（Unit Price）。它由计价数量单位、单位价格金额、计价货币和贸易术语四部分构成。如：每吨 200 美元 CIF 纽约。

（一）计价数量单位

计价数量单位简称计量单位。一般来说，计价数量单位应该与合同数量条款中所用的计量单位相一致。如数量以"吨"表示，则单价也应以"吨"表示。

（二）单位价格金额

如果说价格条款是买卖合同的核心，那么单位价格金额就是价格条款的核心。在交易磋商过程中，进出口双方应慎重报价，避免因报错价格影响后续的流程。价格经双方协商一致后，应正确填写在合同中。

（三）计价货币

国内贸易活动的商品价格通常表示为"××元"，即人民币。但国际贸易活动中的"元"有美元、欧元、日元、加拿大元、澳大利亚元等多种。因此，使用哪种货币，合同中必须有明确的规定。

（四）贸易术语

贸易术语是进出口单价构成的要素，用来说明该成交价格的构成。如某公司以每吨 200 美元 CIF 纽约价格出口货物，"每吨 200 美元"这一价格是如何制定出来的？它包括卖方支出的哪些成本和费用？买方如何得知这一价格水平是否合理？都可以通过"CIF 纽约"这一贸易术语得以说明。

任务二

成本核算与价格换算

一、成本核算

确定商品的成交价格应有客观依据，应从横向和纵向进行比价，不能仅凭主观随意盲目定价，尤其在进口方面，更要注意做好比价工作。真正做好货比三家，避免确定的成交价格偏离市场价格的实际水平。

在价格掌握上，要注意加强成本核算，以提高经济效益，防止出现不计成本、不计盈亏和单纯追求成交量的情况。尤其在出口方面，加强成本核算，掌握出口总成本、出口销售外汇（美元）净收入和人民币净收入的数据，并计算和比较各种商品出口的盈亏情况，更有现实意义。出口总成本是指出口商品的进货成本加上出口前的一切费用和税金。出口销售外汇净收入是指出口商品按照 FOB 价出售所得的外汇净收入。出口销售人民币净收入是指出口商品按照 FOB 价获得的销售净收入以当时外汇牌价折算成人民币的数额。根据出口商品成本的这些数据，可以计算出出口商品盈亏率、出口商品换汇成本和出口创汇率。

（一）出口商品盈亏率

出口商品盈亏率是指出口商品盈亏额与出口总成本的比率。出口商品盈亏额是指出口销售人民币净收入与出口总成本的差额，前者大于后者为盈利，反之为亏损。其计算公式如下：

$$出口商品盈亏率 = \frac{出口销售人民币净收入 - 出口总成本}{出口总成本} \times 100\%$$

（二）出口商品换汇成本

出口商品换汇成本也是用来反映出口商品盈亏的一项重要指标，它是指按人民币计算的某种商品的出口总成本与按美元计算的出口所得的外汇净收入之比。出口商品换汇成本如高于银行的外汇牌价，则出口为亏损；反之，则说明出口有盈利。其计算公式如下：

$$出口商品换汇成本 = \frac{出口总成本/人民币}{出口外汇净收入/美元}$$

（三）出口创汇率

出口创汇率是指加工后成品出口的外汇净收入与原料外汇成本的比率，如原料是国产的，其外汇成本可按原料的 FOB 出口价计算。如原料是进口的，则按原料的 CIF 价计算。通过成品出口的外汇净收入和原料外汇成本的对比，可看出成品出口的创汇情况，从而确定出口成品是否有利。特别是在进料加工的情况下，核算出口创汇率这项指标，更有必要。其计算公式如下：

$$出口创汇率 = \frac{成品出口外汇净收入}{原料外汇成本} \times 100\%$$

在出口商品价格的掌握上，还要防止盲目坚持高价或随意削价竞销的偏向。出口商品价格过高，不仅会削弱我国出口商品的竞争能力，而且会刺激其他国家发展生产，或通过增加代用品同我国商品竞销，从而产生对我国企业不利的被动局面。反之，不计成本，削价竞销，盲目出口，不仅在外销价格方面会出现混乱，而且还会使一些国家借此对我国出口商品采取限制措施，致使反倾销案件增多。

【案例分析】

我国某公司在国内收购一批货物，进价为 300 万元，加工整理费为 20 万元，商品流通费为 30 万元。出口外销价为 51 万美元，其中包括运费 6.25 万美元，保险费 1 万美元。已知当时的外汇牌价为 100 美元折合人民币中间价为 700 元。

问题：

该商品的换汇成本和盈亏率各为多少？

分析提示：

出口总成本 $= 300 + 20 + 30 = 350$（万元）

出口商品换汇成本 = 出口总成本 / 出口外汇净收入 $= 350/(51 - 6.25 - 1)$

$\qquad = 8$（万元人民币 / 美元）

出口商品盈亏率 =（出口销售人民币净收入 − 出口总成本）/ 出口总成本

$\qquad \times 100\% = [(51 - 6.25 - 1) \times 7.000 - 350]/350 \times 100\% = -12.5\%$

二、价格术语的换算方法

在国际贸易中，不同的贸易术语表示其价格构成因素不同，即包括不同的从属费用。例如：FOB 术语中不包括从装运港至目的港的运费和保险费；CFR 术语中则包括从装运港至目的港的通常运费；CIF 术语中除了包括从装运港至目的港的通常运费外，还包括保险费。在对外洽商交易过程中，有时一方按某种贸易术语报价时，对方要求改报其他术语所表示的价格，如一方按 FOB 报价，对方要求改按 CIF 或 CFR 报价，这就涉及价格的换算问题。了解贸易术语的价格构成及其换算方法，是从事国际贸易的人员必须掌握的基本知识和技能。现将 FOB、CFR 和 CIF 三种最常见贸易术语间价格的换算方法及公式介绍如下：

（一）FOB 价格换算成为其他价格

　　1. CFR = FOB + 运费

　　2. CIF =（FOB + 运费）/（1- 投保加成 × 保险费费率）

　　式中，投保加成 =1+ 投保加成率

（二）CFR 价格换算成为其他价格

　　1. FOB = CFR - 运费

　　2. CIF = CFR /（1- 投保加成 × 保险费费率）

（三）CIF 价格换算成为其他价格

　　1. FOB = CIF ×（1- 投保加成 × 保险费费率）- 运费

　　2. CFR = CIF ×（1- 投保加成 × 保险费费率）

在国际保险市场上，按照惯例做法，国际货物运输保险的投保金额通常是按照 CIF 或 CIP 价格的 110% 计算的，即在 CIF 或 CIP 价格上再加一成投保，这 10% 就被称为"投保加成率"，主要作为买方的预期利润。而上述公式中，"投保加成"就是 110%。

【案例分析】

　　我国某公司出口一批货物 CFR 价格为 99 450 美元，现客户要求改 CIF 价加一成投保海运一切险，该公司表示同意。一切险保险费费率为 0.5%。

　　问题：

　　计算我方应报的 CIF 价。

> 分析提示:
>
> CIF = CFR /(1 - 投保加成 × 保险费费率)
>
>   = 99 450 /(1-1.1 × 0.5%)
>
>   = 100 000USD

三、计价货币的选择和换汇成本

由于各国的货币价值是变化的，特别是在浮动汇率制下，有时变化幅度很大。在国际货物买卖中，由于交货期较长，从订约到履约往往有一个过程。在此期间，如果计价货币的币值发生变化，那么必然会直接影响到进出口双方的经济利益。因此，如何选择计价货币就十分重要。从理论上讲，出口选择硬币有利，进口选择软币有利。但在实际业务中，以什么货币作为计价货币，不能一概而论，不能一厢情愿，应根据双方的交易习惯、经营意图，以及价格的高低而进行磋商，以促进交易的达成。如果为了达成交易而不得不采用对我方不利的货币，应注意采用相应的保值手段用作货币的套期保值。

（一）定价策略

1. 商业谈判的报价方法

商业谈判的主要内容是价格、交货期、付款方式及保证条件这四大项，而价格因素是谈判中的焦点。谈判中，报价是中心环节。那么，究竟是哪一方应先报价？先报价好还是后报价好？还有没有别的报价方法？

依照惯例，发起谈判者应该先报价，投标者与招标者之间应由投标者先报价，卖方与买方之间应由卖方先报价。先报价的好处是能先行影响、制约对方，把谈判限定在一定的框架内，在此基础上最终达成协议。

先报价虽有好处，但它也泄露了一些情报，使对方听了以后，可以将自己心中隐而不报的价格与之比较，然后进行调整，合适就拍板成交，不合适就利用各种手段进行杀价。

2. 利用成本导向定价法

在国际货物买卖中，进出口商品价格的确定直接影响企业的经济效益和商品的市场竞争力，是企业对外开展业务时必须面临的问题。利用成本导向定价法是最主要的一种定价形式，为外贸企业广泛使用。采用成本加成定价法时，只需要了解有关进出口商品的成本和相对于成本的利润率（或利润），并以相应的外币表示，即能获得基本价格。

（二）计价货币的选择

国际贸易中，对于现汇贸易，应采用可兑换货币。党的二十大报告指出：有序推进人民币国际化。我国的人民币已实行经常项目下可兑换，所以也是我国对外贸易中使用的货币之一。可兑换货币的价值，因汇率的变动而变动。因此，买卖双方均应密切注意货币汇率的升降趋势，选择合适的货币，以减少由于汇率波动而带来的风险。

通常，买卖双方愿意选择汇率稳定的货币作为计价货币。但在汇率不稳定的情况下，出口方倾向于选用"硬币"，即币值坚挺、汇率看涨的货币，而进口方则倾向于选用"软币"，即币值疲软、汇率看跌的货币。

合同中采用何种货币要由双方自愿协商决定。若采用的计价货币对其中一方不利，这一方应采取合适的保值措施，如远期外汇买卖，就应把所承担的汇率风险考虑到货价中去。

（三）换汇成本

出口商品换汇成本是指商品出口净收入每美元所需要的人民币总成本，即用多少人民币换回一美元。计算公式为：

出口商品换汇成本 = 出口所需总成本（人民币）/ 出口销售净收入（美元）

式中，出口所需总成本（人民币）包括：收购商品成本、运费、保险费、银行费用等，扣除出口退税金额（如果出口商品属于退税补贴商品）后的人民币总支出。

出口销售净收入（美元）是指外销商品的美元收入减去国外银行费用、给客户的佣金折扣等费用后的美元净收入。

换汇成本反映了出口商品的盈亏情况，是考察出口企业有无经济效益的重要指标，其衡量的标准是：人民币对美元的汇价。如果换汇成本高于人民币对美元的汇价，则该商品的出口为亏损，虽然有创汇，但出口本身却无经济效益，换汇成本越高，亏损越大。因此，要避免亏损，必须准确测算换汇成本。

（四）测算换汇成本的注意事项

1. 使用正确的运价标准计算运费

随着运输的发展和集装箱的大量使用，在出口贸易中，国外进口商往往要求集装箱装运。集装箱装运为整箱装运和拼箱装运。整箱装运的运费比散箱装运的运费低。通过对许多船公司同时期、同航线的报价测算，可以发现平均每一吨运费，整箱装运运费比拼箱装运运费低几美元到几十美元不等。所以，在测算运费时，一定要注意使用的运价标准，出口商品的数量能够装满一整集装箱，才能使用整箱运价计算运费；商品数量小，只能够散箱装运的，则只能使用运价较高的散箱运价来计算运费，否则会因运费的少算而错误测算换汇成本。

2. 准确掌握整集装箱所能装商品数量，避免交付空载运费

在合同条款规定要求整集装箱装运时，如果不能准确掌握出口商品的内外包装情况，不能准确掌握每一集装箱能够装载多少数量的商品，就容易引起空载，而空载就意味着运费的白白支出，也就意味着对运费的计算不准确，对换汇成本的测算自然也不准确。因此，要准确测算换汇成本，必须准确掌握商品包装情况、运费的支付情况。

3. 注意计算托盘＋集装箱的装运方式额外费用

托盘和集装箱在运输中起相同的作用：保护商品，便于装卸，防止偷窃。所以，装运过程可根据具体情况采用其中一种方式即可。如果两种方式同时采用，不仅要付多件包装费用，而且要为托盘所占据的空间支付运费。所以，如果国外进口商要求先打托盘，后装集装箱，那么，企业在测算换汇成本时，不能忘记计算承担托盘＋集装箱装运发生的额外包装费用及运输费用。

4. 正确计算高投保加成发生的额外保险费

保险是为了保障货主在货物灭损后能获得一定的经济补偿，使其经营得以继续进行。按照国际惯例，投保加成率通常为10%，保险费用随着投保加成的提高而高涨。当投保加成率达到30%时，保险公司一般不予接受，这是为了防止个别货主故意灭损货物，骗取高额保险赔偿。因此，如有特殊情况，确有需要提高投保加成率，即使保险公司不能接受，保险费也是比较高的，保险公司需要逐笔确认保险费，那么，在测算换汇成本时，一定要加上保险公司确认的高投保加成率发生的所有费用。

5. 不能漏算指明货物需要加计的保费

保险费由商品的总金额、投保的险别、目的港等相对应的基本费率来确定。如果出口商品是需要加计保险费的指明货物，保险费的计算就是基本保险费加上加计保险费，加计保险费高于基本保险费。因此，除了应知道出口商品的基本保险费，还应了解出口商品是否属于指明货物，是否需要加计保险费，在测算换汇成本时，在基本保险费上加上该指明货物的加计保险费。

6. 重视出口商品保险免赔问题

保险公司对某些商品有免赔的规定，免赔率因商品属性的不同而不同，一般为0.5%～5%不等。因此，应了解出口商品是否属于保险公司免赔规定范围内的

商品，如果商品在免赔范围内，而合同未签订相应的免赔条款，出口方将承担一定的赔偿风险。一旦赔偿成立，出口方将付出不小的代价，必然会因换汇成本的增高导致亏损的发生。因此，对保险公司规定免赔范围内的商品必须在合同上签订相应的免赔条款，规避可能发生的赔偿风险，消除换汇成本增高的隐患，以保证测算的换汇成本的准确性。

7. 正确估算正常的银行费用

托收所发生的正常的银行费用主要有：托收费和寄单费。

信用证结算发生的正常的费用主要有：信用证通知费、保兑费、议付费、寄单费、单据处理费、电报费、偿付费等。由于信用证结算发生的银行费用比较复杂，对用信用证结算的合同，在测算换汇成本时，要特别注意银行费用。因为信用证金额不同，内容条款不同，开证国家不同，以及各银行收取费用的标准不同，优惠项目不同，所以信用证结算产生的银行费用也各不相同。那么，在测算换汇成本时，就需要根据不同国家、不同银行的银行费用水平，再结合合同规定的条款来测算银行费用。

8. 适当预计非正常银行费用的支出

正常银行费用在信用证结算中产生，主要有：不符点交单费，不符点交单引起的电报费以及客户转嫁来的开证费、转证费等。其产生的原因多种多样，例如：合同未对银行费用作明确划分，国外进口商将该由其自行承担的开证费或转证费的责任推卸到我出口方上，从而发生开证费、转证费。再如：合同条款不完整或不能顺利履约；或合同中有受对方制约的陷阱条款，难以履约；或因操作失误，未按合同条款履约；或制单结汇有差错。各种错误最终体现为结汇单据不符点，从而发生不符点交单费及相关的电报费。谁也不能在事前保证合同条款的签订100%合理，履行合约100%准确，没有一点纰漏。因此，在测算换汇成本时，应当适当预估可能产生的非正常银行费用。

9. 注意减去佣金

佣金是中间商介绍交易或代做买卖而取得的收入，出口合同有相当一部分是与各类中间商签订的，需要在交易完成、收回贷款后，支付佣金给中间商，在测算换汇成本时，应减去支出的佣金，特别是在中间商因为某些原因要求我方支付暗佣，不得在合同中显示佣金比例时，更要注意。

10. 远期放账所产生的利息应计入成本

在出口贸易中，出口方做信用证远期、DP 远期、D/A 远期时，不能仅仅把它看成是延迟或晚些时候收汇，而应该明白：远期收汇是出口方对客户的放账，对客户的资金融通，如果对出口方的资金形成占压，不仅要承担到期不能收汇的风险，还要支付资金被占压的利息，这项费用可根据出口方的放账金额、放账天数及银行贷款利率计算出来，其公式为：

$$放账利息 = 放账金额 \times 放账天数 / 360 天 \times 银行贷款利率$$

在测算换汇成本时，应注意把这项利息费用计入出口所需总成本。

（五）价格核算

1. 价格的表示方法

价格可用单价和总值来表示，总值是单价和数量的乘积；单价由计价的数量单位、金额、计价货币和贸易术语四个部分组成。常用的贸易术语有以下三种：FOB、CFR、CIF。

2. 价格的构成

出口商品价格的构成包括成本、费用和利润三大要素。

（1）成本。在实施出口退税制度的情况下，出口方在核算价格时，应将含税的采购成本中的税收部分根据退税比率予以扣除，从而得出实际成本。

$$实际采购成本 = 含税进货成本 - 出口退税$$

$$出口退税 = [含税进货成本 / （1 + 增值税税率）] \times 退税率$$

（2）费用。费用分为国内费用和国外费用。

① 国内费用。包括国内运费、认证费、仓储费、港杂费、商检费、贷款利息、业务费用、银行费用、报关费用等。

② 国外费用。包括国外运费、保险费、佣金。

$$保险费 = CIF 价 \times （1 + 投保加成率）\times 保险费费率$$

$$佣金 = 含佣价 \times 佣金率$$

（3）利润。利润的计算公式如下：

$$利润 = 出口总成本 \times 利润率$$

$$利润 = 报价 \times 利润率$$

（4）常用贸易术语价格构成。

$$FOBC = 实际成本 + 国内费用 + 佣金 + 利润$$

$$CFRC = 实际成本 + 国内费用 + 国外运费 + 佣金 + 利润$$

$$CIFC = 实际成本 + 国内费用 + 国外运费 + 国外保险费 + 佣金 + 利润$$

"上海价格"登场全球产业链

在全球大宗商品现货领域，我国有着最长、最完整的产业链，连续七年保持全球货物贸易第一大国的地位，"中国需求"举足轻重。但很长时间以来，由于历史原因造成的贸易习惯，我国在某些大宗商品上只能被动接受定价，与对外贸易大国和需求大国的身份并不相称。经过十余年的努力，这种状况已得到有力改善。如今，"上海价格"登场全球产业链，逐渐产生越来越大的影响力。

当今世界，粮食、原油、有色金属等重要大宗商品国际贸易主要采用期货定价，全球各类企业广泛运用期货工具套期保值。高效透明的期货市场，让市场参与者对冲风险，稳定经营和投资。在亚洲，中国的期货交易所正成为全球大宗商品贸易定价体系的重要组成部分。2023年，上海期货交易所、郑州商品交易所、大连商品交易所位列全球交易所期货与期权成交前十。随着我国经济的发展和期货市场的完善，我国在全球大宗商品价格体系中的影响力不断增强。一大批"上海价格"正在一步一步扩大自己的国际影响力：上海原油期货市场作为全球第三大原油期货市场，辐射亚太地区的价格基准已初步形成；"上海铜"已经成为国内产业链贸易定价基准，被产业广泛使用，国际铜与沪铜以"双合约"统筹国内国际两个市场；上海纸浆期货结算价授权挪威浆纸交易所，我国首次向境外交易所输出中国期货价格……

期货市场是我国金融体系的重要组成部分，对维护产业链供应链安全、经济金融安全和社会预期稳定发挥着积极作用。"上海价格"的壮大，是"中国价格"增强国际影响力的缩影。未来，我国期货市场将锚定提高大宗商品价格影响力、加快建成世界一流交易所等战略目标，健全适配现代化产业体系的一流产品体系；打造兼具国际标准与中国特色的一流期货制度机制；筑牢监管之堤，夯实不发生系统性风险的一流安全水平；着眼链接全球，搭建具有重要影响力和竞争力的一流开放平台。

任务三
价格条款

一、价格条款的基本内容

国际货物买卖合同中的价格条款主要包括单价（Unit Price）和总值（Total Amount）。单价主要由计价货币、单位价格金额、计量单位和贸易术语四部分组成。此外，单价中还可以包括佣金或折扣等。总值是单价和数量的乘积。

二、作价方法

在国际货物买卖中，可以根据不同情况，分别采取下列各种作价方法：

（一）固定价格

我国大部分进出口合同都是在双方协商一致的基础上，明确地规定具体价格，这也是国际上常见的做法。

按照各国法律的规定，合同价格一经确定，就必须严格执行。除非合同另有约定，或经双方当事人一致同意，任何一方都不得擅自更改。

在合同中规定固定价格是一种常规做法。它具有明确、具体和便于核算的特点，不过，由于国际商品市场行情的多变性，价格涨落不定。因此，在国际货物买卖合同中规定固定价格，就意味着买卖双方要承担从订约到交货付款以至转售时价格变动的风险。况且，如果行情变动过于剧烈，这种做法还可能影响合同的顺利执行。一些不守信用的商人很可能为逃避巨额损失，而寻找各种借口撕毁合同。

为了减少价格风险，在采用固定价格时，需要注意：

第一，必须对影响商品供需的各种因素进行研究，在此基础上，对价格的前景做出判断，以此作为决定合同价格的依据。

第二，对客户的资信进行了解和研究，慎重选择订约的对象。但是，国际商品市场的变化往往受各种临时性因素的影响。由于各种货币汇价波动不定，商品市场变动频繁，剧涨暴跌的现象时有发生。在此情况下，固定价格给买卖双方带来的风险比过去更大。

因此，为了减少风险，促成交易，提高合同的履约率，在合同价格的规定方面，也日益采取一些变通做法。

（二）非固定价格

非固定价格，即一般业务上所说的"活价"，大体上可分为以下几种：

1. 具体价格待定

这种定价方法又可分为：

（1）在价格条款中明确规定定价时间和定价方法。例如：在装船月份前 50 天，参照当地及国际市场价格水平，协商议定正式价格；或按提单日期的国际市场价格计算。

（2）只规定作价时间。例如：由双方在 ×× 年 × 月 × 日协商确定价格。由于未就作价方式作出规定，这种方式容易给合同带来较大的不稳定性，双方可能因缺乏明确的作价标准，而在商定价格时各执己见，相持不下，导致合同无法执行。因此，这种方式一般只适用于双方有长期交往，已形成比较固定的交易习惯的合同。

2. 暂定价格

在合同中首先定一个初步价格，作为开立信用证和初步付款的依据，待双方确定最后价格后再进行最后清算，多退少补。

例如，"单价暂定 CIF 神户，每吨 2 000 英镑，作价方法：以 ×× 交易所 3 个月期货，按装船月份月平均价加 8 英镑计算，买方按本合同规定的暂定价开立信用证"。

3. 部分固定价格，部分非固定价格

为了照顾双方的利益，解决双方在采用固定价格或非固定价格方面的分歧，也可采用部分固定价格和部分非固定价格的方法。或是分批作价的方法，交货期相近的价格在订约时固定下来，余者在交货前一定期限内作价。

非固定价格是一种变通做法，在行情波动剧烈，或双方未能就价格取得一致意见时，采用这种做法有一定的好处。表现在：

（1）有助于暂时解决双方在价格方面的分歧，先就其他条款达成协议，早日签约。

（2）解除客户对价格风险的顾虑，使之能够签订交货期长的合同。数量、交货期的早日确定，不仅有利于巩固和扩大出口市场，而且有利于生产、收购和出口计划的安排。

（3）对于进出口双方，虽然不能完全排除价格风险，但是对于出口方来说，可以不失时机地做成生意；对于进口方来说，可以保证一定的转售利润。

非固定价格的做法，是先订约后作价，合同的关键条款价格是在订约之后由双方按照一定的方式确定的。这就不可避免地给合同带来较大的不稳定性，存在着双方在作价时不能取得一致意见，而使合同无法执行的可能性；或由于合同作价条款规定不当，而使合同失去法律效力的危险。

（三）价格调整条款

在国际贸易买卖中，有的合同除了规定具体价格外，还规定各种不同的价格调整条款。例如，卖方对其他客户的成交价高于或低于合同价格 5%，对本合同未执行的数量，双方协商调整价格。采用这种做法的目的是把价格变动的风险规定在一定范围之内，以提高客户达成交易的自信心。

（四）规定价格条款的注意事宜

规定价格条款时，应注意的事宜包括：

（1）合理确定商品的单价，防止偏高或偏低。

（2）尽量使用可以自由兑换、汇率比较稳定的货币，而且出口时争取使用汇率向上浮动的货币，即"硬币"；进口时争取使用汇率向下浮动的货币，即"软币"。在必要时加订汇率保值条款。

（3）在考虑有利于本国经济发展及企业的经营意图的情况下，选用适当的贸易术语。一般情况下，出口尽量使用 CIF（或 CIP）价，进口尽量使用 FOB（或 FCA）价。

（4）单价中涉及的计价数量单位、计价货币、装卸地名称等必须书写正确、清楚，以利于合同的履行。

（5）参照国际贸易的习惯做法，注意佣金和折扣的运用。

（6）如果货物品质和数量约定有一定的机动幅度，则对机动部分的作价也应一并规定。

（7）如果包装材料和包装费用另行计算，对其计价方法也应作出具体规定。

（8）灵活运用各种不同的作价方法，以避免价格变动的风险。

佣金和折扣的运用

在价格条款中，有时会涉及佣金和折扣。价格条款中所规定的价格，可分为包含佣金或折扣的价格和不包含这类因素的净价。包含佣金的价格，在业务中通常称为"含佣价"。

一、佣金

（一）佣金的含义

佣金（Commission），又称手续费（Brokerage），是买方（由买方委托中间商采购）或卖方（由卖方委托中间商推销）付给中间商的报酬。佣金分为明佣和暗佣两种，在价格中体现佣金的为明佣，在价格中看不出含佣，但实际上含佣的为暗佣，两者通称为含佣价。暗佣表面上与净价没有区别，为了明确起见，一般在净价的贸易术语后加"Net"字样，一般贸易中以暗佣较为常见。

例如：每箱 25 美元 CFR 鹿特丹包括 2% 佣金。

USD 25 per case CFR Rotterdam including 2% commission.

（二）佣金的规定方法

1. 商品价格包括佣金时，通常应以文字来说明

例如，"每吨 150 美元 CIF 旧金山包括 3% 佣金"（USD 150 Per Ton CIF San Francisco including 3% commission）。

2. 贸易术语上加注佣金的缩写英文字母"C"和佣金的百分比来表示

例如，"每吨 150 美元 CIFC3% 旧金山"（USD 150 Per Ton CIFC 3 San Francisco）。

3. 商品价格包含的佣金除用百分比表示外，也可以用绝对数来表示

例如："每吨付佣金 32 美元"（USD 32 Per Ton for commission）。

中间商为了从买卖双方获取"双头佣金"或为了逃税，有时要求在合同中不规定佣金，而另按双方暗中达成的协议支付。佣金的规定应合理，其比率一般掌握在 1%～5% 之间，不宜偏高。

（三）佣金的计算与支付方法

1. 佣金的计算

在实际业务中，一般把成交额作为计算佣金的基数，用公式表示为：

$$佣金额 = 含佣价 \times 佣金率$$

$$含佣价 = 净价 + 佣金额$$

$$含佣价 = \frac{净价}{1 - 佣金率}$$

2. 佣金的支付方法

方法 1：中间商在支付货款时直接从货价中扣除佣金。

方法 2：在委托人收清货款之后，再按照事先约定的期限和佣金比率，另行付给中间代理商。在支付佣金时，应防止错付、漏付和重付等事故发生。

二、折扣

（一）折扣的含义

折扣（Discount）是指卖方按原价给予买方一定百分比的减让，一般由买方在付款时直接扣除。在合同中，通常用文字说明的方法表示折扣。

例如，每吨 2 500 港元 CIF 香港，包括 2% 折扣。

HK ＄ 500 per ton CIF Hong Kong less 2% discount.

国际贸易中常用的折扣有品质折扣、数量折扣、季节折扣、现金折扣、特别折扣等。

（二）折扣的规定方法

在国际贸易中，折扣通常在规定价格条款时予以说明，主要有以下方法：

1. 用文字明确表示出来

例如，"每吨 200 美元 CIF 伦敦，折扣 3%"（USD 200 per ton CIF London including 3% discount）。此例也可以这样表示"每吨 200 美元 CIF 伦敦，减 3% 折扣"（U.S. ＄ 200 per ton CIF London less 3% discount）。

2. 用绝对数来表示

例如，"每吨折扣 6 美元"（USD6 per ton for discount）。

在实际业务中，也可以用 CIFD 或 CIFR 来表示 CIF 价格中包含折扣。D 和 R 是 Discount 和 Rebate 的缩写。鉴于贸易术语中加注的 D 或 R 含义不清，可能引起误解，故最好不使用此缩写语。

（三）折扣的计算方法

折扣的表示方法及计算方式有很多种，但最常用的计算方法是：

折扣 = 成交金额 × 折扣率

折实售价 = 原价 ×（1 - 折扣率）

【案例分析】

案例背景：

我国某公司向芬兰出口一批农产品，向客户发盘为每吨 800 欧元 CIF 赫尔辛基，按 CIF 价加成 20% 投保。对方要求改报 FOB 价格，我方同意。运费为每吨 100 欧元，保险费费率为 2%。

问题：

计算我方改报价格应为多少？

分析提示：

$$FOB = CIF × [1 - 保险费费率 × (1 + 投保加成率)] - 运费$$
$$= 800 × [1 - 2\% × (1 + 20\%)] - 100$$
$$= 680.80（欧元）$$

【国际贸易与中国经济】

加强大宗商品国际贸易价格作用机制研究，促进对外贸易高质量发展

在加快构建以国内大循环为主体、国内国际双循环相互促进新发展格局背景下，加强国际大宗商品价格作用机制研究，科学应对并推动大宗商品国际贸易发展，不仅是实现中国大宗商品对外贸易的必要手段，也是维护国际经济市场秩序的关键举措，更是确保国际大宗商品内外循环畅通的根本条件。目前，国际大宗商品交易呈现"东方交易、西方定价、美元计价、期货基准"的格局，其定价环节中易出现各种显性问题和隐性风险。

党的二十大报告提出要稳步推进规则、规制、管理、标准等制度转型开放，加快建设贸易强国，营造市场化、法治化、国际化一流营商环境。2022 年发布的《中共中央 国务院关于加快建设全国统一大市场的意见》明确指出要加快推进大宗商品期现货市场建设，不断完善交易规则。当前从中国对外贸易发展态势来看，加强参与制定大宗商品国际贸易价格，完善大宗商品国际贸易价格定价机制已经成为中国与世界各国开展大宗商品贸易往来的基本条件，是中国应对国际市场上灵活多变的大宗商品价格机制的根本需求。

　　大宗商品作为工业基础原材料，本身具有价格波动性强的特点，对下游产业链的影响极大。为保障中国大宗商品进出口安全，需要立足大宗商品本身性质，认真研究大宗商品国际贸易价格定价机制，积极建设国际大宗商品定价中心，完善中国大宗商品议价体系，发现其具备的外部、内部双重作用机制，同时积极顺应大宗商品国际贸易价格变动趋势，采取对应措施，不断提高中国在大宗商品进出口贸易上的话语权，确保中国大宗商品对外贸易高质量开展。

知识与技能训练

一、单项选择题

1. 在国际贸易中，含佣价的计算公式是（　　　）。

    A. 净价 / （ 1 − 佣金率 ）　　　　　B. 含佣价 × 佣金率

    C. 净价 × 佣金率　　　　　　　　　D. 单价 × 佣金率

2. 凡是货价中不包含佣金和折扣的被称为（　　　）。

    A. 折扣价　　　　　　　　　　　　B. 含佣价

    C. 净价　　　　　　　　　　　　　D. 出厂价

3. 在货物买卖中，收取佣金的通常是（　　　）。

    A. 买方　　　　　　　　　　　　　B. 保险公司

    C. 船方　　　　　　　　　　　　　D. 中间商

4. 商品的出口总成本与按美元计算的出口所得的外汇净收入之比，是（　　　）。

    A. 出口商品盈亏率　　　　　　　　B. 出口商品换汇成本

    C. 出口商品盈亏额　　　　　　　　D. 出口创汇率

5. 某合同规定：如果卖方因国内原材料价格指数上升 1%，对本合同未执行的数量，双方协商调整价格。这是（　　　）。

    A. 固定价格　　　　　　　　　　　B. 非固定价格

    C. 暂定价格　　　　　　　　　　　D. 价格调整条款

二、多项选择题

1. 在进出口合同中，单价条款包括的内容是（　　　　　）。

    A. 计量单位　　　　　　　　　　　B. 单位价格金额

    C. 计价货币　　　　　　　　　　　D. 贸易术语

2. 在国际贸易中，确定进出口商品的价格时，必须要遵守的原则包括（　　　　　）。

    A. 结合国别、地区政策作价　　　　B. 按照国际市场价格水平作价

    C. 双方协商作价　　　　　　　　　D. 结合购销意图作价

3. 佣金的表示方法有（　　　　　）。

　　A. 在价格中表明所含佣金的百分比　　　B. 用字母"C"来表示

　　C. 用绝对数表示　　　　　　　　　　　D. 用字母"D"来表示

4. 确定进出口商品的价格除了要考虑商品的质量和档次、运输的距离、成交数量外，还要考虑（　　　　　）。

　　A. 交货地点和交货条件　　　　　　　　B. 季节性需求的变化

　　C. 支付条件和汇率变动的风险　　　　　D. 国际市场商品供求变化和价格走势

5. 在业务中，非固定价格的规定方法主要有（　　　　　）。

　　A. 具体价格待定　　　　　　　　　　　B. 暂定价格

　　C. 部分固定价格，部分非固定价格　　　D. 支付一定的订金，部分非固定价格

三、判断题

1. 出口商品盈亏率是指出口商品盈亏额与出口总成本的比率。（　　　　）

2. 在实际业务中，较常采用的作价方法是固定价格。（　　　　）

3. 在国际贸易中，确定商品的成交价格时必须考虑买卖双方在货物交付过程中承担的风险、责任和费用。（　　　　）

4. 为保证公平交易，对所有的客户应采用统一的价格。（　　　　）

5. 当采用价格调整条款时，合同中制定的原来的价格对双方当事人没有约束力。（　　　　）

【调查研究与善作善成】

一、调查研究

调查企业如何降低出口商品成本

1. 总体要求

专业学习不仅要学习书本知识，而且需要加强包含调查研究在内的实践训练，要在实践中检验学习的效果。请围绕党的二十大报告提出的"推动货物贸易优化升级，创新服务贸易发展机制，发展数字贸易，加快建设贸易强国"，结合本项目学习内容，实地走访当地三家不同行业的大规模出口企业，深入一线调查，在政策落实和企业措施方面听取企业的意见，形成一篇调研报告。

2. 具体要求

（1）准备要足。事先组建调查研究小组（每组4～5人），落实调查对象、地点和时间，拟定调查提纲和问卷，确定调查出行的交通工具，牢记调查过程中的安全要求，注意个人仪表和言谈举止。

（2）选题要准。围绕当地降低企业出口成本的主题，聚焦降低出口企业成本的政策和举措，从思路、问题、措施、经验和成效等方面选准调查切入点，发现重点、热点、难点、痛点和关注点，保持调研的前瞻性和准确性。

（3）内容要实。凡事要求贯彻落实。调查内容要深入全面，立意要高，及时总结有价值的经验，加以推广应用。

二、综合实训

国际贸易商品的成本核算

1. 实训目标

通过实训，使学生掌握出口成本核算的方法，增强国际贸易商品成本的分析观念。

2. 实训资料

进出口企业的商品成本数据及汇率。

3. 实训要求

（1）教师介绍案例相关内容。

（2）学生独立核算、分析进出口成本。

（3）学生展示结果。

（4）教师讲解。

4. 实训指导

（1）向学生讲解计价货币的选择和换汇成本。

（2）指导学生测算货物的成本、运费和保险费。

（3）与学生一起分析进出口货物的价格构成。

（4）找出出口成本核算较简便的方法。

5. 实训评价

教师对各组完成情况进行点评并作出综合评价，填入表4-1。

表4-1　实训综合评价表

考评人			被考评人	
考评地点				
考评内容	出口成本核算		分值	实际得分
	在规定时间内完成		10	
	成本核算正确		65	
	总结阐述较为清晰		25	
	合计		100	

项目五

商品
标的物

学习目标

// 素养目标 //

- 了解品质、品牌在国际贸易中的重要性，提高质量意识，树立品牌观念
- 培育精益求精的工匠精神，提升职业使命感和民族自豪感
- 培养法律意识，养成运用法治思维和法律途径开展国际贸易的意识

// 知识目标 //

- 掌握拟订合同品名、品质、数量和包装条款的要领
- 掌握拟订合同数量和包装条款的要领
- 掌握拟订合同价格条款的要领

// 技能目标 //

- 能够拟订合同中的商品品名和品质条款
- 能够拟订合同中的商品数量和包装条款

思维导图

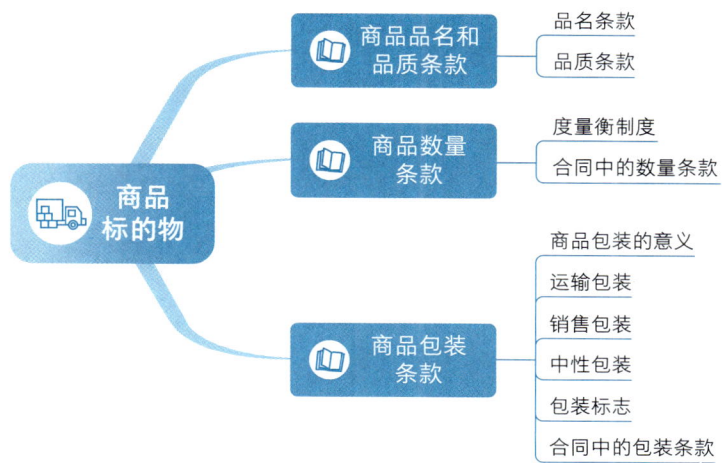

学习计划

● 素养提升计划

_____

_____

_____

● 知识学习计划

_____

_____

_____

● 技能训练计划

_____

_____

_____

商品品名和品质条款

通海县农产品出口培育

通海县隶属于云南省玉溪市，位于云南省境中部偏南，不沿边不靠海。2019 年以来，凭借做"好"品质、做"硬"渠道、做"优"品牌，通海县蔬菜、鲜花等农产品出口异军突起，年外贸进出口总额增长率超过 10%，在国际市场上闯出了一片广阔天地。

通海县拥有得天独厚的地理条件。通过调整优化农业产业结构，通海县因地制宜，大力发展绿色无公害蔬菜产业，推行标准化种植模式、"绣花"式精耕细作，走出了一条产出高效、产品安全、资源节约、环境友好的现代农业发展之路，为蔬菜"闯"入国际市场提供了品质保障。通海的萝卜丝在日本市场的份额达 30% 左右，在韩国市场的份额达 70% 左右，而在中国台湾市场份额则达 90% 以上。

为推动通海农产品提档升级、推进一二三产业融合发展，通海县建设了规划面积达 3.5 平方千米的通海杨广智慧农业小镇，成为云南省最大的蔬菜生产销售集散地、滇中出口农产品安全示范区、滇中农产品出口创汇县和玉溪最负盛名的"大菜园""大花园"。

拓展海内外市场，核心是品牌。通海县发挥蔬菜和花卉的优势，创立名牌、提升价值链，制定特色农产品区域品牌生产技术规程和产品质量标准，提升标准化生产能力、全程化质量控制能力，围绕蔬菜、花卉产业，加快形成品牌集群效应。每年通海 40% 左右的鲜切花出口到新加坡、澳大利亚、俄罗斯等国和东南亚等地区。

【问题】

通海县农产品出口的核心竞争力是什么？

一、品名条款

商品的名称，或称"品名"，是指能使某种商品区别于其他商品的一种称呼或概念。商品的名称在一定程度上体现了商品的自然属性、用途和主要的性能特征。

（一）列明品名的意义

1. 从法律角度看

列明商品的品名是买卖双方在货物交收方面的一项基本权利和义务，按照有关法律和国际惯例，对商品的品名描述是商品说明的一个主要组成部分，是货物交收的基本依据之一。

2. 从业务角度看

商品的品名是交易的物质内容，是交易赖以进行的物质基础和前提。

（二）命名商品的方法

1. 以其主要用途命名

这种方法在于突出其用途，便于消费者按其需求购买。如织布机、旅游鞋、防水服和杀虫剂等。

2. 以其所使用的主要原材料命名

这种方法能通过突出其所使用的主要原材料反映出商品的质量。如棉布、羊绒衫、玻璃杯和冰糖雪耳等。

3. 以其主要成分命名

以商品所含的主要成分命名，可使消费者了解商品的有效内涵，有利于提高商品的价值。一般适用于大众所熟知的名贵原材料的商品，如裘皮大衣、西洋参、蜂王浆和人参珍珠霜等。

4. 以其外观造型命名

以商品的外观造型命名，有利于消费者从字义上了解商品的特征。如绿豆、直筒裤、宝塔菜等。

5. 以褒义词命名

这种命名方法能突出商品的使用效能和特性，有利于激发消费者的购买欲望。如青春宝、美媛春等。

6. 以人物名字命名

即以著名的历史人物或传说中的人物命名，其目的在于引起消费者的注意和兴趣，如孔府家酒等。

7. 以制作工艺命名

这种命名方法目的在于提高商品的威望，增强消费者对该商品的信任。如二锅头、精制油等。

（三）品名条款的内容

国际货物买卖合同中的品名条款并无统一的格式，通常在"商品名称"或"商品品名"（Name of Commodity）的标题下，列明交易双方成交商品的名称。品名条款的规定，取决于成交商品的品种和特点，通常只要列明商品的通用名称即可。但有的商品具有不同的品种、等级和型号，为了明确起见，要对具体品种、等级和型号进行概括性的描述，有的甚至把商品的品质规格也包括进去，实际上是把品名条款与品质条款合并在一起使用。

（四）规定品名条款的注意事项

1. 必须做到内容明确、具体

避免空泛、笼统或含糊的规定，要确切地反映商品的用途、性能和特点。许多商品名称中存在一定的夸张成分，诸如"帝王酒""贵妃鸡"等，在用英语说明时要力求朴实无华的准确表述，否则会适得其反。

2. 使用国际通用的名称

若使用地方性的名称，交易双方应事先就其含义取得共识。对于某些新商品的译名，应力求准确、易懂，并符合国际上的习惯称呼。诸如"奶油""黄油""白脱油"等概念在中国大陆（内地）和港澳台地区都有差异，但是英语中的"butter"是指与面包搭配的"黄油"，在表达时要注意。

3. 恰当选择商品的不同名称

恰当选择商品的不同名称，以利于降低关税，方便进出口和节省运费。不同的商品名称可能会被归至不同的商品品类，会带来进口税率的较大差异，给进口商带来不必要的费用。例如，把"纽扣"归入"服饰"类商品，其进口关税一般就比归入"衣着配件"类商品高。

4. 切实反映商品的实际情况

凡是做不到或不必要的描述性词句，都不应列入品名条款。名称使用上力求简洁、实用，修饰性词汇尽量少用。例如，时尚太阳镜就用 "fashion sunglasses"，不必要为了突出自身的产品非常时尚而在前面加上 "top"。

二、品质条款

微课：品质条款

商品的品质（Quality of Goods）是商品的内在素质和外观形态的结合。前者包括商品的物理性能、机械性能、生物特征及化学成分等自然属性；后者包括商品的外观、色泽、款式、味觉和嗅觉等外在因素。

（一）约定品质条款的意义

《联合国国际货物销售合同公约》规定：卖方交付的货物必须与合同规定的数量、质量和规格相符，并必须按照合同规定的方式装箱或包装。如果卖方交货不符合合同的规定，买方有权要求损害赔偿，拒收货物，甚至撤销合同，商品的品质影响买卖双方的权利义务。

商品品质关系到买卖双方的利益，同时还决定着商品的价格。

（二）表示商品品质的方法

1. 实物样品表示法

（1）看货买卖（Sale by Inspection）。看货买卖是指根据现有商品的实际品质进行买卖。通常由买方或其代理人在商品所在地验看货物，达成交易后，卖方按验看过的商品交付。只要卖方交付的是验看过的商品，买方就不得对商品质量提出异议。看货买卖适用于寄售、拍卖和展卖业务。

（2）凭样品买卖（Sale by Sample）。样品是指从一批商品中抽取出来的或由生产、使用部门设计加工的，足以反映和代表整批商品品质的少量实物。凭样品买卖是指买卖双方按约定的足以代表实际货物的样品作为交货的品质依据的交易。

在国际贸易中，凭样品买卖的种类较多，根据样品提供方的不同，可分为以下三种。

第一，凭卖方样品买卖（Sale by Seller's Sample）。以卖方提供样品的品质作为双方交货的依据，卖方所交货物必须与样品一致。因此，卖方提供的样品必须具有足够的代表性，能够代表整批货物的平均品质。

第二，凭买方样品买卖（Sale by Buyer's Sample）。以买方提供样品的品质作为双方交货的依据进行的买卖，称凭买方样品买卖。为了减少贸易纠纷，一般应在合同中明确规定，若发生由买方来样引起的工业产权第三者权益问题时，与卖方无关，由买方负责。

第三，凭对等样品买卖。卖方按买方提供的样品，复制出经买方确认的样品，这个样品称"对等样品"（Counter Sample）或"回样"，也有称之为"确认样品"（Confirmed Sample）。

若买/卖方所寄的样品仅仅作为交货品质的参考，而不是交货的依据，则应表明"参考样品"，它不具备法律地位。

【国际贸易新视界】

"中国智造"走向世界舞台

近年来，中国不断加大专精特新企业的培育力度，一大批专精特新中小企业脱颖而出。这些企业加强自主创新，积极融入国际市场，形成独特竞争优势，推动"中国制造"向"中国智造"迈进。中国海关总署发布的数据显示，2023 年，我国出口机电产品 13.92 万亿元，同比增长 2.9%，其中，中国出口家用电器累计数量 371 741 万台，同比增长 11.2%。

走进阿联酋迪拜的家乐福、沙拉夫等大型商超，在售卖移动电源、手机智能配件的货架上，最显眼的位置上通常是中国品牌安克的产品。该企业生产的充电线、家用安防摄像头等产品在中东市场的占有率约为 30%，销量位居一些国家充电配件类电子消费品市场前列。

在德国柏林、西班牙马德里、荷兰阿姆斯特丹、奥地利维也纳等欧洲城市，越来越多的年轻人选择共享电动摩托车出行。在街头的共享电动摩托车中，经常能看到中国品牌小牛电动的身影。小牛电动进入欧洲市场不过 7 年多时间，截至 2022 年第三季度，已在欧洲地区共有 28 家品牌旗舰店、近 200 家优选店，以及 800 家合作门店。

在《法兰西西部报》网站发布的"2023 年 12 个最佳便携式投影仪"榜单上，来自中国智能投影企业极米科技股份有限公司的一款投影仪位列第一位。这也是该品牌在欧洲市场上最畅销的投影仪之一，售价为 1 699 欧元，属于高端家用系列。点击这款产品详情页，可以看到不少资深用户的专业点评。其中一位有着 25 年家庭影院使用经验的消费者从画面、声音、自动校正功能、兼容性等角度评价说："这款中国产品相当惊艳，即便与比它价格高出四五倍的投影仪相比较，也毫不逊色。"

2. 文字说明表示法

在国际贸易中，除了部分商品的品质不易用文字说明加以描述而采用凭实物样品买卖外，大部分采用的是凭文字说明来表示买卖商品品质的方法，具体可分为以下几种：

（1）凭规格买卖（Sale by Specifications）。商品的规格是指商品的主要成分、纯度、含量、强度、拉力、重量、大小、尺寸、粗细等用来反映商品品质的某些主要指标。

（2）凭等级买卖（Sale by Grade）。商品的等级是指将同类货物，按其规格的不同，分为不同的等级。通常的表示方法有：大、中、小；特级、一级、二级、三级；1等、2等、3等，分别用文字、符号、数字来表示。适用的商品有茶叶、鸡蛋、生丝等，而其等级所表示的品质标准也为业内所广泛认同。

（3）凭标准买卖（Sale by Standard）。标准是指统一化了的规格和等级，一般是由国家机关或有关部门规定并公布实施的标准化品质指标。标准分为生产商标准、团体标准、行业标准、国家标准、区域标准以及国际标准等。在援引标准进行买卖时，一定要明确标准的版本年份，以免引起争议。

在国际贸易实际业务中，对于某些农副产品，有时还采用良好平均品质（Fair Average Quality，F.A.Q.）。F.A.Q. 一般指"大陆货"。相对于"精选货"而言，其交货品质一般以我国产区当年生产该项农副产品的平均品质为依据而确定。合同中要注明 F.A.Q. 字样和年份，需要订立具体规格。F.A.Q. 用于大米、棉花、茶叶、小麦等商品。在交易中，根据商品提供所需样品，通常还约定具体规格作为品质依据。

（4）凭牌号（Sale by Brand）或商标（Sale by Trade Mark）买卖。凭牌号或商标买卖是指对某些品质比较稳定并且在市场上已树立良好信誉的商品，买卖双方在交易洽商和签订合同时，可采用商标或牌名来表示品质。

（5）凭产地名称买卖（Sale by Name of Origin）。有些产品因生产地区的自然条件或传统加工工艺在产品品质上独具特色，在买卖双方签订合同时，就以商品的产地名称成交，称为凭产地名称买卖。一般适用于出口信誉卓著、品质良好的农副土特产品，如我国的龙口粉丝、天津鸭梨、绍兴花雕酒、涪陵榨菜等。

（6）凭说明书买卖和图样买卖（Sale by Description and Illustration）。这种方法适用于结构、用材、性能等较复杂的机械、电子、仪表等技术密集型产品的买卖。

（三）合同中的品质条款

1. 品质条款的基本内容

表示商品品质的方法不同，合同中品质条款（Quality Clause）的内容也不尽相同。一般应列明商品的品名、等级、规格、体积、商标、产地名称等。

2. 品质机动幅度和品质公差

在国际贸易的实际业务中，由于产品特性、生产加工条件、运输条件，以及气候等因素的影响，有时卖方所交商品品质很难达到合同所规定的要求，为了避免因交货品质与买卖合同的不符造成违约，可以在合同品质条款中做出变通的规定，如品质机动幅度、品质公差等。

（1）品质机动幅度。品质机动幅度是指卖方所交商品品质指标可以在一定幅度内波动。其规定方法有规定范围、规定极限、规定上下差异等，适用于初级产品。

（2）品质公差。品质公差是指由于科学技术水平、生产水平的限制而导致某些工业品在此行业质量上的公认误差。如机器加工的零件尺寸、钟表的走时，实际都存在一定误差。但只要卖方所交货物的品质差异在品质公差范围内，就被认为达到了合同规定的品质要求。

卖方交货品质在机动幅度允许的范围内，货物价格一般按合同计算，不再另做调整。卖方交货品质在品质公差范围内，一般不另行增减价格。

（四）订立商品品质条款的注意事项

1. 根据商品的特性，正确使用表示商品品质的方法

在对外贸易中，凡是可用一种方式表示的，就不要采用两种或两种以上的方式表示，以免给自己造成不必要的交货或生产困难。即在上述多种表示品质的方法中选定一种来表示，避免不同表示方法选用带来的重叠和交叉混乱。

2. 要从生产实际出发，实事求是

品质条款要根据国际市场的需求并结合国内生产的实际来订立，不能订得过高，以免造成生产和对外履约的困难；也不能订得过低，以免影响售价和销路。

3. 科学性和灵活性兼顾

品质条款的内容和文字应注意科学性、严密性、准确性。但对有些商品，特别是品质规格不易做到完全统一的商品，如某些农副产品、轻工业品及矿产品等，要有一定的灵活性，避免使用笼统含糊的字句，如"基本符合市场要求""在合理误差范围之内"等；也要避免用词的绝对化，如冻鸡"彻底放血"、棉布"绝无疵点"等。

4. 定明品质机动幅度或品质公差的区间

对于有品质机动幅度或品质公差的商品，应明确定明其幅度的上下限或公差的允许值，避免日后由于各国对于"大约""合理"等词汇的不同理解带来的麻烦。常用的方法是用数字直接确定品质的允许范围，以明确所交货物的品质所属区间。

【案例分析】

品质条款的重要性

案例资料：

巴基斯坦某港口建设公司向江苏扬州港盾港口用品有限公司订购一批系船柱，合同总金额 3 000 万元，买方要求：系船柱按照上海洋山港系船柱的标准生产；卖方交货前需提供样品至在建港口（巴基斯坦）供买方专业人员检验。

问题：

巴方要求有何不妥？需要如何修改？

分析提示：

1. 应直接提供系船柱的品质、规格等要求，不可仅凭某样品签署合同。

2. 系船柱是大型物品，巴方人员可至厂家飞行抽检，且应在样品生产完后立即抽检，交货前说明系船柱生产已将近结束，如此时验收不合格会产生损失。

商品数量条款

商品数量，是指用一定的度量衡制度表示的商品的重量、个数、长度、面积、体积、容积等的一种数量。商品数量条款是国际货物买卖合同中不可缺少的主要条件之一。《公约》规定，按约定的数量交付货物是卖方的一项基本义务。

一、度量衡制度

目前，国际贸易中常用的度量衡制度有：公制（the Metric System）、美制（the U.S. System）、英制（the British System）、国际单位制（the International System of Units）。

（一）国际货物买卖中常用的计量单位

国际货物买卖中常用的计量单位包括重量单位、数量单位、长度单位、面积单位、体积单位和容积单位等。

（1）重量单位（Weight）。包括吨（Ton, t），千克（Kilogram, kg），磅（Pound, lb），盎司（Ounce, oz）等，适用于农副产品、矿产品、部分工业制成品、贵重商品等。

（2）数量单位（Number）。包括件或只（Piece，pc），双（Pair, pr），台或套（Set），袋（Bag），打（Dozen，doz），件（Package），令（Ream）等，适用于工业制成品、土特产品等。

（3）长度单位（Length）。包括米（Meter, m），厘米（Centimeter, cm），码（Yard, yd）等，适用于布料、绳索、丝绸等。

（4）面积单位（Area）。包括平方米（Square Meter）、平方英尺（Square Foot）、平方英寸（Square Inch）、平方码（Square Yard）等，适用于玻璃、地毯、塑料制品、皮革制品等。

（5）体积单位（Volume）。包括立方米（Cubic Meter）、立方英尺（Cubic Foot）、立方英寸（Cubic Inch）、立方码（Cubic Yard）等，适用于木材、天然气等。

（6）容积单位（Capacity）。包括升（Liter, L），加仑（Gallon, gal），蒲式耳（Bushel）等，适用于液体商品的交易。

（二）商品重量的计算方法

在国际货物买卖中，很多商品采用按重量计量。计算重量的方法有：

（1）按毛重计算。毛重（Gross Weight）是指商品本身重量加上包装的重量。有些商品单位价值较低（如谷物等）或以净重计量有困难，用"以毛作净"（Gross for Net）的方法计算重量，作为计价和交易的依据。

（2）按净重计算。净重（Net Weight）是指商品本身的重量，并不含包装物的重量。按照国际惯例，如果没有在合同中明确规定采用毛重还是净重计价的，应以净重计价。

（3）按公量计算。公量（Conditioned Weight）是指用科学方法抽去商品中的水分，再加上标准水分重量所得的重量。有些商品，如羊毛、生丝等价值较高，含水量不稳定，影响商品的重量，可以用公量来计算这类商品的重量。

$$公量 = 干量 + 标准含水量 = \frac{实际重量 \times (1 + 标准回潮率)}{1 + 实际回潮率}$$

（4）按理论重量计算。理论重量（Theoretical Weight）是指一些商品有固定规格、尺寸、重量，通过件数计算其重量，如马口铁、钢板等。

二、合同中的数量条款

（一）数量条款（Quantity Clause）的基本内容

合同中的数量条款的基本内容包括买卖双方成交商品的数量、计量单位、计量方法，若用以重量计算的方法，还要表明按毛重或净重等。

（二）正确利用数量机动幅度

在实际履约过程中，由于商品特性、生产条件、运输工具的承载能力，以及包装方式的限制，卖方要做到严格按量交货确实有一定困难。为了避免因卖方实际交货不足或超过合同规定而引起的法律责任，方便合同的履行，对于一些数量较难严格控制的商品，可以在合同中加订一个数量的机动幅度条款，通常称为溢短装条款。

（三）机动幅度的选择权

溢短装条款（More or Less Clause）是指在买卖合同的数量条款中，明确规定卖方允许多装或少装的百分比，其幅度以不超过规定的百分比为限。如100吨，卖方可溢短装 5%（100 t, with 5% more or less at seller's option）即卖方交货量可在95～105 t 之间。

【案例分析】

数量溢短装条款

案例资料：

我国某出口商 A 公司与德国某进口商 B 公司签署 5 000 吨玉米的销售合同，合同中未说明这 5 000 吨玉米是毛重还是净重，但是有溢短装条款。事后对方来电称，到达港口的玉米只有 4 975 吨，因此 B 公司只可以按实际重量付款。

问题：

B 公司的诉求是否合理？A 公司应如何回复？

分析提示：

合理。A 公司应回复合同中有溢短装条款，大宗散装货物有 5% 的增减幅度，所交 4 975 吨玉米是符合合同数量条款规定的。此案因未明确规定是以出口国检验标准还是以进口国检验标准为准，所以 A 公司只能同意按实际到货数量计价。

商品包装条款

商品的包装是实现商品价值和使用价值的重要手段之一，是商品生产和商品消费之间的桥梁。绝大多数商品只有拥有了适当的包装，才算完成了商品的生产，才能进入流通领域进行销售，以实现其使用价值和商品价值。甚至有些商品本身与其包装成为一个不可分割的统一体，如饮料与其盛装的容器等。而且包装也构成了商品成本的一部分，对价格有着一定的影响，所以包装条款自然要成为合同的一部分。

在国际贸易中，只有少数货物以散装和裸装货的形式直接载入运输工具，大多数货物都需要合理、科学的包装。

一、商品包装的意义

进出口商品一般都需要经过长距离辗转运输，有时还需要多次装卸、搬运和存储，因此大多数商品都需要适当的包装。包装不仅能起到保护商品、保障运输的作用，而且还能美化商品、宣传商品。

商品包装的要求是科学、经济、牢固、美观和适用。有些国家的法律把商品包装作为货物说明的组成部分。在国际贸易中，包装条件是合同的一项主要交易条件，应在合同中明确规定。

微课：
包装条款

二、运输包装

运输包装（Transport Package），又称外包装、大包装。将货物装入特定容器内，以特定方式成件或成箱包装，可以在长途运输过程中，有效保护商品不被损坏；也便于运输，节省费用；避免因气候条件对商品产生不利影响。

按包装方式不同，运输包装有以下几种分类方式：

（一）单件运输包装

（1）箱装（Case）。分木箱、纸箱、铁箱、塑料箱等，适用于不能积压的货物，如服装等。

（2）袋装（Bag）。分纸袋、塑料袋、布袋、麻袋等，适用于农产品和化学肥料等货物。

（3）桶装（Drum）。分木桶、铁桶、塑料桶等，适用于液体、粉状物等货物。

（4）捆（Bundle）或包（Bale）形式的包装。将货物用棉布、麻袋包装，在外面加箍铁和塑料袋的包装方式，适用于羊毛、棉花等可压紧的货物。

（二）集合运输包装

将单件运输包装组成一个大的包装，以便于集合运输的包装。在国际贸易中常见的集合运输包装形式有集装袋或集装包（Flexible Container）、集装箱（Container）、托盘（Pallet）等。

国际贸易商品采用的运输包装要求严格，其应符合商品的特点，满足运输方式的要求，符合交易方的贸易规则，便于货物装运、方便操作。

一般地讲，在包装材料方面，进口国主要禁止或限制某些原始包装材料和部分回收复用的包装材料，如木材、稻草、竹片、柳条、原麻、泥土和以此为基础的包装制品，如木箱、草袋、竹篓、柳条筐篓、麻袋、布袋等。在包装辅料方面，禁止或限制的主要对象是作为填充料的纸屑、木丝，将此作为固定用的衬垫、支撑件等。对上述包装材料及辅料一般要求率先进行消毒、除鼠、除虫或进行其他必要的卫生处理。

三、销售包装

销售包装（Selling Packing）又称内包装或小包装，是指在商品进入零售环节和消费者直接见面时的包装。

（一）销售包装的种类

根据商品的特征和形状，销售包装可采用不同的包装材料和不同的造型结构与式样，包括：

（1）堆叠式，如罐、盒类商品。

（2）挂式，如包装上的挂钩、挂孔等。

（3）携带式，如手提袋等。

（4）喷雾式，如液体喷雾器等。

（5）易开式，如易拉罐等。

（二）销售包装的要求

商品的销售包装应适应国际市场的需求，既便于陈列展销和识别商品，又便于携带和使用，要有艺术吸引力，以吸引顾客，提高售价和扩大销售。

四、中性包装

中性包装是指在商品上和内包装、外包装上不注明生产国别的包装。主要为了打破一些进口国和地区的关税和非关税壁垒，扩大商品出口。中性包装分为无牌中性包装和定牌中性包装。无牌中性包装既无生产国别、地名、厂名，也无商标牌号。定牌中性包装不注明商品生产国别、地名、厂名，但要注明买方指定商标或牌号。无牌主要为了降低成本，节省费用，多用于半制成品或低值易耗品。定牌是为了扩大商标、牌名的知名度，扩大商品的销售市场，用于国外长期性、大数额的订货。

五、包装标志

包装标志是指在商品的外包装上用文字、图形、数字制作的特定记号和说明事项，它是某些运输单证上不可缺少的内容。其主要作用在于：便于识别货物；方便运输装卸、仓储、检验和海关查验；便于收货人核对单证收货，使单证相符，避免错误。运输包装上的标志，按其用途可分为运输标志、指示性标志和警告性标志。

（一）运输标志

运输标志（Shipping Mark）习惯上称为"唛头"（Mark），通常由一个简单的几何图形和一些字母、数字、简单的文字组成，便于运输、辨认货物，顺利完成交易等，防止错发错运。

运输标志由三部分组成：

（1）收货人（发货人）名称，也可以加上参考号，如合同号码、发票号，可在简单的几何图形中反映。

（2）目的地（或目的港）名称。需要经过某地（港口）转运的，在目的地（目的港）下面加上转运地（港）名称，以便于运输部门正确装运。

（3）件号，包装货物的总件数和每件货物的顺序号，如"No.1—100"。

为了便于计算机在运输和单证流转方面的应用，国际标准化组织向各国推荐使用标准化运输标志，其基本内容如下：

① 收货人或买方的名称字首或简称。

② 参照号码。

③ 目的地（目的港）。

④ 件数及箱号。

例如：
ABC	收货人或买方的名称字首或简称
SC-202405	参考号码
HAMBURG	目的地（目的港）
NO.1—100	件数及箱号

包装上采用的运输标志，按合同规定，如合同和信用证都没有规定具体要求，则由卖方决定。如图 5-1 所示。

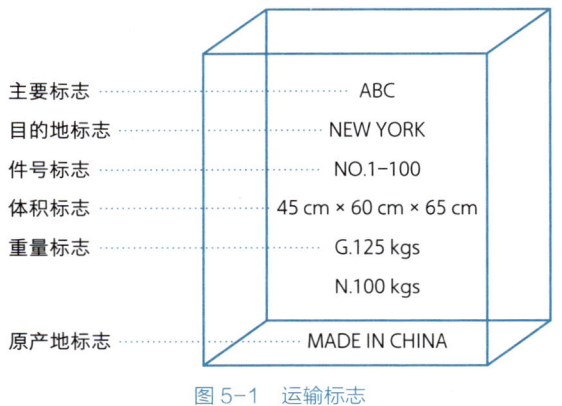

主要标志	ABC
目的地标志	NEW YORK
件号标志	NO.1-100
体积标志	45 cm × 60 cm × 65 cm
重量标志	G.125 kgs
	N.100 kgs
原产地标志	MADE IN CHINA

图 5-1　运输标志

THIS WAY UP

KEEP DRY

图 5-2　指示性标志

（二）指示性标志

对一些易碎、易损、易变质的商品，在商品包装上标注醒目的标志，以引起装运人员的注意，便于运输与仓储，保护人员和货物的安全，这就是指示性标志（Indicative Mark）。如图 5-2 所示。

（三）警告性标志

警告性标志（Warning Mark）又称危险品标志，是对装有危险品、易燃品、有毒气体、腐蚀性物品和放射性物品等的运输包装上用文字或图形表示各种危险品的标志，用于提示工作人员警惕、采取安全措施，保护工作人员和货物的安全。

联合国海事协商组织规定，在出口危险品的外包装上要刷写"国际海运危险品标志"。在制作危险品标志时，可依据中华人民共和国国家标准《包装储运图示标志》（GB/T 191—2008）和《危险货物包装标志》（GB 190—2009）等标准。如图 5-3 所示。

（符号：黑色或白色；底色：正红色）　（符号：黑色，底色：白色）

图 5-3　警告性标志

六、合同中的包装条款

（一）基本内容

买卖合同中包装条款的内容一般由包装材料、包装方式、包装商品的数量或重量组成。

例：木箱包装，每箱 100 千克净重。

In wooden cases of 100 kg net each.

（二）订立包装条款的注意事项

（1）规定包装时应明确、具体，不宜采用"海运包装""习惯包装"等含糊其词的词语，以免引起贸易纠纷。

（2）为履行合同，应考虑各国对包装的特殊要求，考虑交易方的风俗习惯、贸易惯例等。

（3）在包装条款中明确所使用的包装方式和包装材料。

（4）包装条款中应规定所用的运输标志。

（5）包装条款中对包装费用应规定清楚。

【案例分析】

包装不符合同规定，买方有权拒收吗？

案例资料：

国内某公司出口至俄罗斯一批黄豆，合同的数量条款规定：每袋净重 100千克，共 1 000 袋，合计 100 吨。货抵俄罗斯后，经检验，黄豆每袋仅重 96

千克，1 000 袋合计 96 吨。适值黄豆价格下跌，俄罗斯客户以单货不符为由提出降价 5% 的要求，否则拒收。

问题：

买方的要求是否合理，为什么？

分析提示：

买方的要求合理。因为卖方所交的货物重量不足、包装不符合合同规定，数量和包装条款是合同的主要交易条件，买方有权拒收货物。

【国际贸易与中国经济】

加快培育出口商品品牌

当今品牌价值已成为衡量企业无形资产和软实力的核心标准。品牌建设对推动企业的发展、强化竞争优势和促进企业迈向现代化、全球化有着关键性的意义。近年来，中国品牌建设成效突出，"走出去"步伐不断加快，一批中国品牌享誉全球。中国正稳步从"品牌大国"向"品牌强国"迈进。在国际权威品牌价值评估机构发布的 2023 世界品牌 500 强名单中，中国品牌入选70 个，数量位居全球第二。其中，华为、工商银行、腾讯、国家电网、中国石油、阿里巴巴等 19 个品牌跻身全球最具价值品牌 100 强名单。

随着中国经济的稳定增长与品牌全球化发展，各行业龙头企业高质量发展驶入"快车道"，不断拓展海外市场，加大品牌建设力度，国际话语权和影响力与日俱增。推动中国品牌"走出去"，是提升国家文化软实力和中华文化影响力的重要一环。企业应聚焦品牌内核和品质建设，提高研发创新、全球经营能力和国际认证等方面实力，提高出口商品品牌的市场认可度和影响力；聚焦品牌核心价值，借助互联网和各种平台进行推广宣传，提高国际市场认可度和宣传力度；通过举办各类推介活动，打造多个具有国际影响力的品牌。同时，企业应积极防范知识产权方面的风险挑战，重视海外商标注册，提高海外知识产权纠纷应对能力，保护品牌在全球范围内的知识产权。

知识与技能训练

一、单项选择题

1. 珠宝、首饰等商品具有独特性质，在出口确定其品质时（　　）。

    A. 最好用样品　　　　　　　　　　　B. 最好看货洽谈成交

    C. 最好用文字说明　　　　　　　　　D. 最好凭商标成交

2. 出口羊毛计算重量，通常采用的计量方式是（　　）。

    A. 毛重　　　　　　　　　　　　　　B. 净重

    C. 理论重量　　　　　　　　　　　　D. 公量

3. 不能作为明确商品品质的标准，因而对买卖双方都没有约束力的样品是（　　）。

    A. 参考样品　　　　　　　　　　　　B. 对等样品

    C. 买方样品　　　　　　　　　　　　D. 卖方样品

4. 某外商欲购"乘风"牌电扇，但要求改用"凉风"牌商标，并不能注明产地，外商这一要求的实质是（　　）。

    A. 无牌中性包装　　　　　　　　　　B. 定牌中性包装

    C. 运输包装　　　　　　　　　　　　D. 销售包装

5. 对某些比较难掌握其品质的工业制成品或农副产品，为了避免交货品质与合同不符，多在合同条款中规定（　　）。

    A. 溢短装条款　　　　　　　　　　　B. 增减价条款

    C. 品质公差或品质机动幅度　　　　　D. 商品的净重

二、多项选择题

1. 四川宜宾五粮液白酒是凭（　　　　）说明品名。

    A. 产地　　　　　　　　　　　　　　B. 品牌

    C. 原料　　　　　　　　　　　　　　D. 工艺

2. 重型机械设备一般是凭（　　　　）表述品质。

    A. 产地　　　　　　　　　　　　　　B. 商标

    C. 图样　　　　　　　　　　　　　　D. 说明书

3. 以下同属重量单位且易混淆的是（   ）。

    A. 长吨   B. 公吨

    C. 短吨   D. 千克

4. 卖方按买方提供的样品复制出经买方确认的样品，被称为（   ）。

    A. 复样   B. 回样

    C. 对等样品   D. 确认样品

    E. 原样

5. 一卖方同意以每吨 200 美元的价格向买方出售 1 000 吨一级小麦，合同和信用证金额都为 20 万美元。但卖方实际交付货物时，小麦的价格已发生了波动。因价格波动，一级小麦的价格为 250 美元 / 吨，而三级小麦的价格为 200 美元 / 吨，则（   ）。

    A. 因价格上涨，卖方可交三级小麦

    B. 卖方应按合同规定交货

    C. 因价格波动，卖方可按 10% 比例少交一些货物

    D. 无论交货时市价多少，只要卖方的交货符合合同和信用证的规定，卖方就能够收回 20 万美元的货款

三、判断题

1. 在出口贸易中，表达品质的方法多种多样，为了明确责任，最好采用既凭样品又凭规格买卖的方法。（　　　）

2. 某外商来电要我方提供大豆，按含油量 18%、含水量 14%、不完善粒 7%、杂质 1% 的规格订立合同。对此，在一般条件下，我方可以接受。（　　　）

3. 中国 A 公司向《公约》缔约国 B 公司出口大米，合同规定数量为 50 000 吨，允许卖方可溢短装 10%。A 公司在装船时共装了 58 000 吨，遭到买方拒收。按照公约的规定，买方有权这样做。（　　　）

4. 进口马口铁、钢板等规格和重量一致，尺寸大小一致的商品，计算重量的方法一般采用公量。（　　　）

5. 销售包装上的标签规定应以进口商的要求为准。（　　　）

【调查研究与善作善成】

一、调查研究

外贸出口情况

1. 总体要求

请紧紧围绕党的二十大报告中关于"制造强国""质量强国""贸易强国""制造业高端化、智能化、绿色化发展"等方面的论述，对当地主要产业、主要品牌、外贸出口等方面进行调查研究，并形成一篇调研报告。

2、具体要求

（1）准备要充分。成立调查研究小组，通过阅读当地新闻等材料，初步了解当地产品情况。确定调研企业，提前确认好地点和时间，拟定调查提纲和问卷，采用现场实地调研为主、运用文献查阅法、访谈法等多种调查研究方法，利用微信、QQ等沟通工具辅助调研。

（2）内容要丰富。围绕当地外贸出口情况，就当地的主要产业及其发展情况，当地的主要品牌及外贸出口情况等方面展开调研。

（3）调研要深入。凡事要求贯彻落实。调查内容要深入全面，及时总结有价值的经验，思考存在的问题，并加以推广应用。

二、综合实训

外贸条款起草

1. 实训目标

通过实训，使学生熟悉外贸交易中商品品质、数量、包装等条款的制定方法，同时培养学生细致严谨的外贸从业素养。

2. 实训资料

外贸企业的商品资料及样品。

3. 实训要求

（1）教师介绍企业背景。

（2）学生查看商品资料，拟定相关条款。

（3）学生展示结果。

（4）教师讲解。

4. 实训指导

（1）向学生展示外贸交易条款。

（2）引导学生从商品资料中提取关键词。

（3）指导学生拟定条款。

（4）和学生一起探讨商品品质、数量、包装的最优规定方法。

5. 实训评价

教师对各组完成情况进行点评并作出综合评价，填入表 5-1。

表 5-1　实训综合评价表

考评人		被考评人	
考评地点			
考评内容	交易条款	分值	实际得分
	内容的完备性	40	
	表述的准确性	40	
	在规定时间内完成	20	
	合计	100	

项目六

国际货物
运输

学习目标

// 素养目标 //

- 培养诚信意识和遵纪守法意识，提高国际货物运输风险防范意识
- 在交通强国背景下，了解国际货物运输对国民经济和国际地位的重要性及重要意义，培养国际视野和报国担当的责任感

// 知识目标 //

- 掌握国际物流的定义、特点、历史沿革以及国际物流发展现状、趋势及应对措施
- 掌握海洋运输方式的种类和海洋运输的特点
- 掌握铁路运输、航空运输、内河运输、管道运输、邮包运输以及集装箱运输、国际多式联运的特点
- 掌握装运条款的内容

// 技能目标 //

- 能够计算班轮运费
- 能够缮制海运提单
- 能够分析装运条款并解决问题

思维导图

国际货物运输
- 国际物流
  - 国际物流的定义
  - 国际物流发展历程
  - 国际物流的特点
- 国际货物运输方式
  - 海洋运输
  - 铁路运输
  - 航空运输
  - 公路运输、内河运输、邮包运输和管道运输
  - 集装箱运输
  - 国际多式联运
- 装运条款
  - 装运时间
  - 装运港与目的港
  - 分批装运和转运
  - 装运通知
- 海运提单及其他运输单据
  - 海运提单
  - 铁路运单
  - 航空运单
  - 邮包收据
  - 多式联运单据

学习计划

● 素养提升计划

_____

_____

_____

● 知识学习计划

_____

_____

_____

● 技能训练计划

_____

_____

_____

引 例

数字化技术赋能"中吉乌"国际货运班列

2023年3月9日10时30分,一列满载有49个40英尺集装箱汽车零配件的"中吉乌"国际多式联运货运班列,从中国铁路兰州局兰州货运中心中川北铁路货场驶出,通过铁路运输至新疆喀什后,再转公路运输经吉尔吉斯斯坦伊尔克什坦口岸出境,最终到达乌兹别克斯坦吉扎克。

本趟"中吉乌"国际货运班列将数字化技术、物流信息平台应用于国际货运班列,加快了物流信息的高效运转,进一步提升了班列运行的时效性。班列依托数字化物流信息平台,为货运班列开行智能匹配最佳运输线路、最短运输耗时、最优运输费用方案,同时还可以实现货物状态、运输路径、运输进程的在线实时追踪、查询;依托多式联运物流信息平台,在全国各地集货和集中运输,到达兰州中川铁路北货场后采用"集拼集运"的运输模式,全方位为我国特色产品走出国门提供运输新动能。

【问题】

数字化技术赋能国际货运班列有何重要意义?

【分析提示】

党的二十大报告指出,中国坚持经济全球化正确方向,推动贸易和投资自由化便利化,推进双边、区域和多边合作,促进国际宏观经济政策协调,共同营造有利于发展的国际环境,共同培育全球发展新动能。"中吉乌"国际货运班列是将数字化技术赋能国际货运物流运输链条,以创新理念、贴近市场、优化服务的具体实践,有效加强国家间的经济联系和贸易合作,进一步促进区域经济一体化建设,提高铁路运输效率,降低物流成本。

一、国际物流的定义

国际物流（International Logistics）是指物品从一个国家（地区）的供应地向另一个国家（地区）的接收地的实体流动过程。广义的国际物流研究的范围包括国际贸易物流、非贸易物流、国际物流投资、国际物流合作、国际物流交流等领域。其中，国际贸易物流是指组织货物在国际间的合理流动；非贸易物流是指国际展览与会展物流、国际邮政物流等；国际物流合作是指不同国别的企业完成重大的国际经济技术项目的国际物流；国际物流投资是指不同国家的物流企业共同投资建设国际物流企业；国际物流交流是指物流科学、技术、教育、培训和管理方面的国际交流。狭义的国际物流（International Logistics, IL）主要是指：当生产和消费分别在两个或两个以上的国家（或地区）独立进行时，为了克服生产和消费之间的空间间隔和时间距离，对货物（商品）进行物流性移动的一项国际商品交流活动，从而完成国际商品交易的最终目的，即实现卖方交付单证和货物，而买方接受单证、支付货款和收取货物的贸易对流条件。

国际物流的实质是根据国际分工的原则，依照国际惯例，利用国际化的物流网络、物流设施和物流技术，实现货物在国际的流动与交换，以促进区域经济的发展与世界资源的优化配置。国际物流的总目标是为国际贸易和跨国经营服务，即选择最佳的方式与路径，以最低的费用和最小的风险，保质、保量、适时地将货物从某国的供应方运至另一国的需求方。

二、国际物流发展历程

第二次世界大战以后，国际间的经济交往越来越密切。尤其在 20 世纪 70 年代的石油危机以后，原有为满足运送必要货物的运输观念已不能适应新的要求，系统物流就是在这个时期进入国际领域的。

20 世纪 60 年代开始形成了国际大规模物流，在物流技术上出现了大型物流工具，如二十万吨的油轮、十万吨的矿石船等。

20 世纪 70 年代，受石油危机的影响，国际物流不仅在数量上进一步发展，船舶大型化趋势进一步加强，而且出现了提高国际物流服务水平的要求，其标志是集装箱港口及国际集装箱船的发展，国际间各主要航线的定期班轮都投入了集装箱船，提升了散杂货的物流水平，使物流整体服务水平获得很大提高。

20世纪70年代中后期，国际物流领域出现了航空物流大幅度增加的新形势，同时出现了更高水平的国际联运。船舶大型化的趋势发展到一个高峰，出现了50万吨的油船、30万吨左右的散装船。

20世纪80年代前、中期，国际物流的突出特点是在物流量基本不继续扩大的情况下出现了"精细物流"，物流的机械化和自动化水平提高。同时，伴随着新时代消费者需求观念的变化，国际物流面对"小批量、高频度、多品种"的物流要求，出现了很多新的物流技术方法。

20世纪80年代后期，国际物流领域的另一大发展是伴随国际联运式物流出现的物流信息和电子数据交换（Eletronic Data Interchange，EDI）系统。物流信息的电子化使物流向更低成本、更高服务、更大量化、更精细化方向发展，这个问题在国际物流中比国内物流的表现更为突出。物流质量取决于物流信息，物流服务依靠物流信息。可以说，国际物流已进入一个高度发展的信息化时代。

从20世纪90年代至今，国际物流行业逐步进入数字化转型阶段，智慧物流、人工智能和物联网技术的应用成为行业变革的关键驱动力。数字化平台为实现物流全链路智能化管理提供了条件，自动化技术广泛应用于仓储、运输、配送等环节。物联网技术有效解决了物流设备之间、多源物流存储数据之间的信息共享及协同管理问题，实现了货物的实时追踪，提升了运输的精准度与透明度。人工智能技术优化了运输路线，提高了物流效率。同时，智慧物流通过集成先进技术实现全程自动化和智能化，无人机配送、自动驾驶货车、智能仓储系统等技术的应用逐步成为现实。国际物流行业正朝着智能化、数字化、绿色化和全球化的方向发展。

【国际贸易与中国经济】
长三角铁路国际货运持续提速向好

自2021年12月8日，长三角首趟中老跨境货运列车开行以来，长三角铁路部门释放多式联运红利，主攻海铁联运、敞顶箱、中欧班列三大集装箱产品，推动货运提质上量。2024年1月和2月，中国铁路上海局集团有限公司的货物发送量达3 070万吨，同比增长3.4%；集装箱运输5 463车，同比增加11.1%；中欧班列、海铁联运班列开行量也较上年同期分别提升21%和23.3%。

2024年1月，浙江中欧班列率先传来捷报，31天发送班列110趟，发运货物 1.2 万标准集装箱，发运量同比增长 28%。大年初一，江苏南京开出至阿塞拜疆首都巴库的首趟跨里海中亚班列，为南京及周边城市企业开辟了国际货物运输新通道。整个春节期间，长三角中欧（中亚）班列开行"不打烊"，假期 8 天共开行班列 66 趟，较去年多开行 23 趟，增幅 53.5%。

2024 年，长三角铁路货运以运行图为牵引，调整普速客货列车开行，释放主通道运输能力，充分利用客运腾出的运能，促进线路、装备等资源均衡匹配和高效利用。不断推进货车提速，进一步提高货运运输组织效率。全力做好大宗货物运输，积极争取港口金矿"公转铁"；大力发展集装箱海铁联运、中欧班列和敞顶箱运输，国际货运开局势头良好。

三、国际物流的特点

国际物流与国内物流相比，在物流环境、物流系统、信息系统及标准化要求这四个方面存在着不同。国际物流的主要服务对象是国际贸易和跨国经营。国际物流的一个非常重要的特点是物流环境的差异。不同的国家有不同的与物流环境相适应的法律，这使国际物流的复杂性增强；不同国家科技发展水平的不同，使国际物流处于不同的科技条件的支撑下，甚至会因为有些地区无法应用某些技术，导致国际物流全系统运作水平下降；不同国家的不同标准会使国际物流系统难以建立一个统一的标准；不同国家的国情特征使国际物流的发展受到很大的局限。

由于物流环境的差异，使得国际物流系统需要在多个不同的法律、人文、风俗、语言、科技环境下运行，这无疑会大大增加国际物流运作的难度和系统的复杂性。

任务二

国际货物运输方式

微课：
运输方式

党的二十大报告指出：建成世界最大的高速铁路网、高速公路网，机场港口、水利、能源、信息等基础设施建设取得重大成就。在国际货物运输中，涉及的运输方式很多，其中包括海洋运输、铁路运输、航空运输、公路运输、内河运输、邮包运输、管道运输、集装箱运输，以及由各种运输方式组合的国际多式联运等。

一、海洋运输

海洋运输是指利用海洋通道，使用船舶在国内外港口之间，通过一定航区和航线运送货物的一种运输方式，简称海运。由于海洋运输具有运载量大、通行能力强、运费低廉等优点，所以许多国家特别是沿海国家和地区都采用海洋运输。当前世界上国际贸易货物有 2/3 以上是通过海洋运输来完成的，海洋运输已成为目前国际贸易中最重要的运输方式。

按照海洋运输船舶经营方式的不同，可分为班轮运输（Liner Shipping）和租船运输（Charter Transport）。

（一）班轮运输

1. 定义

班轮运输，也称定期运输，是指轮船公司将船舶按事先制定的船期表，在特定海上航线的若干个固定挂靠港口之间，经常地为非特定的众多货主提供货物运输服务，并按事先公布费率或协议费率收取运费的一种船舶营运方式。班轮运输是当今国际货物运输中不可缺少的主要运输方式。

2. 班轮运输的特点

（1）"四固定"。这是指班轮公司有固定的船期表（Sailing Schedule）、固定的航线，每个航线有固定的停靠港口，按照相对固定的运费率收取运费。这是班轮运输的基本特点。

（2）"一负责"。这是指在班轮运输中，由船方负责货物的配载装卸，相关的装卸费包括在运费中，货方不用在运费之外再支付装卸费。船货双方不约定装卸时间，因而也不计算滞期费和速遣费。

（3）船、货双方的权利、义务与责任豁免的规定，以船方签发的提单条款为依据。

（4）班轮承运货物的品种、数量比较灵活，货运质量较有保证，且一般采取在码头仓库交接货物的方式，货物交接比较便利。

3. 班轮运输的方式

班轮运输包括杂货班轮运输和集装箱班轮运输两种方式。

（1）杂货班轮运输。杂货班轮运输是最早的班轮运输。这种班轮运输的特点是货物不装在集装箱内，运输的货物以件杂货为主，也可以是一些散货、重大件货物等。采用杂货班轮运输货物时，货主和货运代理都能根据船期表预知货物发运时间和到达时间，不论货物批量的大小，货主或货运代理都能够随时向班轮公司托运。因此，杂货班轮运输可以节省货物装船前在仓库集中的时间的费用，能保证货物的供需要求。杂货班轮运输特别适合小批量零星件杂货的海洋运输。

（2）集装箱班轮运输。20 世纪 60 年代以后，随着集装箱运输的发展，班轮运输中出现了集装箱班轮运输方式。由于集装箱运输具有货运质量高、运送速度快、装卸方便、机械化程度高、作业效率高、便于开展联运业务、能降低货运成本等优点，到 20 世纪 90 年代后期，集装箱班轮运输已逐渐取代了传统的杂货班轮运输。

4. 班轮运费

（1）运价、运费和运价本。运价（Freight Rate）是承运人承运单位货物要收取的运输服务费用，即运输单位产品的价格。运费（Freight）则是指承运人承运某一批货物时要收取的总费用。

班轮运费通常是按照班轮运价本（Freight Tariff）的规定计收的。一般船公司会定期公布自己的运价本。运价本也称费率表或运价表（如表 6-1），是船公司

表 6-1　上海至部分地区运价表

单位：USD/FT

货物等级 CLASS	运费率 HongKong	运费率 Japan	运费率 Singapore	运费率 Malaysia
1	19.00	45.50	28.00	29.00
2	19.50	46.00	29.00	30.00
3	20.00	47.00	30.00	31.00
…	…	…	…	…
7	22.00	50.00	33.50	36.00

货物等级 CLASS	运费率 HongKong	运费率 Japan	运费率 Singapore	运费率 Malaysia
8	22.50	50.50	34.00	37.00
9	23.00	51.00	35.00	38.00
10	24.00	52.00	36.00	39.00
…	…	…	…	…
19	33.50	59.00	44.00	49.00
20	34.50	60.00	45.00	50.00

承运货物（提供运输服务）时向托运人据以收取运费的运价汇总表。运价表的性质与旅客运输业务中的汽车票价表、火车票价表等是一样的。运价表不仅包括在不同航线上运输不同货种的单位费率，而且也包括计算运费的规则和规定，如运价的使用范围、货物的分类和分级、计费标准、计费币种，以及各种附加费的计算和费率等。

按照运价制定形式的不同，运价表可分为等级费率表和列名费率表两种。

等级费率表中的运价是按商品的等级来确定的，运价表附有货物分级表（Scale of Commodity Classification）。货物分级表将货物分为 20 个等级，不同的等级计算运费的标准是不同的。使用这种运价表时，要先根据货物名称从货物分级表中确定货物的等级，再从等级费率表中找到相应的该货物的运费率，如表 6-2 所示。

表 6-2　部分货物等级费率表

货名 COMMODITIES	费率等级 CLASS	计费标准 BASIS
童车	9	M
轮胎	7	M
丝织品	17	M
搪瓷器皿	9	W/M
医疗设备	10	W/M
地砖	7	W
千斤顶	10	W

运价表中的运价是根据货物的名称来确定的，对各种货物在不同航线上逐一确定运费率。使用这种运价表时，根据某个货物名称和某个航线即可直接查出该货物在该航线上的运价。

（2）计费标准。班轮运费的计费标准，根据不同货物，通常采用下列几种方式：

① 按货物实际毛重计收运费，称为重量吨（Weight Ton），运价表内用"W"表示。

② 按货物的体积 / 容积计收运费，称为尺码吨（Measurement Ton），运价表中以"M"表示。

③ 按重量或体积计收运费，由船公司选择其中收费较高的作为计费吨，运价表中以"W/M"表示。注意：重量吨和尺码吨统称运费吨 Freight Ton（简称：FT）。

④ 按货物价格计收运费，亦称为从价运费，运价表内用"A,V"或"Ad,Val"表示。从价运费一般按货物的 FOB 价格的百分之几收取。另外，在班轮运价表中还有下列两种标志："W/M or and val." 及 "W/M plus A.V."。前者表示运费按照货物重量、体积或价值三者中较高的一种计收；后者表示先按货物重量或体积计收，然后另加一定百分比的从价运费。

⑤ 按货物的件数计收运费，一般只对包装固定，包装内的数量、重量、体积也是固定不变的货物，才按每箱、每捆或每件等特定的运费额计收。

⑥ 由货主和船公司临时议定运费，这种方法通常是在承运粮食、豆类、矿石、煤炭等运量较大、货价较低、装卸容易、装卸速度较快的农副产品和矿产品时采用。在运价表中，以"Open"表示。

（3）杂货班轮运费的计算。班轮运费包括基本运费和附加费两部分。前者是指货物从装运港运到卸货港所应收取的基本运费，它是构成全程运费的主要部分；后者是指对一些需要特殊处理的货物，或者由于突然事件的发生或客观情况变化等原因而需要另外加收的费用。

班轮运费的基本计算公式为：

$$运费 = 运输吨 \times 等级运费率 \times （1 + 附加费率）$$

【实例示范】

我国某公司出口 1 000 箱货物至科威特，每箱 USD50.00 CFR 科威特。该货物每箱尺码为 42 cm×28 cm×25 cm，总毛重为 20 000 kg。海运运费按 W/M（11 级）。经查出口地至科威特 11 级货物基本运费为 70 美元，港口附加费为运费的 20%。试求该批货物的海运运费是多少？

解：因为尺码吨 = 1 000×0.42×0.28×0.25 = 29.4 m^3，而重量吨为 20 t。因为尺码吨大于重量吨，所以应按尺码吨计算运费。

$$运费 = 尺码吨 \times 等级运费率 \times （1 + 附加费率）$$
$$= 29.4×70×（1 + 20\%） = 2\ 469.6（美元）$$

答：海运运费为 2 469.6 美元。

（4）集装箱班轮运费的计算。集装箱班轮运费与杂货班轮运费一样，也由基本运费和附加费组成。基本运费的计算有两种方法。

第一种是采用与普通杂货班轮运输基本运费相同的方法，对具体的航线按货物的等级和不同的计费标准来计算基本运费。

第二种是采用包箱费率。包箱费率不考虑货物的等级和种类，只根据集装箱的尺寸和类型来收取运费。对相同航线的所有普通货物，每承运一个集装箱的货物的运费是相同的，因此这种"包箱费率"称为均一费率（Freight All Kinds, FAK）。

此外，要注意的是，为了保证营运收入不低于成本，经营集装箱运输的船公司通常还会有最低运费的规定。所谓最低运费，即起码运费，是指一份提单最少要收取的运费。承运人为维护自身最基本的利益，对小批量货物收取起码运费，用以补偿其最基本的装卸、整理、运输等操作过程中的成本支出。不同的承运人使用的起码运费标准不同。件杂货和拼箱货一般以 1 个运费吨为起码运费标准，最高不超过 5 个运费吨。

上海港至部分港口集装箱运输货物海运运费表如表 6-3 所示。

表 6-3　上海港至部分港口集装箱运输货物海运运费表

目的港	运费等级	拼箱费率 1 LCL（M）	拼箱费率 2 LCL（W）	包箱费率 1 FCL 20'	包箱费率 2 FCL 40'
SINGAPORE	FAK	65		1 100	2 035
BARCELONA	1～7	103	139	2 100	4 130
MARSEILLES	8～10	109	147	2 250	4 330
GENOA	11～15	115	156	2 400	4 730
NAPLES	16～20	121	165	2 550	5 030
ADELAIDE	11～15	103	139	2 100	3 960
MONTREAL	8～13	130		3 150	4 350
AUCKLAND	1～7	123		2 090	3 955
WELINGTON	8～13	133		2 290	4 335

（二）租船运输

租船运输（Charter Transport）又称不定期船运输（Tramp Shipping），是指租船人向船东租赁船舶用以运输货物的一种运输方式。租船有租赁整船和租赁部分舱位两种方式。在实际业务中以租赁整船为多。

1. 租船运输的特点

（1）租船运输属不定期船（Tramp），无固定的航线、挂靠港和船期，一切由租船双方在装运前协商确定。

（2）运价不固定，受市场供求的约束，随租船市场行情的变化而变化。

（3）租船运输中的港口使用费、装卸费及船期延误等责任费用的划分由双方议定。

（4）租船运输主要适用于大宗货物的运输，如粮食、矿砂、石油、木材等。

（5）租船人和出租人双方之间的权利、义务和责任以签订的租船合同为准。

2. 租船运输的方式

（1）定程租船（Voyage Charter），又称航次租船，简称程租船。它是指由船舶所有人负责提供船舶，在指定港口之间进行一个航次或数个航次，承运指定货物的租船运输方式。货轮从装运港口驶往指定目的港的一个航行过程，称为一个航次。

（2）定期租船（Time Charter），又称期租船，它是指船舶所有人将特定的船舶，按照租船合同约定的方式，在约定的期间，供租船人使用一定时期的租船运输方式。承租人（租船人）在承租期间，也可将租来的船舶充当班轮或出租船舶给他人使用。

（3）光船租船（Bare Boat Charter）。光船租船是指船舶所有人将船舶出租给承租人使用一个时期，但船舶所有人所提供的船舶是一艘空船，既无船长，又未配备船员，承租人自己要任命船长、配备船员、负责船员的给养和船舶营运管理所需的一切费用的租船运输方式。船舶所有人除了在租期内收到租金外，对船舶本身和船舶营运均不负责。这种光船租船，实际上属于单纯的财产租赁，与上述定期租船有所不同。

（4）包运租船（Contract of Affreightment, COA）是指船东向承租人提供一定吨位的运力，在确定的港口之间，按事先约定的时间、航次周期和每航次较为均等的运量，完成合同规定的全部货运量的租船运输方式。以包运租船方式签订的合同称为运量合同。

这种租船运输方式是在连续单航次租船的营运方式的基础上发展而来的，与连续单航次租船相比，包运租船一方面不要求一艘固定的船舶完成运输，另一方面也不要求船舶一个接一个航次地完成运输，而是规定一个较长的时间，只要满足包运合同对航次的要求，在这个时间内，船东可以灵活地安排运输，对于两个航次之间的时间，船东可以自由安排一些其他的运输。

（5）航次期租（Time Charter on Trip Basis, TCT），是当前国际上经常使用的一

种介于航次租船和定期租船之间的租船运输方式，又称日租租船（Daily Charter）。其特点是没有明确的租期期限，而确定了特定的航次。这种方式以完成航次运输为目的，按照实际租用天数和约定的日租金率计算租金，费用和风险则按期租方式处理。

3. 程租船运输费用

上述五种租船方式中，定程租船（程租船）是目前租船市场上最活跃，且对运费水平的波动最为敏感的一种租船方式。由于在国际现货市场上成交的绝大多数货物（主要包括液体散货和干散货两大类）都是通过这种租船方式运输的，因此需要重点关注程租船运输费用的计收。

（1）基本运费。程租船基本运费是指从装运港到目的港的海上运费。其计算方式有两种：一种是按运费率计算。但要注意明确是按装船重量，还是按卸船重量计算。另一种是整船包价，即对于特定载货重量和容积的船舶，规定一个包船价格，不管租方实际装货多少，一律按包价支付。

（2）装卸费。在程租船运输中，关于货物的装卸费用，程租合同中应有明确规定。

（3）滞期费和速遣费。在程租船运输中，由于装卸货时间的长短影响到船舶的使用周期和在港费用，这直接关系到船方的经营效益。因而为节省船期，在程租合同中一般都规定了租船人在一定时间内完成装卸作业的条款，即装卸时间条款，或称装卸期限条款。如果在约定的允许装卸时间内未能将货物装卸完，致使船舶在港内停泊时间延长，给船方造成经济损失，则延迟期间的损失，应按约定的每天若干金额补偿给船方，这项补偿金称为滞期费。反之，如提前完成装卸任务，使船方节省了船舶在港的费用开支，船方将其获取的利益的一部分给租船人作为奖励，称为速遣费。按照惯例，速遣费一般为滞期费的一半。

二、铁路运输

在国际货物运输中，铁路运输（Rail Transport）是一种仅次于海洋运输的主要运输方式。铁路运输有许多优点，如：一般不受气候条件的影响，可保障全年的正常运输，而且运量较大，速度较快，有高度的连续性，运转过程中可能遭受的风险也较小。办理铁路货运手续比海洋运输简单，而且发货人和收货人可以在就近的始发站（装运站）和目的站办理托运手续和提货手续。

铁路运输可分为国际铁路货物联运和国内铁路货物运输两种。

（一）国际铁路货物联运

1. 定义

国际铁路货物联运是指两个或两个以上的国家（地区），按照协定，利用各自的铁路，联合起来完成一票货物的全程运输的方式。它使用一份统一的国际联运票据，由一国铁路部门向另一国铁路部门移交货物时，无须发货人和收货人参加，铁路部门对全程运输负连带责任。

2. 相关的国际条约

国际铁路货物联运的有关当事国事先必须要有书面约定才能协作进行货物的联运工作。相关的国际条约主要有两个：其一是《国际铁路货物运输公约》（简称《国际货约》），它是欧洲各国政府批准的有关国际铁路货物联运的规定、制度和组织机构的公约；其二是《国际铁路货物联运协定》（简称《国际货协》），是缔约各国发货人、收货人以及过境办理货物联运所共同遵循的基本文件。

3. 联运的范围和办理机构

国际铁路货物联运既适用于原《国际货约》或《国际货协》国家之间的运输，也适用于《国际货约》至《国际货协》国家之间的顺向或反向的货物运输。我国各铁路货运车站均可办理国际铁路货物联运。目前，我国负责国际铁路联运进出口集装箱货物总承运人和总代理的是中国外运长航集团有限公司（简称：中国外运长航）。2007年11月，专家学者们提出了"第三亚欧大陆桥"这一战略构想。第三亚欧大陆桥以昆明为枢纽，经缅甸、孟加拉国、印度、巴基斯坦、伊朗，从土耳其进入欧洲，最终抵达荷兰鹿特丹港，横贯亚欧21个国家。第三亚欧大陆桥不仅是交通线路，更是区域经济合作的共赢之桥。

（二）国内铁路货物运输

国内铁路货物运输是指仅在本国范围内按照《铁路货物运输规程》的规定办理的货物运输。我国出口货物经铁路运至港口装船及进口货物卸船后经铁路运往各地，均属国内铁路货物运输的范畴。

供应中国港澳地区的物资经铁路运往香港、九龙，也属于国内铁路货物运输的范围。不过，这种运输同一般经铁路运到港口装船出口有所区别，它由内地铁路段运输和港段运输两段组成，由中国外运长航集团有限公司在各地的分支机构和香港中国旅行社联合组织。具体做法如下：首先发货人要把货物从始发站托运到深圳北站，交由设在深圳北站的分公司接货（不卸车），并由其作为各外贸企业的代理，分别向铁路局和海关办理运输业务和报关业务手续，将货物转至香港段铁路九龙站后，由香港中国旅行社卸交给香港收货人（买方）。

出口到中国澳门的货物，先将货物运至广州站再转船运至中国澳门。

三、航空运输

航空运输（Air Transport）是一种现代化的运输方式，它与海洋运输、铁路运输相比，具有运输速度快、货运质量高且不受地面条件的限制等优点。因此，它最适宜运送急需物资、鲜活商品、精密仪器和贵重物品。近年来，随着国际贸易的迅速发展以及国际货物运输技术的不断现代化，采用航空运输方式运输货物也日趋普遍。

（一）航空运输方式的种类

目前，我国的进出口商品中，进口商品采用航空运输的有计算机、成套设备中的精密部件、电子产品等；出口商品中主要有丝绸、纺织品、海产品、水果和蔬菜等。这些进出口商品，按不同需求，主要采用下列几种运输方式。

1. 班机运输

班机是指在固定时间、固定航线、固定始发站和目的站运输的飞机，通常班机运输（Airliner Transport）使用客货混合型飞机。一些规模较大的航空公司也开辟了定期全货机航班。班机因有定时、定航线、定站等特点，因此适用于运送急需物品、鲜活商品以及时令性商品。

2. 包机运输

包机运输（Chartered Carrier Transport）是指包租整架飞机或由几个发货人（或航空货运代理公司）联合包租一架飞机来运送货物。因此，包机运输又分为整机包机运输和部分包机运输两种形式，前者适用于运送数量较大的货物，后者适用于有多个发货人，但货物到达站又是同一地点的货物运输。

3. 集中托运

集中托运（Consolidation Transport）是指航空货运公司把若干单独发运的货物（每一货主货物要出具一份航空运单）组成一整批货物，用一份总运单（附分运单）整批发运到预定目的地，由航空货运公司在那里的代理人收货、报关、分拨后交给实际收货人。集中托运的运价比国际空运协会公布的班机运价低7%～10%。因此，发货人比较愿意将货物交给航空货运公司安排。

4. 航空快递

航空快递（Air Courier Service）是指具有独立法人资格的企业将进出口货物

或商品由发件人（Consignor）所在地通过自身或代理运送到收件人（Consignee）的一种快速航空运输方式。著名的国际快递公司有 DHL、FedEx、UPS 等。

（二）航空运价和运费

航空运价（Rate），又称费率，是指航空公司收取的每一重量单位（千克或磅[①]）货物从启运机场运至目的地机场的航空费用，不包括其他额外费用（如提货、仓储费等）。航空运价一般采取重量递减原则，即托运的货物越重，运价越低。空运货物是按照普通货物、指定货物和等级货物分类规定运价标准的。

航空运费（Weight Charge）是航空公司收取的某一批货物从启运机场运至目的地机场的航空运输费用。航空运费一般是按实际重量或体积重量乘以运价而计算出来的，以两者中的较高者为准。

四、公路运输、内河运输、邮包运输和管道运输

（一）公路运输

公路运输（Road Transport）是一种现代化的运输方式，是车站、港口和机场集散进出口货物的重要手段。公路运输具有机动灵活、速度快和方便等特点，尤其在实现"门到门"运输中，更离不开公路运输。但公路运输也有一定的不足之处，如载货量有限，运输成本高，造成货损事故的概率相对较高等。

公路运输在我国对外贸易运输中占有重要地位。我国同许多周边国家有公路相通，我国同这些国家的进出口货物可以经由国境公路运输。此外，我国内地同港、澳地区的部分进出口货物，也是通过公路运输的。随着我国公路建设的扩展，特别是高速公路的修建，公路运输在对外贸易中将发挥更重要的作用。

【国际贸易新视界】

数字技术在道路运输中的应用

随着数字技术的飞速发展，数字化运输技术已经深度影响了人们的工作和生活，特别是在道路货物运输领域。实时追踪、优化路线和提升安全性已经成为可能，这得益于一系列数字技术的广泛应用。

1. 实时追踪

在数字技术的推动下，实时追踪已经成为道路货物运输行业的标配。通过

[①] 1 磅 = 0.453 6 千克。

全球定位系统（Global Positioning System，GPS）和北斗卫星导航系统（Beidou Navigation Satellite System，简称 BDS），运输车辆可以被精确追踪。这些系统能够提供车辆的位置、速度和行驶路线等信息，而且时间精度非常高。

除了卫星定位系统，物联网设备也广泛应用于道路货物运输，通过车载传感器和摄像头等设备，可以实时监控货物的状态和位置。这些数据可以通过 5G 网络实时传输到调度中心，帮助驾驶员和调度员了解车辆和货物的实时情况。

2. 优化路线

在了解了车辆和货物的实时位置后，优化路线成为可能。利用人工智能的路径规划算法，可以根据实时交通信息、车辆位置和货物需求等因素，为车辆选择最优的行驶路线。这种路径规划不仅考虑了时间效率，还考虑了交通拥堵、路况质量等因素。同时，通过大数据分析，运输企业可以更好地预测货物的需求和运输状况，从而更好地调整运输计划。这不仅可以提高运输效率，还可以减少不必要的延误和拥堵。

3. 提升安全性

数字技术同样有助于提升道路货物运输的安全性。例如，通过车载摄像头和传感器，可以实时监测驾驶员的行为，如疲劳驾驶、超速驾驶等，从而提醒驾驶员注意安全驾驶。此外，通过物联网设备，可以实时监控货物的状态，如温度、湿度、光照等，以确保货物在运输过程中的安全。在遇到紧急情况时，驾驶员可以通过车载设备迅速发出求救信号，调度中心可以迅速作出响应，安排最近的救援车辆前往现场。这种快速响应能力不仅提高了救援效率，还能减少可能的损失。

（二）内河运输

内河运输（Inland Water Transport）是水上运输的重要组成部分，它是连接内陆腹地与沿海地区的纽带，在运输和集散进出口货物中起着重要的作用。

我国拥有四通八达的内河航运网，我国长江、珠江等主要河流中的一些港口已对外开放，我国同一些邻国还有国际河流相连通，这就为我国进出口货物通过河流运输和集散提供了十分有利的条件。

（三）邮包运输

邮包运输（Parcel Post Transport）是一种较简便的运输方式。各国邮政部门之间订有协定和公约，通过这些协定和公约，各国的邮件包裹可以互相传递，从而形成国际邮包运输网。由于国际邮包运输具有国际多式联运和"门到门"运输的性质，加之手续简便，费用也不高，故其成为国际贸易中普遍采用的运输方式之一。

邮包运输包括普通邮包和航空邮包两种。国际邮包运输业务对邮包的重量和体积均有限制，如每包裹重量不得超过 20 kg，长度不得超过 1 m。因此，邮包运输只适用于重量轻、体积小的货物，如精密仪器、机器零部件、药品、金银首饰、样品和其他零星物品。

（四）管道运输

管道运输（Pipeline Transport）比较特殊，它是货物在管道内借助高压气泵和压力输往目的地的一种运输方式，主要适用于运送液体货物和气体货物。

五、集装箱运输

（一）集装箱的含义

集装箱（Container）也称"货柜""货箱"，原意是一种容器，是指具有一定强度和刚度的专供周转使用并且便于机械操作和运输的大型货物容器；因其外形像一只箱子，又可集中装载成组的货物，故称其为集装箱。示例如图 6-1、图 6-2 所示。

图 6-1　集装箱

集装箱有多种类型。根据国际标准化组织的规定，集装箱的规格有三个系列 13 种之多。在国际货运上使用的主要为 20 英尺 [①] 和 40 英尺两种，即 1C 型 $8' \times 8' \times 20'$ 和 1A 型 $8' \times 8' \times 40'$。在集装箱运输中，通常以 20′ 集装箱作为标准

[①] 1 英尺 =0.304 8 米。

箱，它同时也是港口计算吞吐量和船舶大小的一个重要的度量单位，一般以 TEU（Twenty Foot Equivalent Unit）表示，意即"相当于 20 英尺箱单位"。在统计不同型号的集装箱时，应按集装箱的长度换算成 20′标准箱加以计算。

图 6-2　装箱后集装箱船

（二）集装箱运输的含义

集装箱运输（Container Transport）是指以集装箱作为运输单位进行货物运输的一种现代化的先进的运输方式，它可适用于海洋运输、铁路运输及国际多式联运等，适合于"门到门"交货的成组运输，是成组运输的高级形式，也是国际贸易运输高度发展的必然产物。目前，它已经成为国际上普遍采用的一种重要的运输方式。

（三）集装箱的装箱方式

采用集装箱运输货物时，集装箱的装箱方式有整箱货（Full Container Load, FCL）和拼箱货（Less than Container Load, LCL）之分。凡是装货量达到每个集装箱容积之 75% 的或达到每个集装箱负荷量之 95% 的即为 FCL，由货主或货代自行在工厂装箱后，以箱为单位向承运人进行托运；凡是装货量达不到上述整箱标准的，则要拼箱托运，即由货主或货代将货物从工厂送交集装箱货运站（CFS）后，运输部门按货物的性质、目的地分类整理，然后将运往同一目的地的货物拼装成整箱后再发运。

（四）集装箱的交接方式

整箱货和拼箱货的交接方式也是不同的，主要的交接方式有"场到场"（CY TO CY）和"站到站"（CFS TO CFS）。

整箱货由货方在工厂或仓库进行装箱，货物装箱后直接运交集装箱堆场（Container Yard, CY）等待装运。货到目的港（地）后，收货人可以直接从目的港（地）的集装箱堆场提货，而不用到码头去提货，此即"场到场"的方式。

拼箱货由于货量不足一整箱，所以需要由承运人在集装箱货运站（Container

Freight Station）负责将不同发货人运往同一目的港的货物拼装在一个集装箱内，货到目的港（地）后，再由承运人在货运站拆箱分拨给各个不同的收货人，即"站到站"的方式。

需要说明的是，集装箱上都事先印有固定的编号，装箱后用来封闭箱门的钢绳铅封上印有号码。集装箱号码和封印号码可以取代运输标志，显示在主要出口单据上，成为运输中的识别标志和货物特定化的记号。

六、国际多式联运

（一）含义

国际多式联运（International Multimodal Transport 或 International Combined Transport）是在集装箱的基础上产生和发展起来的一种综合性的连贯运输方式，它一般是以集装箱为媒介，把海、陆、空各种传统的单一运输方式有机地结合起来，组成一种国际间的连贯运输。《联合国国际货物多式联运公约》对国际多式联运所下的定义是：国际多式联运是指按照多式联运合同，以至少两种不同的运输方式，由多式联运经营人把货物从一国境内接运货物的地点运至另一国境内指定交付货物的地点的运输方式。

（二）特点

根据上述定义，国际多式联运具备下列特点：

（1）有一个多式联运合同，合同中明确规定多式联运经营人和托运人之间的权利、义务、责任和豁免。

（2）使用两种或两种以上不同的运输方式。

（3）使用一份包括全程的多式联运单据，并由多式联运经营人对全程运输负总体责任。

（4）全程使用单一运费费率，其中包括全程各段运费的总和、经营管理费用和合理利润。

开展国际多式联运是实现"门到门"运输的有效途径，它简化了手续，减少了中间环节，加快了货运速度，降低了运输成本，并提高了货运质量。

任务三

装运条款

在合同中正确地规定装运条款，是保证进出口合同履行的重要前提。合同的装运条款主要包括装运时间、装运港与目的港、分批装运和转运、装运通知以及滞期、速遣条款等。

一、装运时间

装运时间，又称装运期限（Time of Shipment），是卖方完成货物装运的期限。装运期限和交货期限（Time of Delivery），在象征性交货条件下意思是一致的；但在实际交货价格条件下，如目的港船上交货价 DES、目的港码头交货价 DEQ 等条件，两者的含义就不一样了，这时的装运期是指货物装出的时间，而交货期是指货物到目的港交货的时间，它们之间相差一个运输航程。

（一）规定在某月或跨月装运

即装运时间限于某一段确定时间。

例：Shipment during March 2024（2024 年 3 月装运），则卖方可在 2024 年 3 月 1 日至 3 月 31 日的任何时间装运出口。

Shipment during April /May 2024（2024 年 4/5 月份装运），则卖方可在 2024 年 4 月 1 日至 5 月 31 日的任何时间装运出口。

（二）规定在某月底或某日前装运

即在合同中规定一个最迟装运日期，在该日期前装运有效。

例：Shipment at or before the end of August 2024（在 2024 年 8 月底或以前装运），则卖方最迟不能超过 2024 年 8 月 31 日装运。

（三）规定在收到信用证后一定期限内装运

在对买方资信了解不够或为了防止买方可能因某些原因不按时履行合同的情况下，可采用此种方法规定装运时间，以保障卖方利益。

例：Shipment within 30 days after receipt of L/C，即收到信用证后 30 天内

装运。

另外，为防止买方拖延或拒绝开证而造成卖方不能及时安排生产及装运进程的被动局面，合同中一般还同时订立一个限制性条款，即规定信用证的开立或送达期限。

例如：The buyers must open the relative L/C to reach the sellers not later than August 18.

买方必须不迟于 8 月 18 日将信用证开到卖方。

（四）近期装运术语

此类术语主要有"立即装运"（Immediate Shipment）、"迅速装运"（Prompt Shipment）、"尽快装运"（Shipment as soon as Possible）等。这些近期装运术语在国际上并无统一的解释，因而为避免误解引起纠纷，除了买卖双方有一致理解外，应尽量避免使用。

【职业判断】

案例背景：

我国某进出口贸易有限公司（卖方）曾在广交会上与法国某商人（买方）按照 CIF 伦敦条件签订一项出口文具的合同。由于卖方货源充足，急于出售，当月成交时，便约定当月交货。后因卖方临时租不到船，未能按期交货，致使双方产生争议，买方遂提请在中国仲裁。结果，卖方败诉。

问题：

作为一名外贸从业人员，你认为卖方为何败诉？

分析提示：

按照 CIF 条件成交时，卖方必须自行租船并承担运费，并在约定期限内将其出售的货物装上运往目的港的船上，向买方提交有关单据，履行其交货义务。因此，卖方不能只考虑货源，同时还应考虑船源情况。本案例卖方没有充分考虑租船是否有困难，便采取当月成交、当月交货的做法，这是导致本案卖方败诉的原因。

二、装运港与目的港

装运港（Port of Shipment）是指货物起始装运的港口。目的港（Port of Destination）是指最终卸货的港口。在买卖合同中，装运港和目的港的规定方法有以下几种：

（1）在一般情况下，装运港和目的港分别规定为一个。

（2）有时按实际业务的需求，也可分别规定两个或两个以上。

（3）在磋商交易时，如明确规定装运港或目的港有困难，可以采用选择港（Optional Ports）办法。规定选择港有两种方式：一种是在两个或两个以上港口中选择一个，如 CIF 伦敦/汉堡/鹿特丹；另一种是笼统规定某一航区为装运港或目的港，如"地中海主要港口""西欧主要港口"等。

动画：
运输磋商

三、分批装运和转运

分批装运（Partial Shipment）是指一个合同项下的货物先后分若干批装运。在货量较大、资金限制或市场有所需求等情况下，可在合同中规定分批装运条款。

转运（Transhipment）是指货物自装运港运至目的港的过程中，从一种运输工具转移到另一运输工具上，或是由一种运输方式转为另一种运输方式的行为。一般来说，允许分批装运和转运，对卖方来说比较主动。关于分批装运和转运，《跟单信用证统一惯例》（UCP600）第三十一条的规定有：

a. 允许部分支款或部分发运。

b. 表明使用同一运输工具并经由同次航程运输的数套运输单据在同一次提交时，只要显示相同目的地，将不视为部分发运，即使运输单据上表明的发运日期不同或装货港、接管地或发运地点不同。如果交单由数套运输单据构成，其中最晚的一个发运日将被视为发运日。

含有一套或数套运输单据的交单，如果表明在同一种运输方式下经由数件运输工具运输，即使运输工具在同一天出发运往同一目的地，仍将被视为部分发运。

c. 含有一份以上快递收据、邮政收据或投邮证明的交单，如果单据看似由同一快递或邮政机构在同一地点和日期加盖印戳或签字并且表明同一目的地，将不视为部分发运。

四、装运通知

装运通知（Shipping Advice）是装运条款中不可缺少的一项重要内容。不论按哪种贸易术语成交，交易双方都要承担相互通知的义务。规定装运通知的目的在于明确买卖双方的责任，促使双方互相配合，共同安排好车、船、货的衔接，有利于贸易的顺利进行。

按照国际贸易的一般做法，在按 FOB 条件成交时，卖方应在约定的装运期开始以前向买方发出货物备妥通知，以便买方及时派船接货。买方接到卖方发出的备货通知后，应按约定的时间，将船名、船舶到港受载日期等通知卖方，以便卖方及时安排货物出运和准备装船。

在按 CFR 或 CPT 条件成交时，卖方应在约定时间，将合同、货物的品名、件数、重量、发票金额、船名及装船日期等项内容，电告买方，以便买方办理保险并做好接卸货物的准备，及时办理进口报关手续。

【职业道德与素养】

案例背景：

2021 年 12 月 3 日，中老铁路迎来了正式通车。该铁路联通中国昆明与老挝万象，全线 1 035 千米，使得老挝境内不到 4 千米铁路的历史改写为 400 多千米。这条高质量铁路的顺利通车是共建"一带一路"高质量发展的一个标志性工程，将对区域互联互通和发展合作产生积极带动效应。2023 年 4 月 13 日，中老铁路从昆明南站、万象站双向对开国际旅客列车，自此，昆明至万象间可实现乘火车当日通达。

从国际贸易发展角度来看，老挝境内山地与高原广布，没有出海口，是一个典型的"陆锁国"。中老铁路的开通运营将帮助老挝变"陆锁国"为"陆联国"，大大促进了中国与东南亚国家的政治、经济、文化往来，有利于推动实现中国的进一步对外开放，届时将会形成以云南为主要带动点，辐射中国其他省市，促进陆海交流的全新交通格局。通过中老铁路，可以把老挝当地优质的农产品引入，把中国国内的产品资源和产业经验输出，实现良性互动、互联互通，以更加开放的姿态，拓宽中国高质量发展的"快车道"，提升人民群众的幸福感和获得感。

中老铁路跨越山河，为沿线地区及辐射区域带来无限机遇。这种机遇体现在为区域产业链供应链不断延长、多方经贸合作不断深化、外向型经济渠道不断拓宽，等等。繁忙货运和客运，在区域间形成一条充满活力的"大动脉"，助推了大贸易、激活了大产业、赋能了大开放。近年来，中国以高标准、可持续、惠民生为目标，不断提升共建"一带一路"高质量发展水平，实现了共建国家的互利共赢，为世界经济发展开辟了新空间。

中老铁路，互利两国，与世界同频共振。新时代新征程，搭乘"复兴号""澜沧号"动车组，在这条发展路、幸福路、友谊路上往来流动，经贸互通、发展互助、文化互鉴的活力必定越来越充沛，沿线群众的生活必定会越来越美好。

问题：

作为"一带一路"高质量发展、中老友谊标志性工程的中老铁路，其开通运营有什么重大意义？

分析提示：

中老铁路的开通运营对于中老两国和共建"一带一路"国家都有着重要的意义。它不仅达成了连接两国、促进经贸往来的目的，也为共建国家的旅游、物流等行业带来了新机遇。中老铁路的不断完善和发展，将会为中老两国和共建"一带一路"国家的共同繁荣发挥越来越大的作用，为各国人民带来更多的福祉，并为世界上更多的国家和地区提供成功的示范。

任务四

海运提单及其他运输单据

一、海运提单

（一）海运提单的含义及当事人

海运提单（Bill of Lading, B/L），简称提单。《中华人民共和国海商法》（简称《海商法》）第七十一条规定：提单，是指用以证明海上货物运输合同和货物已经由承运人接收或者装船，以及承运人保证据以交付货物的单证。提单中载明的向记名人交付货物，或者按照指示人的指示交付货物，或者向提单持有人交付货物的条款，构成承运人据以交付货物的保证。提单所涉及的当事人主要有承运人、托运人、收货人等。其中，承运人通常是与托运人签订运输合同、承担运输任务的航运公司，托运人是送交所运送货物的人，收货人是有权提货的人。

（二）海运提单的性质和作用

1. 提单是承运人出具的货物收据（Receipt for Goods）

提单的签发，意味着承运人已按提单上所列内容收到托运的货物。提单上通常记载着货物的标志、包装、件数、重量，以及对其外表状况等的描述，构成承运人按此接收货物的初步证据，即收货人在目的港若发现货物与提单所描述的货物状况不同，承运人就要承担相应的赔偿责任。

2. 提单是物权凭证（Document of Title）

承运人或其代理人在目的港必须向提单持有人交付货物。收货人在目的港提取货物时，必须提交正本提单。即便是真正的收货人，如果不能提交正本提单，承运人也可以拒绝向其交货。因此，提单是一批货物所有权的凭证，货物的所有权随着提单的转移而转移。

3. 提单是海上运输合同的证明（Evidence of the Contract）

提单只是运输合同存在的证明，其本身并不是运输合同。因为构成运输合同的主要项目，如船名、航期、航线，以及其他的有关货运条件都是事先公布的，也是众所周知的；运价和运输条件也是承运人预先规定的；提单条款仅仅是承运人单方面制定的，在提单上也只有承运人单方面的签字。因此，从《民法典》的基本原理来看，它不具备合同成立的基本条件。另外，提单的签发是在合同成立之后，它只是在履行合同的过程中出现的一种证据，而合同实际上在托运人向承运人或其代理人租船订舱、办理托运手续时就已成立。

（三）海运提单的种类

海运提单可以从各种不同角度予以分类，主要有以下几种：

1. 根据货物是否已装船，分为已装船提单和备运提单

已装船提单（on Board B/L，Shipped B/L）是指轮船公司已将货物装上指定船舶后所签发的提单，其特点是提单上必须以文字表明货物已经装在某船上，并载有装船日期，同时还应由船长或其代理人签字。

备运提单（Received for Shipment B/L）又称收妥待运提单，是指船公司已收到托运货物等待装运期间所签发的提单。

2. 根据提单上有无对货物外表状况的不良批注，分为清洁提单和不清洁提单

清洁提单（Clean B/L）是指货物在装船时表面状况良好，船公司在提单上未加注任何有关货物受损或包装不良等批注的提单。

不清洁提单（Unclean B/L）是指轮船公司在提单上对货物表面状况或包装不良或存在缺陷等批注的提单。例如，提单上批注"×× 件损坏"（Packages in Damaged Condition），"铁条松散"（Ironstrap Loose or Missing）等。

3. 根据提单收货人抬头的不同，可分为记名提单、不记名提单和指示提单

记名提单（Straight B/L）是指提单上的收货人栏内填明特定收货人名称，只能由该特定收货人提货，由于这种提单不能通过背书方式转让给第三方，不能流通，故其在国际贸易中很少使用。

不记名提单（Bearer B/L）是指提单收货人栏内没有指明任何收货人，谁持有提单，谁就可以提货，承运人交货，只凭单，不凭人，采用这种提单风险大，故其在国际贸易中很少使用。

指示提单（Order B/L）是指提单上的收货人栏填写"凭指定"（to Order）或"凭某人指定"（to Order of）字样。这种提单可经过背书转让，故其在国际贸易中广为使用。目前在实际业务中，使用最多的是"凭指定"并经空白背书的提单，习惯上称其为"空白抬头、空白背书提单"。

4. 根据运输方式分类，可分为直达提单、转船提单和联运提单

直达提单（Direct B/L）是指轮船中途不经过换船而直接驶往目的港卸货所签发的提单，凡是合同和信用证规定不准转船者，必须使用这种直达提单。

转船提单（Transhipment B/L）是指从装运港出发的轮船，不直接驶往目的港，而需要在中途港换装另外船舶所签发的提单。在这种提单上要注明"转船"或"在××港转船"字样。

联运提单（Through B/L）是指经过海运和其他运输方式联合运输时，由第一程承运人所签发的包括全程运输的提单。它如同转船提单一样，货物在中途转换运输工具和进行交接，由第一程承运人或其代理人向下一程承运人办理。应当指出，联运提单虽包括全程运输，但签发联运提单的承运人一般都在提单中规定，只承担他负责运输的一段航程内的货损责任。

5. 根据船舶营运方式的不同，可分为班轮提单和租船提单

班轮提单（Liner B/L）是指由班轮公司承运货物后所签发给托运人的提单。

租船提单（Charter Party B/L）是指承运人根据租船合同而签发的提单。在这种提单上注明"一切条件、条款和免责事项按照某年某月某日的租船合同"或批注"根据××租船合同出立"字样。这种提单受租船合同条款的约束。银行或买方在接受这种提单时，通常要求卖方提供租船合同的副本。

6. 集装箱提单

集装箱提单是指以集装箱装运货物所签发的提单。集装箱提单（Container B/L）有两种形式：一种是在普通的海运提单上加注"用集装箱装运"（Containerized）字样；另一种是使用"多式联运提单"（Combined Transport B/L），这种提单的内容增加了集装箱号码（Container Number）和封号（Seal Number）。使用多式联运提单，应在信用证上注明多式联运提单可以接受（Combined Transport B/L Acceptable）或类似的条款。

7. 根据提单内容的繁简，可分为全式提单和略式提单

全式提单（Long Form B/L）是指提单背面列有承运人和托运人权利、义务的详细条款的提单。

略式提单（Short Form B/L）是指提单背面无条款，而只列出提单正面的必须记载事项。这种提单一般都列有"本提单货物的收受、保管、运输和运费等项，均按本公司全式提单上的条款办理"字样。此外，租船合同项下所签发的提单，通常也是略式提单，在这种略式提单上应注明：所有条件根据×年×月×日签订的租船合同。

8. 根据提单使用的有效成分，可分为正本提单和副本提单

正本提单（Original B/L）是指提单上有承运人、船长或其代理人签发盖章并注明签发日期的提单。这种提单在法律上和商业上都是公认有效的单证。提单上

必须要标明"正本"（Original）字样，以示与副本提单有别。

副本提单（Copy B/L）是指提单上没有承运人、船长或其代理人签字盖章，而仅供工作上参考之用的提单，在副本提单上一般都以"Copy"或"Non negotiable"（不做流通转让）字样，以示与正本提单有别。

9. 其他种类提单

舱面提单（on Deck B/L）是指承运货物装在船舶甲板上所签发的提单，故又称甲板货提单。由于货物装在甲板上风险较大，故托运人一般都向保险公司加保甲板险。

过期提单（Stale B/L）是指卖方超过提单签发日期后 21 天才交到银行议付的提单。按惯例，如信用证无特殊规定，银行将拒绝接受这种过期提单。

倒签提单（Anti-dated B/L），是指承运人应托运人要求，使提单签发日期早于实际装船日期的提单。这主要是为了使提单符合信用证对装运日期的规定，以顺利结汇。

预借提单（Advanced B/L），是指在信用证规定的装运日期和议付日期已到，而货物却未及时装船的情况下，托运人出具保函，让承运人签发已装船提单，这就属于预借提单。

需要注意的是，倒签提单和预借提单的取得均须托运人提供担保函才能获得，它们的提单日期都不是实际的装船日期，应尽量减少或杜绝使用。英、美、法等国家对保函不承认，亚欧一些国家认为只要未损害第三方利益，便不属违法，但应严加控制。

二、铁路运单

铁路运单（Railway Bill B/L）是铁路承运人收到货物后所签发的铁路运输单据。我国对外贸易铁路运输按营运方式不同，分为国际铁路联运和国内铁路运输两种方式。前者使用国际货协运单，后者使用承运货物收据。通过铁路对中国香港和中国澳门出口的货物，使用承运货物收据这种特定性质和格式的单据。

（1）国际货协运单（International Cargo Agreement Transportation）使用正副本方式。国际货协运单正本随同货物从始发站到终点站交给收货人，作为铁路向收货人交付货物的凭证。国际货协运单副本在发货站加盖承运期戳记，成为货物已被承运的证明，发货人凭此向银行要求结汇。国际货协运单不能转让。

（2）承运货物收据（Cargo Receipt）是在特定运输方式下所使用的一种运输单据，它既是承运人出具的货物收据，也是承运人与托运人签订的运输契约。我国内地通过铁路运往港澳地区的出口货物，一般多委托中国外运长航集团有限公司承办。当出口货物装车发运后，中国外运长航集团有限公司即签发一份承运货物收据给托运人，以作为对外办理结汇的凭证。

三、航空运单

航空运单（Air Waybill）是承运人与托运人之间签订的运输契约，也是承运人或其代理人签发的货物收据。航空运单还可作为承运人核收运费的依据和海关查验放行的基本单据。但航空运单不是代表货物所有权的凭证，也不能通过背书转让。收货人提货不是凭航空运单，而是凭航空公司的提货通知单。在航空运单的收货人栏内，必须详细填写收货人的全称和地址，而不能做成指示性抬头。

航空运单的份数共有正本一式三份：第一份正本注明"Original-for the Shipper"应交托运人；第二份正本注明"Original-for the Issuing Carrier"，由航空公司留存；第三份正本注明"Original-for the Consignee"，由航空公司随机代交收货人；其余副本则分别注明"For Airport of Destination""Delivery Receipt""For Second Carrier""Extra Copy"等，由航空公司按规定和需求进行分发。

每份航空运单有三份正本和至少六份以上的副本。正本的背面印有承运条款，其用途即为航空运单的主要作用：第一份交给发货人，是承运人或其代理收到货物后出具的收据；第二份是由承运人留存作为记账凭证；第三份是随货同行，交给收货人作为核收货物的依据。

四、邮包收据

邮包收据（Parcel Post Receipt）是邮包运输的主要单据，它既是邮局收到寄件人的邮包后所签发的凭证，也是收件人凭以提取邮件的凭证，当邮包发生损坏或丢失时，它还可凭此向邮政局作为索赔和理赔的依据。但邮包收据不是物权凭证。

五、多式联运单据

多式联运单据（Multimodal Transportation Documents）是指多式联运经营人在收到货物后签发给托运人的单据。按照国际商会《联合运输单证统一规则》的规定，多式联运经营人负责货物的全程运输。

多式联运单据与联运提单在形式上有相同之处，但在性质上不同：

第一，提单的签发人不同。多式联运单据由多式联运经营人签发，而且可以是完全不掌握运输工具的"无船承运人"，全程运输均安排各分承运人负责。联运提单由承运人或其代理人签发。

第二，签发人的责任不同。多式联运单据的签发人对全程运输负责。而联运提单的签发人仅对第一程运输负责。

第三，运输方式不同。多式联运单据的运输既可用于海运与其他方式的联运，也可用于不包括海运的其他运输方式的联运。联运提单的运输限于海运与其他运输方式的联合运输。

第四，已装船证明不同。多式联运单据可以不表明货物已装船，也无须载明具体的运输工具。联运提单必须是已装船提单。

【国际贸易与中国经济】

中国铁路货运物流五大发展阶段

我国铁路货运物流发展大致经历了专业运输探索发展、物流体系顶层设计、货运改革重点突破、多式联运创新发展、货运物流高质量发展五大阶段。

1. 探索发展阶段

2003—2010 年货运物流处于专业运输探索发展阶段。2003 年 3 月，国家发改委批复《全国铁路集装箱中心站总体规划方案》，指出铁路集装箱中心站应具有综合物流和多式联运的各项功能。2003 年 12 月，原铁道部（现国家铁路局）正式组建中铁集装箱运输有限责任公司、中铁特货运输有限责任公司、中铁快运股份有限公司，这标志着铁路运输管理体制改革开始了新的探索。此后，三大专业运输公司开行了一批具有典型物流运作特色的商品车运输班列、行包行邮专列、集装箱班列。但该阶段并未形成自上而下、具有全局指导性的铁路货运物流发展实施方案，"以客户为中心"的服务理念尚未形成。

2. 顶层设计阶段

2011—2013 年开启物流体系顶层设计阶段。2011 年，国家铁路局制定并发布了《铁路"十二五"物流发展规划》，这是铁路系统出台的第一份有关铁路物流发展的政策性文件。此后，铁路系统加快转变运输发展方式，提出以实现传统运输业向现代物流业转型为重点，延伸服务链条、推进多元化经营的发展思路。按照相关规划文件，铁路部门在开发货运新产品的同时，推动铁路货场向铁路物流中心转型升级。

3. 重点突破阶段

2013—2016 年是货运改革重点突破阶段。2013 年 3 月，铁路系统实施政企分开改革，铁路改革迈出历史性的关键一步。原中国铁路总公司（现中国国家铁路集团有限公司）展开了大刀阔斧的货运组织改革，发布《关于进一步推进货运组织改革意见》，优化调整三大专业运输公司的职能。为进一步降低物流成本、提高物流效率，2015 年铁路系统逐步与公路运输企业合作开展末端配送、探索研究高铁快运组织模式、面向货运物流市场开展系统性调研、规划建设 33 个一级铁路物流基地以及 175 个二级铁路物流基地等，铁路现代物流服务体系正逐步建立。

4. 创新发展阶段

2017—2020 年步入多式联运创新发展阶段。2017 年，铁路系统制定《2018—2020 年货运增量行动方案》。该方案实施后，铁路货运量占全社会货运量比重由 2016 年的 7.7% 提高到 2020 年的 9.9%；中欧班列成为"一带一路"建设的标志性成果，货运量从 2017 年的 31.8 万标准箱增长到 2020 年的 113.5 万标准箱，年均增长 53%，重箱率提高到 98.4%，回程占比提高到 76%。此外，35 吨敞顶箱、罐箱、干散货箱、冷藏箱等新装备不断研发，极大地推动了铁路集装箱运输以及多式联运创新发展。然而，这一阶段铁路货运系统仍然以煤炭、矿石等大宗货物为核心服务对象，在高附加值货物市场开发与经营方面发展整体滞后。

5. 高质量发展阶段

2021 年至今，我国铁路货运正式踏上高质量发展新阶段。党的二十大发出了向实现第二个百年奋斗目标进军的号令，要扎实推进中国式现代化，着力推动高质量发展。铁路系统的中心任务是推动铁路高质量发展，率先实现铁路现代化，勇当服务和支撑中国式现代化建设的"火车头"。为满足新发展格局下"小、快、精、准"的国内与国际双向物流市场需求为导向，铁路系统将瞄准快捷物流与多式联运，着力加快提升铁路货运能力，推进货运物流一体化发展，完善经营服务网络，创新设备技术应用和物流经营改革创新，从而实现铁路高质量发展。

（资料来源：《物流时代周刊》，2023 年）

知识与技能训练

一、单项选择题

1. 班轮运费（　　）。

    A. 包括装卸费，计算滞期费、速遣费

    B. 包括装卸费，不计滞期费、速遣费

    C. 不包括装卸费，仅计滞期费、速遣费

    D. 包括装船费，不包括卸货费

2. 已装船提单的签发日期是（　　）。

    A. 开始装船的日期　　　　　　　　B. 装船完毕的日期

    C. 船舶开航的日期　　　　　　　　D. 装船开始至装船完毕的任何一天

3. 必须经过背书才能转让的提单是（　　）。

    A. 记名提单　　　　　　　　　　　B. 不记名提单

    C. 指示提单　　　　　　　　　　　D. 副本提单

4. 以下选项中,（　　）是物权凭证。

    A. 海运提单　　　　　　　　　　　B. 铁路运单

    C. 航空运单　　　　　　　　　　　D. 多式联运单据

5. 在进出口业务中，能够作为物权凭证的运输单据是（　　）。

    A. 铁路运单　　　　　　　　　　　B. 航空运单

    C. 海运提单　　　　　　　　　　　D. 邮包运单

二、多项选择题

1. 银行议付时接受（　　　　）。

    A. Clean B/L　　　　　　　　　　B. Stale B/L

    C. Order B/L　　　　　　　　　　D. Receive for shipment B/L

2. 定期租船下，租船人应负担（　　）。

    A. 船员工资　　　　　　　　　　　B. 港口费

    C. 装卸费　　　　　　　　　　　　D. 船员伙食

3. 分批装运产生的原因是（　　　　　）。

    A. 运输工具限制
          B. 班轮无直达船

    C. 市场有所需求
          D. 目的地无合适的船

4. 采用集装箱运输货物时，集装箱的装箱方式有（　　　　　）。

    A. 整箱货
          B. 拼箱货

    C. 拆箱货
          D. 散装货

5. 根据提单收货人抬头的不同，可分为（　　　　　）。

    A. 清洁提单
          B. 记名提单

    C. 指示提单
          D. 不记名提单

三、判断题

1. 海运提单、铁路运单和航空运单都属物权凭证，均可通过背书进行转让。（　　　）

2. 根据《跟单信用证统一惯例》（UCP600），信用证未明确禁止的货物，可允许部分发运和转运。（　　　）

3. 海运提单是托运人与承运人订立的运输合同，双方责任以提单背面条款为准。（　　　）

4. 国际铁路货物联运的提单副本可以作为发货人据以结算货款的凭证。（　　　）

5. 一般情况下，提单的签发日期应晚于保险单日期，或至少和保险单同一天签发。（　　　）

一、调查研究

调查当地国际货运物流企业

1. 总体要求

请紧紧围绕党的二十大报告中关于"一带一路""产业链供应链""交通强国""绿色转型""产业链供应链安全"等方面的论述，对当地国际货运物流企业开展关于数字化和智能化、供应链协同和整合、绿色可持续发展、跨境电商和全球化零售配送、区块链技术应用等方面的调查研究，并形成一篇调研报告。

2. 具体要求

（1）充分准备。成立调查研究小组，教师带队，确定调查对象、地点和时间，拟定调查提纲和问卷，采用现场实地调研、文献查阅、人物访谈等多种调查研究方法，利用微信、QQ等沟通工具辅助调研。

（2）明确目标。围绕探究企业如何实现数字化和智能化、供应链协同和整合、绿色可持续发展、跨境电商和全球化零售配送、区块链技术应用等方面的调研目标开展。

（3）内容充实。调查内容要深入全面，立意要高，及时总结有价值的经验，加以推广应用。

二、综合实训

分析货运物流企业的信息化水平对成本的影响

1. 实训目标

通过实训，使学生了解当地国际货运物流企业的科技创新程度并分析其对成本的影响，理解加快发展新质生产力的重要意义。

2. 实训资料

当地国际货运物流企业调研的具体数据、各类文献资料、网络查阅的数据等。

3. 实训要求

（1）教师介绍调研主题相关内容。

（2）学生利用调研数据进行科学分析研究。

（3）学生展示结果。

（4）教师讲解。

4. 实训指导

（1）向学生讲解新质生产力概念以及其与传统生产力不同之处。

（2）根据调研结果分析企业信息化水平对成本影响。

（3）找出影响成本最大的信息化技术模块。

（4）探讨企业应如何加强成本管理。

5. 实训评价

教师对各组完成情况进行点评并作出综合评价，填入表 6-4。

表 6-4 实训综合评价表

考评人		被考评人	
考评地点			
考评内容	信息化程度对成本的影响	分值	实际得分
	在规定时间内完成	10	
	各信息化模块分析情况	65	
	总结阐述较为清晰	25	
	合计	100	

项目七

国际货物
运输保险

学习目标

// 素养目标 //

- 提升对我国国际货物运输保险事业发展的责任感和使命感
- 树立海洋国土意识，依法维护海洋权益，践行加快建设海洋强国的使命担当

// 知识目标 //

- 掌握国际货物运输的保险分类、损失分类和相关费用划分
- 掌握海上货物运输保险的主要条款和险别
- 掌握陆上货物运输保险、航空货物运输保险以及邮包货物运输保险的特点

// 技能目标 //

- 能够识别保险险别、共同海损和单独海损
- 能够计算国际货物运输保险费
- 能够完成国际货运投保、索赔和理赔

思维导图

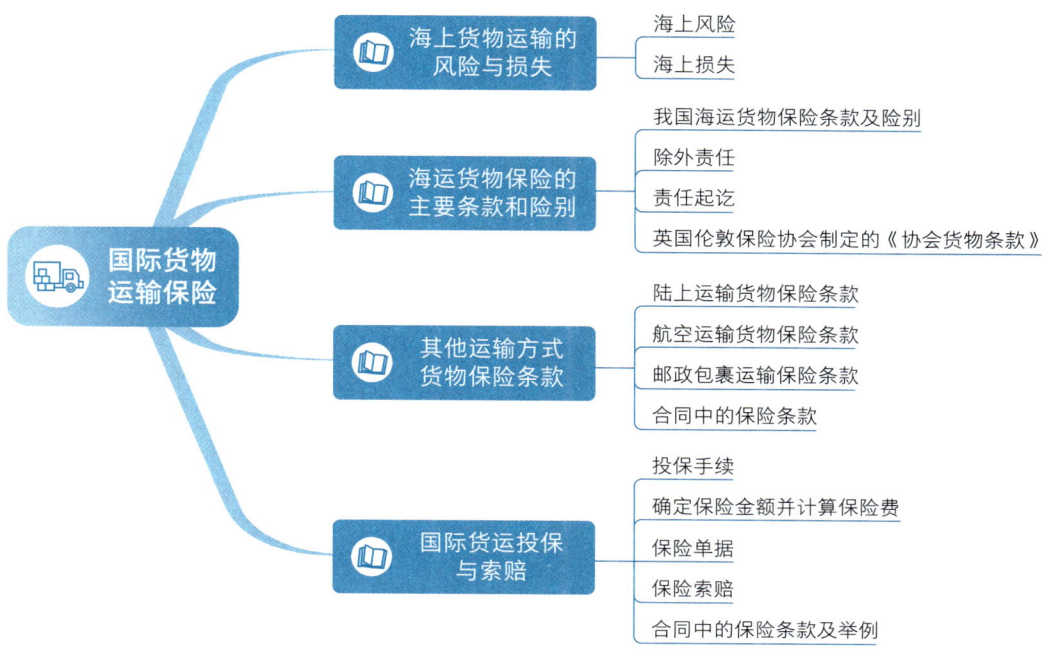

国际货物运输保险

- 海上货物运输的风险与损失
  - 海上风险
  - 海上损失
- 海运货物保险的主要条款和险别
  - 我国海运货物保险条款及险别
  - 除外责任
  - 责任起讫
  - 英国伦敦保险协会制定的《协会货物条款》
- 其他运输方式货物保险条款
  - 陆上运输货物保险条款
  - 航空运输货物保险条款
  - 邮政包裹运输保险条款
  - 合同中的保险条款
- 国际货运投保与索赔
  - 投保手续
  - 确定保险金额并计算保险费
  - 保险单据
  - 保险索赔
  - 合同中的保险条款及举例

学习计划

● 素养提升计划

_____

_____

_____

● 知识学习计划

_____

_____

_____

● 技能训练计划

_____

_____

_____

任务一
海上货物运输的风险与损失

引 例

出口信用保险助推出口贸易发展

2023 年 4 月,《国务院办公厅关于推动外贸稳规模优结构的意见》正式发布,该意见对出口信用保险提出更高的要求。出口信用保险作为我国的政策性保险,主要承保买方国家的信用风险以及买方所在国家的政治风险。我国企业在开拓海外市场时面临着经验不足、对自身需求和市场情况了解不足等问题。从 2017 年至 2021 年,中国信用保险业务的承保金额逐年递增,增幅达到 58.25%,2023 年,中国出口信用保险公司为外贸新业态承保金额近 195.6 亿美元,为服务贸易承保金额近 84.7 亿美元。在世界经济局势风云变幻的当下,我国的保险行业为我国企业参与"一带一路"建设打下了坚实的基础,也为企业更好地"走出去"免去后顾之忧。

【问题】

出口信用保险在企业出口贸易中有何作用?

【分析提示】

第一,出口信用保险为企业的海外经营提供了一条可靠有效的风险转移渠道。第二,在提高企业的风险管理意识方面,保险行业具有天然的优势。第三,出口信用保险提供的信用保障,可以为企业提供资信支持,解决中小型外贸企业融资困难等问题。

微课:
海运货物的风险
与损失

一、海上风险

(一)海上风险的概念与分类

海上风险(Perils of the Sea)又称为海难,是指船舶或货物在海上运输过程中所遇到的自然灾害和意外事故。在现代海上保险业务中,保险人所承担的海上风险是有特定范围的。一方面，它并不包括一切在海上发生的风险；另一方面，它又不局限于航海中所发生的风险。海上风险具体可以分为自然灾害和意外事故两种。

1. 自然灾害（Natural Calamities）

自然灾害是指不以人的意志为转移的自然界的力量所引起的灾害。它是客观存在的，人力不可抗拒的灾害事故，是承保人承保的主要风险。但在海运保险业中，自然灾害并不是泛指一切由于自然力量造成的灾害，而是仅指以下人力不可抗拒的自然力量造成的灾害：

（1）恶劣气候（Heavy Weather）。又称暴风雨（Wing Storm），是指由海上发生的飓风、大浪引起船只颠覆和倾斜造成船体机械设备的损坏或者因此引起的船上所载货物相互折压碰撞而导致的破碎、泄漏、凹瘪等损失。

（2）雷电（Lightning）。雷电常在积雨云层中产生，若云层之间、云层和地面之间电位差增大到一定程度，就会发生猛烈的放电现象，这就是云层之间以及云层和空气之间的放电，它一般不会危及人的生命和财产，而云层和地面之间的放电，往往会危及生命和财产并造成损失。

（3）地震（Earthquake）。地震是指由于地壳发生急剧的自然变化，使地面发生因震动、坍塌、地陷、地裂等造成的保险货物的损失。

（4）海啸（Tsunami）。海啸是指由于海底地壳发生变异，有的地方下陷，有的地方升高引起剧烈震荡而产生巨大波浪，致使保险货物遭受损害或灭失。

（5）火山爆发（Volcanic Eruption）。火山爆发是指由于火山爆发产生的地震以及喷发出的火山岩灰造成的保险货物的损失。

（6）洪水（Flood）。洪水是指因江河泛滥、山洪暴发、湖水上岸及倒灌或暴雨等致使保险货物遭受的泡损、淹没、冲散等损失。

（7）浪击落海（Washing Overboard）。浪击落海是指存放在舱面上的货物在运输过程中受海浪的剧烈冲击而落海造成的损失。我国现行海运货物保险条款的基本险条款不保此项风险，但此项风险可以通过附加投保舱面险而获得保障。

2. 意外事故（Fortuitous Accidents）

意外事故一般是指人或物体遭受外来灾害的非意料之中的事故。但意外事故并不是泛指海上所有的意外事故，而是仅指运输工具遭遇的以下风险。

（1）搁浅（Stranding）。搁浅是指船舶在航行中，由于意外或异常的原因，船底与水下障碍物紧密接触牢牢地被搁住，并且持续一定时间失去进退自由的状态。

（2）触礁（Grounded）。触礁是指船舶在航行中触及海中岩礁或其他障碍物如木桩、渔栅等造成的一种意外事故。

（3）沉没（Wreck）。沉没是指船舶因海水浸入失去浮力，船体全部沉入水中，无法继续航行的状态，或虽未造成船体全部沉没，但是大大超过船舶规定的吃水标准，使应浮于水面的部分浸入水中无法继续航行，由此造成的保险货物损失属沉没责任。如果船体只有部分浸入水中而仍能航行，则不能视为船舶沉没。

（4）碰撞（Collision）。碰撞是指载货船舶同水以外的外界物体（如码头、船舶、灯塔、流冰等）发生猛力接触，由此造成的船上货物的损失。若发生碰撞的是两艘船舶，则碰撞不仅会带来船体及船上货物的损失，而且会产生碰撞责任损失，碰撞是船舶在海上航行中的一项主要风险。

（5）倾覆（Capsized）。倾覆是指船舶在航行中遭受自然灾害或意外事故导致船体翻倒或倾斜，失去正常状态，非经施救不能继续航行，由此造成保险货物的损失。

（6）火灾（Fire）。火灾是指由于意外、偶然发生的燃烧失去控制，蔓延扩大而造成的船舶和货物的损失。海上货物运输保险不论是直接被火烧毁、烧焦、烧裂，或者间接被火熏黑、灼热或为救火而致的损失，均属火灾风险。

（7）爆炸（Explosion）。爆炸是指物体内部发生急剧的分解或燃烧，迸发出大量的气体和热力，致使物体本身及其周围的其他物体遭受猛烈破坏的现象。

（二）外来风险

外来风险（Extraneous Risks）是指由于自然灾害和意外事故以外的其他外来原因造成的风险，但不包括货物的自然损耗和本质缺陷。外来风险可分为一般外来风险和特殊外来风险两种：

1. 一般外来风险

海上货运保险业务中承保的一般外来风险主要有：偷窃、提货不着；渗漏；短量；碰损破碎；钩损；淡水雨淋；生锈；混杂玷污；受潮受热；串味；包装破裂等。

2. 特殊外来风险

特殊外来风险是指因战争、冲突或一国的军事、政治、国家政策法律，以及行政措施等的变化所造成的全部损失或部分损失。包括战争、罢工、交货不到、进口关税、拒收等。

二、海上损失

海上损失按损失的程度不同可分为全部损失与部分损失。

（一）全部损失

全部损失（Total Loss）简称"全损"，包括实际全损和推定全损。

1. 实际全损（Actual Total Loss）

实际全损是指货物完全灭失或变质而失去原有用途，即货物完全损失已发生或者不可避免，也称为绝对全损。实际全损有下列四种情况：

第一，被保险货物完全灭失。如船只遇海难后沉没，货物同时沉入海底。

第二，被保险货物遭受严重损害，已丧失了原有的用途和价值。如水泥遭海水浸泡后变成水泥硬块，无法使用；茶叶被海水浸泡后，丧失了茶叶的香味，无法再食用。

第三，被保险人对被保险货物的所有权已无可挽回地被完全剥夺。如船、货被海盗劫去或被敌对国扣押。

第四，载货船舶失踪达到一定时期仍无音讯。

【职业判断】

被保险货物用驳船运离海轮的途中，其中一艘驳船遇险沉没，则此驳船上货物的损失属于全损吗？

分析提示：

被保险货物用驳船运离或运往海轮的，每艘驳船装运的货物可视为一整批货物。

2. 推定全损（Constructive Total Loss）

推定全损又称商业全损，是指被保险货物在海上运输途中遭遇到承保风险之后，虽然尚未达到完全灭失的状态，但是可以预见到它的全损将不可避免；或者为了避免全损，需要支付的抢救、修理费用加上继续将货物运抵目的地的费用之和，将超过货物的保险价值或超过货物到达目的地时的价值，在这种情况下，被保险人可以推定货物发生了全部损失。

推定全损主要有以下四种情况：

第一，被保险货物遭受严重损害，完全灭失已不可避免，或者为了避免实际全损需要施救等所花费用，将超过获救后被保险货物的价值。

第二，被保险货物受损害后，修理费用预计要超过货物修复后的价值。

第三，被保险货物遭受严重损害之后，整理和续运到目的地的运费超过了残存货物到达目的地的价值。

第四，被保险货物遭受责任范围内的事故，使被保险人失去被保险货物所有权，而收回这一所有权，其所需费用将超过收回被保险货物的价值。

实际全损和推定全损虽然都各为全损，但两者是有区别的。被保险货物遭受实际全损时，被保险货物确定已经或不可避免地完全丧失，被保险人自然可以向保险人要求全部赔偿，而不需要办理委付手续；在被保险货物遭受推定全损时，被保险货物并未完全丧失，是可以修复或者可以收回的，只是支出的费用将超过被保险货物的价值或者收回希望很小。因此，被保险人可以向保险人办理委付，要求保险人按全部损失赔偿，也可以不办理委付，由保险人按部分损失进行赔偿。

（二）部分损失

部分损失（Partial Loss）是指被保险货物没有达到全部损失的程度，包括共同海损与单独海损。

1. 共同海损（General Average, GA）

共同海损是指载货船舶在海运途中遇到危难，船长为了维护船舶和所有货物的共同安全或使航程得以继续完成，而采取的有意并且合理的行为，所产生的某些特殊牺牲或支出的特殊费用。

构成共同海损必须具备以下条件：一是船方在采取措施时，必须确有危及船、货共同安全的危险存在而不是臆测的，或者是不可避免地发生的；二是船方所采取的措施，必须是为了解除船、货的共同危险，是有意识而且是合理的，其费用支出是额外的；三是必须是属于非常情况下的损失。

根据惯例，共同海损的牺牲和费用，应由受益方，即船方、货方和运费方按最后获救的价值多少，按比例分摊。这种分摊称为共同海损分摊（General Average Contribution）。

2. 单独海损（Particular Average）

单独海损是指除共同海损以外的，由海上风险直接导致的船舶或货物的部分损失。这种损失只属于特定利益方，而不属于所有其他的货主或船方，由受损方单独承担。例如，在运输过程中，有茶叶、机器设备、钢材三种货物，途中遇到暴风雨，部分海水进入船舱，海水浸泡了部分茶叶，茶叶的损失只是使一家货主的利益受到影响，与同船所装的其他货物的货主和船东利益无关，因而属于单独海损。

共同海损与单独海损都属于部分损失，两者的主要区别为：

损失的构成不同。单独海损一般是指货物本身的损失，不包括费用损失，而共同损失既包括货物损失，又包括因采取共同海损行为而引起的费用损失。

造成损失的原因不同。单独海损是海上风险直接导致的货物损失，而共同海损是为了减轻船、货、运费三方共同危险而人为造成的损失。

损失的承担者不同。单独海损由受损方自行承担损失，而共同海损则由船、货、运费三方按获救财产价值大小的比例分别承担。

保险公司也对为减少货物的实际损失而支付的费用负责赔偿，它分为施救费用和救助费用。

【职业判断】

案例背景：

某载货船舶在航行途中突然触礁，致使部分货物遭到损失，船体个别部位出现裂缝，急需补漏。为了船、货的共同安全，船长决定修船。为此，将部分货物卸到岸上并存仓，卸货过程中部分货物受损。事后统计这次事件造成的损失有：（1）部分货物因船触礁而造成的损失；（2）卸货费用、存仓费用以及货物损失。

问题：

上述各项损失属于什么海损？

分析提示：

从共同海损和单独海损的定义来分析，（1）属于单独海损；（2）属于共同海损。

海运货物保险的主要条款和险别

一、我国海运货物保险条款及险别

中国人民财产保险股份有限公司（简称"人保"）参照国际保险市场的一般习惯做法，并结合我国实际情况，自行制定了各种保险条款，总称为"中国保险条款"（China Insurance Clause，CIC）。我国现行的《海洋运输货物保险条款》是由中国人民财产保险股份有限公司于 2018 年修订实施的。

海运货物保险险别分为基本险和附加险两类。基本险又称主险，是可以独立投保的险别，包括平安险、水渍险和一切险；附加险是对基本险的补充和扩展，它不能单独投保，只能在投保了基本险的基础上加保，包括一般附加险和特殊附加险。

（一）基本险

1. 平安险

平安险（Free From Particular Average, FPA）是我国保险业的习惯叫法，英文原意是"单独海损不赔"。平安险承诺以下八项责任：

第一，被保险货物在运输途中由于恶劣气候、雷电、海啸、地震等自然灾害造成整批货物的全部损失或推定全损。这一项责任是指在平安险下，保险人承担由列明的海上自然灾害造成的保险货物的全部损失（包括推定全损），也就是说，如果列明的因自然灾害造成的损失是部分损失，保险公司在平安险项下不承担赔偿责任。

第二，由于运输工具造成搁浅、触礁、沉没、互撞与流冰或其他物体碰撞以及失火，爆炸意外事故造成货物的全部损失或部分损失。这一项责任是指在平安险项下，保险人承担运输工具在海上载货运输过程中发生的由列明的海上意外事故造成船上货物的全部损失和部分损失。

第三，在运输工具已经发生搁浅、触礁、沉没、焚毁意外事故的情况下，货物在此前后又在海上遭受恶劣气候、雷电、海啸等自然灾害造成的部分损失。这一项责任是指在平安险项下，保险人在有限制条件的情况下，也承担由列明的海上自然灾害造成货物的部分损失，这个限制条件就是船舶在海上航行途中发生了保单上列明的海上意外事故。

第四，在装卸或转运时由于一件或数件整件货物落海造成的全部损失或部分损失。这一项责任是指在平安险项下，保险人承担货物在装卸或转运时由于吊索造成的损失，即吊索损害。

第五，被保险人对遭受承担责任范围内危险的货物采取抢救措施，防止或减少因货物损失而支付的合理费用，但以不超过该批被救货物的保险金额为限。这一项责任是指在平安险项下，承担被保险人或其代理人、受雇佣人为减少保险标的的损失而合理支出的施救费用。

第六，运输工具遭遇海难后，在避难港由于卸货所引起的损失，以及在中途港和避难港，由于卸货、存仓，以及运送货物所产生的特别费用。这一项责任是指在平安险项下，承担货物在避难港卸货引起的直接损失。如由于卸货引起的吊索损害，由于卸货引起的一系列损失及特别费用损失。在这一项下，保险人承担的责任很大，但它的前提是载货船舶遭遇海难。

第七，共同海损的牺牲，分摊和救助费用。这一项责任是指保险人在平安险项下不仅承担遭受共同海损牺牲的货物损失的赔偿责任，而且承担共同海损分摊以及救助费用损失。

第八，运输契约订有"船舶互撞"条款，根据该条款规定，由货方偿还船方的损失。

2. 水渍险

水渍险（With Particular Average, WPA）或（With Average, WA）是我国保险业的习惯叫法，英文原意是"负责单独海损"。水渍险承保的责任范围是：

第一，平安险承担的全部责任。

第二，被保险货物由于恶劣气候、雷电、海啸、地震、洪水等自然灾害所造成的部分损失。这一项责任是指在水渍险项下，保险人承担单纯由于保单上列明的海上自然灾害所造成的货物部分损失。

3. 一切险

一切险（All Risks）的承保范围是：

第一，水渍险承保的全部责任一切险均给予承保。

第二，一切险负责被保险货物在运输途中，由于一般外来风险所致的全部损失或部分损失。

一切险的承保责任范围是各种基本险中最广泛的一种，因此比较适用于价值较高，可能遭受损失因素较多的货物投保。

（二）附加险

1. 一般附加险

一般附加险（General Additional Risks）承保一般外来风险所造成的损失，共有11种：

（1）偷窃、提货不着险（Theft, Pilferage and Non-delivery Risks, TPND）。对偷窃行为所致的损失和整体提货不着等损失，保险公司负责按保险价值赔偿。

（2）淡水雨淋险（Fresh Water and/or Rain Damage Risks, FWRD）。对直接遭受雨水、淡水，以及雪融水浸淋所致的损失，保险公司负责赔偿。淡水是相对海水而言的，包括船上淡水管漏水、舱汗等。

（3）渗漏险（Leakage Risks）。对因容器损坏而引起的渗漏损失，或用气体储藏的货物因气体的渗漏而引起的货物腐蚀等损失，保险公司负责赔偿。如以流体装存的温肠衣，因为流体渗漏而使肠衣发生腐烂、变质等损失，均由保险公司负责赔偿。

（4）短量险（Shortage Risks）。对因外包装破裂或散装货物发生数量损失和实际重量短缺的损失，保险公司负责赔偿，但不包括正常运输途中的损耗。

（5）混杂、玷污险（Intermixture and Contamination Risks）。对在运输过程中因混进杂质或被玷污所致的损失，保险公司负责赔偿。

（6）碰撞、破碎险（Clash and Breakage Risks）。对金属、木质等货物因震动、颠簸、挤压所造成的碰损和对易碎性货物运输途中由于装卸野蛮、粗鲁、运输工具的颠震所造成的破碎损失。

（7）钩损险（Hook Damage Risks）。对在装卸过程中使用手钩、吊钩所造成的损失，保险公司负责赔偿。如粮食包装袋因吊钩钩坏而造成的粮食外漏的损失。

（8）锈损险（Rust Risks）。对运输中发生的锈损，保险公司负责赔偿。但生锈必须是在保险期内发生的，如原装船时就已发生锈损，保险公司不负责赔偿。

（9）串味险（Taint of Odor Risks）。对于被保险的食用物品、中药材、化妆品原料等因受其他物品的影响而引起的气味损失，保险公司负责赔偿。如茶叶、香料与皮张、樟脑等堆放在一起产生异味而不能使用。

（10）包装破裂险（Breakage of Packing Risks）。对因运输或装卸不慎，包装破裂所造成的损失，以及为继续运输安全的需求对包装进行修补或调换所支付的费用，保险公司均负责赔偿。

（11）受潮受热险（Damp and Heating Risks）。对因气温突然变化或由于船上通风设备失灵导致船舱内水汽凝结、受潮或受热所造成的损失，保险公司负责赔偿。

值得注意的是，上述 11 种一般附加险，只能在投保平安险和水渍险的基础上加保一种或数种险别，但投保"一切险"时，因上述险别均包含在内，故无须加保。

2. 特殊附加险

特殊附加险（Special Additional Risks）承保特殊外来风险所造成的损失，共有 8 种：

（1）交货不到险（Failure to Deliver Risks）。不论何种原因，从被保险货物装上船开始，6 个月内不能运到原定目的地交货的，保险公司负责按全部损失赔偿。

（2）进口关税险（Import Duty Risks）。当货物遭受保险责任范围内的损失，而仍须按完好货物价值缴纳进口关税时，保险公司对损失部分货物的进口关税负责赔偿。

（3）舱面险（on Deck Risks）。当货物置于船舶甲板上时，保险公司除了按照保单所载条款负责外，还赔偿货物被抛弃或浪击落海的损失。

（4）黄曲霉素险（Aflatoxin Risks）。花生、谷物等易产生黄曲霉素，对含量超过进口国限制标准而被拒绝进口、没收或强制改变用途所遭受的损失，保险公司负责赔偿。

（5）拒收险（Rejection Risks）。对被保险货物在进口港被进口国政府或有关当局拒绝进口或没收，保险公司按货物的保险价值负责赔偿。

（6）出口货物到中国香港（包括九龙在内）或中国澳门存仓火险责任扩展条 款（Fire Risk Extension Clause for Storage of Cargo at Destination Hong Kong, including Kowloon, or Macao，FREC）。这是一种扩展存仓火险责任的保险，是指出口货物到达中国香港（包括九龙在内）或中国澳门等到达目的地，在卸离运输工具后，如直接存放在保险单所载明的过户银行所指定的仓库，保险责任自运输责任终止时开始，至银行收回押款解除货物的权益为止，或运输险责任终止时起满 30 天为止。在此期间，对发生火灾所造成的损失，保险公司负责赔偿。

（7）战争险（War Risks）。战争险是特殊附加险的主要险别之一，它虽然不能独立投保，但是相对其他附加险而言又有很强的独立性。

（8）罢工险（Strike Risks）。凡是因罢工、被迫停工所造成的直接损失，恐怖主义者或出于政治目的而采取行动的个人所造成的损失，以及任何人的恶意行为造成的损失，都属于承保范围。按照国际保险业惯例，在投保战争险的前提下，加保罢工险，不另增收保险费。如单独要求加保罢工险，则按战争险费率收费。

蓬勃发展的中国航运保险事业

习近平总书记曾经指出，经济强国必定是海洋强国、航运强国。经济的增长离不开贸易，而贸易最重要的载体就是航运。航运自古与港口为伴，航运风险管理，港口港籍管理，一直与保险业有着密切的联系。而我国的航运保险事业近年来也呈现蓬勃发展的态势。

根据国际海上保险联盟数据，2023年全球航运保险的整体保费大约为389亿美元，同比增长5.9%。2022年全国货运保费收入是179.24亿人民币，同比增长6.25%，船舶险保费收入是67.55亿人民币，比2021年增长了14.51%，两个险种合计同比增长8.4%，中国已然成为全球最大的货运保险市场和第二大船舶保险市场，是国际航运保险市场的重要的组成部分和增长的引擎。

在国际交流与合作方面，我国航运保险业持续推进高水平对外开放，对外交流合作显著增强。目前，有7名中国大陆的航运保险从业人员担任国际海上保险联盟的委员，这些专家分布在6个专业委员会，在全球航运保险的各个领域发挥着重要作用，提高了我国航运保险的国际合作参与度和话语权。

随着我国航运保险的国际影响力不断提升，航运保险进一步彰显链接国内外保险市场双循环的特质。一方面，国内保险公司在全球航运保险市场寻求资源配置，以提高保险产品的供给，提升保险服务质量，满足国内不断增长的各类保险需求。另一方面，中国境内保险机构也在航运保险方面进行承保能力的拓展，如以再保险的形式参与境外业务，扩大保费收入的同时也积极探索并熟悉国际业务的操作流程和风险节点。

当前，数字经济的快速发展，数字技术在航运保险业的广泛应用，一些重要的航运保险数字要素市场的集聚，对于行业发展起到了促进作用。目前，对于航运数字保险的配套制度的研究还在继续，未来必将进一步吸引更多优秀的人才和更多的资金进入航运数字保险市场。

二、除外责任

除外责任是指保险人不予赔偿的损失和费用。这是为了维护保险人的权益而对承保责任范围做进一步的明确和划分。这种除外责任，一般来说是非意外的、非偶然的或比较特殊的风险。

（一）基本险的除外责任

基本险的除外责任包括：被保险人的故意行为或过失所造成的损失；由于发货人的包装不善等责任所引起的损失；被保险货物在保险责任开始之前就已存在品质不良或数量短缺所形成的损失；被保险货物的自然损耗、品质特性，以及市价跌落、运输延迟所引起的损失和费用；战争险等特殊附加险条款所规定的责任范围和除外责任。

（二）其他除外责任

战争险的除外责任是指由于敌对行为，使用原子弹或热核制造的武器导致被保险货物的损失和费用不负责赔偿。

三、责任起讫

保险的责任起讫，是指保险人对被保险货物承担保险责任的有效时间。被保险货物如果在保险有效期内发生保险责任范围内的风险损失，被保险人有权进行索赔，否则就无权进行索赔。

（一）基本险的责任起讫

基本险的责任起讫期限通常采用国际保险业惯用的"仓至仓条款"（Warehouse to Warehouse Clause，简称"W/W"）。它是指保险人的承保责任从被保险货物运离保险单所载明的起运地发货人仓库开始，直至该项货物被运抵保险单所载明的收货人仓库或被保险人用作分配、分派或非正常运输的其他储存处所为止。如未抵达上述仓库或储存处所，则以被保险货物在最后卸载港全部卸离海轮后满 60 天为止。如在上述 60 天内，被保险货物需转运至非保险单所载明的目的地时，则该项货物开始转运时终止。

（二）其他险别的责任起讫

战争险的责任起讫与基本险所采用的"仓至仓条款"不同，而是以"水上危险"为限，是指保险人的承保责任自货物装上保险单所载明的启运港的海轮或驳船开始，到卸离保险单所载明的目的港的海轮或驳船为止。如果货物不卸离海轮或驳船，则从海轮到达目的港当日午夜起算满 15 日为止，等再装上续运海轮时，保险责任才继续有效。

四、英国伦敦保险协会制定的《协会货物条款》

在国际保险市场上，各国保险组织都会制定自己的保险条款，但普遍采用的是英国伦敦保险协会制定的《协会货物条款》，我国企业按 CIF 或 CIP 条件出口时，一般按《中国保险条款》投保，但如果国外客户要求按《协会货物条款》投保，一般可予接受。现行英国伦敦保险协会制定的《协会货物条款》（Institute Cargo Clauses, ICC）是 1982 年 1 月 1 日的修订本，与我国现行保险条款相比，其形式和内容都有所不同。该条款共有六种险别，包括协会货物条款（A）、协会货物条款（B）、协会货物条款（C）、恶意损害险条款、协会货物战争险条款以及协会货物罢工险条款。此处仅介绍较为常见的前四种条款。

（一）协会货物条款（A）[ICC（A）]

ICC（A）可以独立投保，其责任范围较广，采取"一切风险减除外责任"的方式。ICC（A）的除外责任有：一般除外责任，如因包装原因造成损失；由船方原因造成损失；使用原子或热核武器所造成的损失；不适航、不适货除外责任，如被保险人在装船时已知船舶不适航、不适货；战争除外责任；罢工除外责任。

（二）协会货物条款（B）[ICC（B）]

ICC（B）可以独立投保，其责任范围采用"列明风险"的方法，包括：火灾、爆炸；船舶或驳船触礁、搁浅、沉没或者倾覆；陆上运输工具倾覆或出轨；船舶、驳船或运输工具同水以外的任何外界物体碰撞；在避难港卸货；地震、火山爆发、雷电；共同海损牺牲；抛货；浪击落海；海水、湖水或河水进入船舶、驳船、运输工具、集装箱、大型海运箱或储存处所；货物在装卸时落海或跌落造成整件的全损。

ICC（B）的除外责任，除对"海盗行为"和恶意损害的责任不负责外，其余均与 ICC（A）的除外责任相同。

（三）协会货物条款（C）[ICC（C）]

ICC（C）可以独立投保，其责任范围也采用"列明风险"的方式，包括：火灾、爆炸；船舶或驳船触礁、搁浅、沉没或倾覆；陆上运输工具倾覆或出轨；船舶、驳船或运输工具同除水以外的任何外界物体碰撞；在避难港卸货；共同海损牺牲；抛货。

ICC（C）的除外责任与 ICC（B）完全相同。

（四）恶意损害险条款

恶意损害险承保除被保险人以外的其他人（如船长、船员）的故意破坏行为所造成的被保险货物的灭失或损坏，但出于政治动机的人的行为除外。它在 ICC（A）中列为承保责任，在 ICC（B）和 ICC（C）中均列为除外责任。因此，在投保 ICC（B）和 ICC（C）时，如需规避这种风险，应另行加保恶意损害险。

其他运输方式货物保险条款

一、陆上运输货物保险条款

中国人民财产保险股份有限公司 2018 年修订的《陆上运输货物保险条款》规定：陆上运输货物保险分为陆运险和陆运一切险两种基本险。

陆运险（Overland Transportation Risks）的承保责任范围是指保险公司负责赔偿被保险货物在运输途中遭受暴风、雷电、洪水、地震等自然灾害或由于运输工具遭受碰撞、倾覆、出轨或在驳运过程中，因驳运工具遭受搁浅、触礁、沉没、碰撞或由于遭受隧道坍塌、崖崩或失火、爆炸等意外事故所造成的全部或部分损失。由此可见，陆运险的承保责任范围与海洋运输保险条款中的水渍险相似。

陆运一切险（Overland Transportation All Risks）的承保责任范围除上述陆运险的责任外，还包括运输途中，由外来原因造成的短少、偷窃、渗漏、碰损、破碎、钩损、雨淋、生锈、受潮、受热、发霉、串味、玷污等全部或部分损失，这与海洋运输货物保险条款中的一切险相似。

以上陆运险和陆运一切险的责任范围均适用于铁路运输和公路运输。

陆运险、陆运一切险的除外责任与海洋运输货物险的除外责任相同。

陆上货物运输保险也采用"仓至仓"条款原则，即保险责任从被保险货物远离保险单所载明的起运地发货人的仓库或储存处所开始，包括正常陆运和有关水上驳运在内，直到该货物送至保险单所载明的目的地收货人仓库或储存处所，或者被保险人用作分配、分派或非正常运输的其他储存处所为止。如果没有送抵保险单所载明的目的地收货人仓库或储存处所，则以到达最后卸载车站之后 60 天为限。如在中途转车，不论货物在当地卸车与否，保险责任从火车到达中途站的当日午夜起满 10 天为止。如果被保险货物在 10 天内继续装车续运，则保险责任继续生效。

二、航空运输货物保险条款

中国人民财产保险股份有限公司 2018 年修订的《航空运输货物保险条款》规定：航空运输货物保险分为航空运输险和航空运输一切险两种基本险别。

航空运输险（Air Transportation Risks）的承保责任范围与海洋运输保险条款中的"水渍险"相似。包括被保险货物在运输途中遭受雷电、火灾、爆炸或由于飞机遭受恶劣气候或其他危难事故而被抛弃，或由于飞机遭遇碰撞、倾覆、坠落或失踪等自然灾害和意外事故所造成的全部或部分损失。

航空运输一切险（Air Transportation All Risks）的承保责任范围与海洋运输货物保险条款中的"一切险"相似，除上述航空运输险的各项责任外，还包括被保险货物由于一般外来原因所造成的全部或部分损失。

航空运输险、航空运输一切险的除外责任与海洋运输货物保险条款基本险的除外责任基本相同。

航空货物运输保险责任起讫期限也采用"仓至仓"条款原则，所不同的是，如果货物送抵保险单所载明的目的地而未送抵保险单所载明的目的地收货人仓库或储存处所，则以到达最后卸载地卸离飞机之后 30 天，保险责任即告终止。如在上述 30 天内，被保险货物需转送非保险单所载明的目的地时，保险责任以该项货物开始转送时终止。

三、邮政包裹运输保险条款

中国人民财产保险股份有限公司 1981 年 1 月 1 日修订的《邮包险条款》规定：邮政包裹运输保险分为邮包险和邮包一切险两种基本险。

邮包险（Parcel Post Risks）的承保责任范围是被保险货物在运输途中由于恶劣气候、雷电、海啸、洪水、自然灾害或由于运输工具遭受搁浅、触礁、碰撞、沉没、倾覆、出轨、坠落、失踪或由于失火、爆炸等意外事故所造成的全部或部分损失；另外，还负责被保险人对遭受保险责任范围内的货物采取抢救、防止或减少货损的措施而支付的合理费用，但以不超过该批被抢救货物的保险金额为限。

邮包一切险（Parcel Post all Risks）的承保责任范围除上述邮包险的各项责任外，本保险还负责被保险的邮包在运输途中由于外来原因所致的全部或部分损失。

邮包险、邮包一切险的除外责任与海洋运输货物险条款中基本险的除外责任相同。

邮包险的责任起讫期限是自被保险邮包离开保险单所载明的起运地点寄件人的处所运往邮局时开始生效，直至被保险邮包运达保险单所载明的目的地邮局，自邮局签发到货通知书当日午夜起算，满 15 天终止，但在此期限内，邮包一经递交至收件人的处所时，保险责任即行终止。

在附加险方面，除战争险外，海洋运输货物保险中的一般附加险和特殊附加险险别和条款均可适用于陆、空、邮运输货物保险。

四、合同中的保险条款

在国际货物买卖合同中，为了明确交易双方在货运保险方面的责任，通常都订有保险条款，主要内容有：保险金额、投保险别及确定适用的保险条款等。

以 FOB、CFR 或 FCA、CPT 条件成交的合同，保险一般由买方办理，其保险条款可以简化。如：

保险由买方负责。

Insurance：To be covered by the buyer.

以 CIF 或 CIP 成交的出口合同由卖方办理保险手续，而实际风险的承担者为国外进口方，所以应在合同中明确规定保险金额、投保险别、适用的保险条款等。如：

保险由卖方按发票金额的 ×××% 投保 ×× 险、×× 险，以中国人民财产保险股份有限公司 2018 年 1 月 1 日的有关海洋运输货物保险条款为准。

Insurance：To be covered by the seller for ...% of total invoice value against..., ... as per and subject to the relevant ocean marine cargo clauses of the PICC Property and Casualty Company Limited, dated Jan.1, 2018.

国际货运投保与索赔

在进出口货物运输保险业务中，被保险人在选择确定投保的险别后通常涉及的工作有：确定保险金额、办理投保并交付保险费、领取保险单证以及在货损时办理保险索赔等。

一、投保手续

（一）进口货物的投保手续

我国进口货物一般按 FOB 或 CFR 条件成交，由买方办理保险，为简化投保手续和防止出现漏保或来不及办理投保等情况，我国进口货物一般采取预约保险的做法，各进出口公司和中国人民财产保险股份有限公司都签订有预约保险合同。

按照预约保险合同的规定，被保险人（买方）无须逐笔填送投保单。在进口货物时，只需将国外客户（卖方）的装运通知送交保险公司，即算办理了投保手续，保险公司对该批货物自动承担承保责任。如果被保险人未按预约保险合同的规定办理投保手续，则保险公司不负赔偿责任。

按空、邮运进口货物预约保险合同的规定，凡在此范围内承保的货物，投保人必须逐笔向保险公司填写起运通知书，作为向保险公司投保的手续和凭证。保险公司获得通知书后，自动承担承保责任。

（二）出口货物的投保手续

我国出口货物一般按 CIF 条件成交，由卖方办理保险。首先，投保人在根据合同或信用证的规定备齐货物并确定装船出运日期后，货物尚未装船前，向保险公司填一份"海运出口货物投保单"；其次，保险公司收到投保人递交的投保单后，根据有关规定，对其进行审核，以决定是否承保；再次，若保险公司经审核同意承保，则向投保人发回承保回执，并收取保险费；最后，投保人凭保险公司发回的承保回执缮制保险单，并将保险单送交保险公司确认签署。经保险公司签署后的保险单即成为向银行进行议付的重要单据之一。

二、确定保险金额并计算保险费

（一）保险金额

保险金额（Insured Amount），是指投保人与保险公司之间实际投保和承保的金额，是保险费的计收依据，是投保人或其受让人索赔和保险人赔偿的最高限额。中国人民财产保险股份有限公司承保出口货物保险金额一般是 CIF（CIP）价加成10% 的金额，即将买方预期利润和有关费用加入货价内一并计算。

保险金额的计算公式是：

$$保险金额 = CIF（CIP）价 \times （1 + 投保加成率）$$

（二）保险费的计算

保险费是保险金额与保险费率的乘积。保险费率是计收保险费的依据，不同的险别有不同的费率。

保险费的计算公式为：

$$保险费 = 保险金额 \times 保险费率$$

如按 CIF（CIP）价加成投保：

$$保险费 = CIF（CIP）价 \times （1 + 投保加成率） \times 保险费率$$

【实例示范】

中国 A 公司对外出售货物一批，合同规定：数量 100 吨，单价每吨 1 000 英镑 CIF 伦敦，卖方按发票金额加一成投保水渍险和短量险，保险费率分别为 0.3% 和 0.2%。试计算 A 公司的投保金额是多少？应向保险公司支付多少保险费？

解：保险金额 =CIF 价 × （1 + 投保加成率）

     =1 000 × 100 × （1 + 10%）

     =110 000（英镑）

 保险费 = 保险金额 × 保险费率

   =110 000 × （0.3%+0.2%）

   = 550（英镑）

答：A 公司的投保金额是 1 000 英镑，应向保险公司付 550 英镑的保险费。

三、保险单据

保险单据是规定保险人与被保险人之间权利与义务的契约，是被保险人或受让人索赔和保险人理赔的依据，是进出口贸易结算的主要单据之一。在国际贸易中，保险单据可以背书转让。我国常用的保险单据主要有保险单、保险凭证、预约保险单。

（一）保险单

保险单（Insurance Policy），俗称大保单，是一种正规的保险合同。其正面内容一般包括：被保险人名称和地址、保险标的、运输标志、运输工具、起讫地点、承保险别、保险币别、金额和出单日期等项目；背面印有保险人与被保险人之间权利和义务方面的保险条款。目前，我国国内的保险公司大多以出具保险单作为出口保险凭证。

（二）保险凭证

保险凭证（Insurance Certificate），俗称小保单，是一种简化的保险合同。保险凭证的内容，除背面未印有详细条款外，正面内容与保险单相同，在法律上与保险单具有同等法律效力。目前各国在信用证上的保险条款中，一般都有规定保险单与保险凭证均可接受，但信用证如规定提交单据为保险单时，则议付行不接受以保险凭证代替保险单凭以议付。

（三）预约保险单

预约保险单（Open Policy），是指保险公司与被保险人双方签订的预约保险合同，它规定了总的保险范围、保险期限、保险种类、总保险限额、航程区域、运输工具、保险条件、保险费率和保险结算办法等。在这个范围内的被保险货物，一经起运保险公司即自动承保。但被保险人在获悉每批货物装运时，应及时将装运通知书（包括货物的名称、数量、保险金额、船名、运输工具、起讫地点、起运日期）送交保险公司，并按约定办法缴纳保险费，即完成了投保手续。在实际业务中，预约保险单适用于进口的货物保险，这可以防止因漏保或迟保而造成的无法弥补的损失。

> 【职业判断】
> 　　有批按 FOB 价购进的货物事先未进行预约投保，在运输途中遇险发生损

失。受损的同一天进口商向保险公司投保，保险公司能给予赔偿吗？

分析提示：

未进行预约投保，保险单无法生效，保险公司不能给予赔偿。

四、保险索赔

保险索赔是被保险人向保险人提出赔偿要求的行为。被保险人进行索赔应具备 3 个条件：

（1）被保险人要求赔偿的损失，必须是承保责任范围内风险造成的损失。

（2）被保险人是保险单的合法持有人。

（3）被保险人必须拥有可保利益（Insurable Interest）。可保利益，又称保险利益或可保权益，是指被保险人对被保险货物因具有某种利害关系而享有的为法律所承认，可以投保的经济利益。例如，在按 FOB 或 CFR 贸易术语成交条件下，保险是由买方办理的，而买方是在货物装船后才承担风险，此时买方才享有可保利益。

【职业判断】

我方以 CFR 贸易术语出口货物一批，在从出口公司仓库运到码头待运过程中，货物发生损失，买方已经向保险公司办理了货物运输保险。

问题：

保险公司是否要对货物给予赔偿？

分析提示：

保险公司不会予以赔偿。根据保险的理赔原则，被保险人在索赔时必须具有保险利益，也就是对保险标的物法律上的权益。本案例中货物在从仓库运至码头的过程受损，根据 CFR 术语，货物此时还未装上船，所有权依然归卖方所有，因此即使买方已经购买了保险，但由于没有保险利益，仍不能得到赔付。

五、合同中的保险条款及举例

保险条款是国际货物买卖合同的重要组成部分之一。因此，必须明确、合理订立保险条款。保险条款的内容依选用不同的贸易术语而有所区别。

（一）合同中的保险条款举例

【实例示范1】

以 EXW、FAS、FOB、FCA、CFR、CPT 价格条件成交的合同，保险条款可订为："保险由买方办理"（Insurance：To be covered by the Buyers.）或者"由买方委托卖方按发票金额110%代为投保××险和××险，保险费用由买方负担，按2018年1月1日中国人民保险公司海洋运输货物保险条款负责"（Insurance：To be covered by the Sellers on behalf of the Buyers for 110% of invoice value against ××and ××as per Ocean Marine Cargo Clauses of the PICC Property and Casualty Company Limited, dated Jan.1, 2018.）

【实例示范2】

以 CIF 或 CIP 条件成交的合同保险条款内容须明确规定由谁办理保险、投保险别、保险金额的确定方法以及按什么保险条款保险，并注明该条款的生效时间。保险条款可订为：

"由卖方按发票金额的110%投保××险和××险，按2018年1月1日中国人民财产保险股份有限公司海洋运输货物保险条款负责"。

Insurance：To be covered by the Seller for 110% of the invoice value against ××and ××as per Ocean Marine Cargo Clauses of the PICC Property and Casualty Company Limited, dated Jan.1, 2018.

【实例示范3】

以 CIF、CIP、DPU、DAP、DDP 价格条件成交的合同，保险条款可订为："保险由卖方办理"。

Insurance：To be covered by the Seller.

（二）在订立保险条款时应注意的问题
（1）应明确按什么保险条款进行投保，是按 ICC 条款还是按 CIC 条款。
（2）应明确不同保险条款的生效日期。

（3）应明确投保险别，是平安险还是水渍险或一切险。如需另加某一种或某几种附加险也应一并写明。

（4）应明确由何方负责投保，如系 FOB 或 CFR 合同应明确由买方负责投保，如系 CIF 合同。应明确由卖方负责投保。

（5）应明确投保加成率，如超过一成由此产生的超额保险费用由买方负担。

（6）如加保战争险（War Risk），应明确"若发生有关的保险费率调整，所增加的保费由买方负担"。

【国际贸易新视界】

红海危机中我国航运保险的机遇

红海是连接地中海与印度洋的关键航道，承载着全球约 15% 的海运贸易量，其中包括近 30% 的集装箱运输量，红海航道的战略地位十分重要。

2023 年 11 月红海航道危机爆发，迫使部分船只改道绕行好望角。同时，极端天气影响巴拿马运河通行受限，南非港口拥堵。多种因素共同作用，导致全球商船航行周期延长、周转率下降和运输成本上升。

红海航道作为全球海运线路上的重要航道，对于全球能源、物资等供应链来说，可谓是一条"生命线"。随着红海局势持续紧张，这条航运大动脉随之受阻，全球供应链都受到了不同程度的冲击，给我国航运保险带来了挑战和机遇。

一方面，红海航道受阻，导致航运市场运力暂时短缺。红海危机导致的绕航、巴拿马运河枯水和南非港口债务危机引发的拥堵，延长了船舶周转期。全球集装箱周转出现缺口，欧洲作为主要消费市场，集装箱回流至中国时间延长，导致空箱回流困难。危机持续，可能导致运费、集装箱租金上涨和运输相关资源拥堵。

另一方面，利用风险上升期可增强我国航运保险市场竞争力。我国可利用与海合会、金砖国家等的合作关系，推动民间金融商业合作，成立区域合作再保险公司。通过再保险机制，共同分担航运业面临的政治动荡、极端天气、海盗袭击等风险，实现风险的有效转移和共担。

我国保险企业可针对红海、俄罗斯航线推出保险服务，保障地缘政治紧张局势下的航运业务中断、货物滞留和航线封锁风险，提升在国际保险市场的份额。同时，推广人民币结算的保险产品，构建以人民币为核心、外币一体化的海运结算服务体系，扩大人民币在国际商贸中的应用。

知识与技能训练

一、单项选择题

1. 下列选项中，不属于自然灾害的是（　　　）。

    A. 雷电　　　　　　　　　　　　B. 地震

    C. 火灾　　　　　　　　　　　　D. 海啸

2. 共同海损属于（　　　）。

    A. 全部损失　　　　　　　　　　B. 部分损失

    C. 单独海损　　　　　　　　　　D. 推定全损

3. 保险责任的起讫期限采用相同的"仓至仓"条款的有（　　　）。

    A. 海运保险和航空保险　　　　　B. 陆运保险和航空保险

    C. 海运保险和陆运保险　　　　　D. 航空保险

4. 在伦敦保险协会制定的《协会货物条款》的基本险中，保险人承担责任最小的险别是（　　　）。

    A. 协会货物（A）险　　　　　　B. 协会货物（B）险

    C. 协会货物（C）险　　　　　　D. 协会货物罢工险

5. 对于共同海损所做出的牺牲和支出的费用应由（　　　）。

    A. 船方承担

    B. 货方承担

    C. 保险公司承担

    D. 由船、货、运费三方按获救财产价值大小比例分摊

二、多项选择题

1. 在国际货物运输保险中，保险公司承保的风险包括（　　　　　）。

    A. 自然灾害　　　　　　　　　　B. 意外事故

    C. 外来风险　　　　　　　　　　D. 因运输延迟造成损失的风险

2. 保险公司承保水渍险的责任包括赔偿（　　　　　）。

    A. 自然灾害造成的全部损失　　　B. 自然灾害造成的部分损失

    C. 意外事故造成的共同海损　　　D. 意外事故造成的单独海损

3. 为防止海上运输途中货物被窃，可以投保（　　　　　）。

   A. 平安险加保偷窃险　　　　　　B. 水渍险加保偷窃险

   C. 一切险加保偷窃险　　　　　　D. 一切险

4. 中国人民保险公司海洋货物运输保险条款规定的基本险别包括（　　　　　）。

   A. 平安险　　　　　　　　　　　B. 战争险

   C. 水渍险　　　　　　　　　　　D. 一切险

5. 下列选项中，属于保险单据的有（　　　　　）。

   A. 保险单　　　　　　　　　　　B. 保险凭证

   C. 预约保险单　　　　　　　　　D. 保险发票

三、判断题

1. 平安险（FPA）英文名称为单独海损不赔，实际上，保险公司仍然承担了一部分单独海损的责任。（　　）

2. 对于推定全损，应由保险公司按全部损失赔偿货物的全价。（　　）

3. 共同海损属于全部损失范畴。（　　）

4. 单独海损损失由受损失方自行承担。（　　）

5. 海运货物保险的基本险别中，保险公司责任最小的险别是水渍险。（　　）

【调查研究与善作善成】

一、调查研究

选择国际货物运输保险

1. 总体要求

很多进出口商在国际货运业务中，为了避免发生意外导致自己的货物损失，往往会购买国际货运保险。但是在投保的时候，需要认真了解国际货运保险的条款。结合本项目学习内容，实地走访当地进出口企业，深入一线调查，了解进出口企业如何为货物购买货物运输保险，形成一篇调研报告。

2. 具体要求

（1）准备要足。事先组建调查研究小组（每组4～5人），落实调查对象、地点和时间，拟定调查提纲和问卷，确定调查出行的交通工具，牢记调查过程中的安全要求，注意个人仪表和言谈举止。

（2）选题要准。围绕当地进出口企业如何选择国际货物运输保险的主题，从思路、问题、措施、经验和成效等方面选准调查切入点，发现重点、热点、难点、痛点和关注点，保持调研的前瞻性和准确性。

（3）内容要实。调查内容要深入全面，立意要高，及时总结有价值的经验，并将其推广应用。

二、综合实训

选择合适的国际货物运输保险险别。

1. 实训目标

通过实训，让学生了解进出口企业在购买货物保险时需考虑多种综合因素，选择合适的保险险别。

2. 实训资料

国内A出口企业出口一批毛衣给日本B企业，在中国大连港装运，在日本横滨港卸货。

3. 实训要求

（1）学生自由组合形成小组，每组5人左右，选出1位组长。

（2）组长和小组成员上讲台做演示，梳理出影响保险险别选择的各种因素，并举例说明。

4. 实训指导

（1）指导学生识记国际货运保险的相关概念。

（2）指导学生认识影响保险险别选择的考虑因素。

5. 实训评价

教师对各组完成情况进行点评并作出综合评价，填入表 7-1。

表 7-1　实训综合评价表

考评人		被考评小组	
考评地点			
考评内容	上讲台演示过程和效果	分值	实际得分
	演示礼仪	20	
	演示逻辑性和条理性	30	
	梳理并阐述影响险别选择的因素	40	
	团队合作和职业素养	10	
	合计	100	

学习目标

// 素养目标 //

- 培养遵守国际贸易支付相关国际规则的意识

- 提升善于观察、灵活机动的国际贸易从业素养

- 培养认真仔细的工作态度，做好单据制作、审查工作，保障国际货款的
  顺利支付及收取

// 知识目标 //

- 掌握制定外贸合同支付条款的要领

- 掌握信用证、托收与汇付支付方式的使用要领

- 掌握汇票、本票与支票常用外贸支付工具的使用要领

// 技能目标 //

- 能够制定外贸合同的支付条款

- 能够正确使用信用证、托收与汇付等主要外贸支付方式

- 能够缮制汇票

思维导图

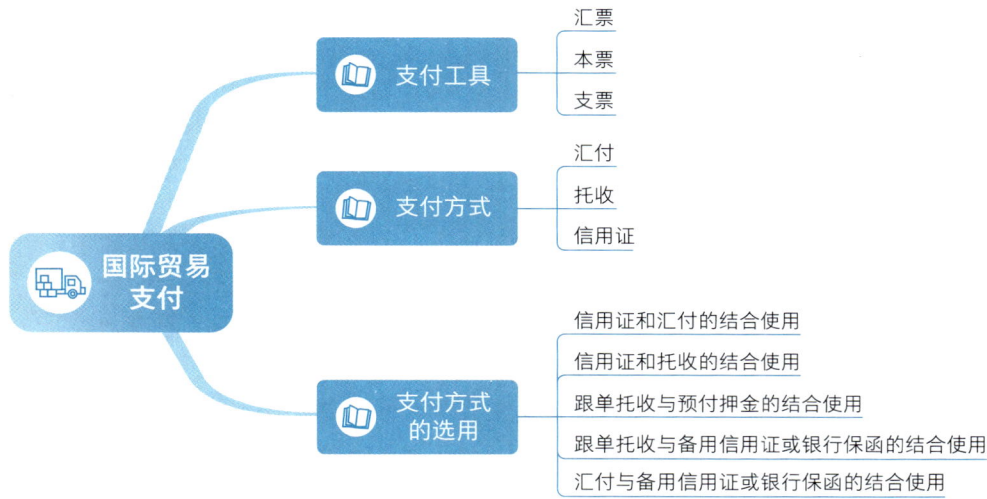

学习计划

● 素养提升计划

_____

_____

_____

● 知识学习计划

_____

_____

_____

● 技能训练计划

_____

_____

_____

任务一
支付工具

引 例

　　某服装进出口公司与国外 A 公司按照 CFR 条件签订了一份服装出口合同。合同规定装运期为 10 月，但是未规定具体开证日期。合同签订后，外商迟迟未开立信用证，眼看快到装运期，我方从 9 月底开始连续多次电催外商开证，终于在 10 月 5 日收到开证的简电通知书。我方因担心耽误装运期，即按照简电办理装运。10 月 28 日，A 公司开来信用证正本，正本上对有关单据做了与合同不符的规定。我方审证时未予注意，交银行议付时，银行也未发现，单据递交给开证行后，开证行以单证不符为由拒付货款。

【问题】

　　我方应该从此事件中得到哪些启示？

【分析提示】

　　① 在约定信用证支付的合同中，一般应明确规定开立信用证的期限，而本合同未做此项规定，考虑欠周全。② 转运期为 10 月，而我方在 9 月底才开始催证，为时过晚。③ 10 月 5 日收到简电通知后即忙于装船，过于草率。④ 以信用证付款的交易，即使合同中未规定开证期限，按照惯例，买方有义务不迟于装运期开始前一天将信用证送达卖方，而本案信用证直至装运期后第 23 天才送达，显然违反惯例。我出口公司理应向外商提出异议，并保留以后提出索赔的权利，但我方对此却只字未提。⑤ 收到信用证后理应逐字逐句审核，而我方竟然没有发现信用证与合同不一致的地方，过于粗心大意。

　　国际贸易货款的收付，采用现金结算的较少，大多采用非现金结算，即采用各类金融票据作为支付工具。金融票据（Financial Document）是指可以流通转让的债权凭证，是国际上通行的结算和信贷工具。金融票据主要有汇票、本票和支票，其中汇票最为常见。

一、汇票

1. 汇票（Bill of Exchange）的含义

2004年8月28日修正的《中华人民共和国票据法》（以下简称《票据法》）第十九条规定，汇票是出票人签发的，委托付款人在见票时或者在指定日期无条件支付确定的金额给收款人或者持票人的票据。按照各国广泛引用或参照的《英国票据法》的规定，汇票是一个人向另一个人签发的，要求即期或定期或在可以确定的将来时间，对某人或其指定人或持票人支付一定金额的无条件书面支付命令。从上面的定义看，汇票有3个基本当事人，即出票人（Drawer）、受票人（Drawee）或付款人（Payer）和收款人（Payee）。

根据《日内瓦统一法》[①]的规定，汇票必须具备以下内容：

（1）票据主文中列有"汇票"一词；

（2）无条件支付一定金额的命令；

（3）受票人的姓名；

（4）付款日期；

（5）付款地点；

（6）收款人或其指定人的姓名；

（7）出票日期和地点；

（8）出票人的签名。

除了上述必要项目外，还可以有票据法允许的其他记载项目，如：利息与利率、付款货币、禁止转让、免作拒绝证书、出票条款等，汇票样张如表8-1所示。

2. 汇票的当事人

汇票有三个基本当事人。

（1）出票人（Drawer）：签发汇票的人。商业汇票的出票人一般是出口商，银行汇票的出票人是银行。在汇票承兑前出票人是主债务人，如果汇票遭到拒付，出票人将保证偿付票款给持票人或被迫付款的任何背书人。

（2）受票人（Drawee）：接受支付命令的人，又称付款人。一般是进口商或

[①] 法国、德国等欧洲大陆国家为主的20多个国家参加了1930年在日内瓦召开的国际票据法统一会议，签订了《日内瓦统一汇票、本票法公约》。1931年又签订了《日内瓦统一支票法公约》。两个公约合称为《日内瓦统一法》。

凭
Drawn under_____
信用证或购买证第　　　　　号
L/C No or D/A，D/P. _____
日期　　年　　月　　日
Dated_____
按息付款
Payable with interest @_____% per annum

| 号码 | 汇票金额 | 中国杭州 | 年　月　日 |
| No. | Exchange for | Hangzhou, China | |

见票　　　　　　　　　　　　　日　后　　（本汇票之副本未付）付款
At_____sight of this FIRST of Exchange（Second of exchange being unpaid）
Pay to the order of_____或其指定人
金额_____。
the sum of_____
此致
To_____

其指定的银行。受票人在汇票上未签名之前，不是汇票的债务人，有拒绝承担付款责任的权利。

（3）收款人（Payee）：收取汇票金额的人，即汇票的收款人。一般是出口商或其指定的银行。收款人作为汇票的第一持票人，因持有汇票而拥有所有的票据权利，即请求付款权、追索权和票据转让权。

除了上述基本当事人之外，随着汇票的流通转让，又出现了背书人、被背书人、承兑人、保证人和持票人等其他当事人。

3. 汇票的种类

（1）按照出票人和付款人的不同，汇票可分为银行汇票和商业汇票。

银行汇票（Banker's Bill）的出票人和付款人都是银行，商业汇票（Commercial Bill）又称商号汇票（Trader's Bill），其出票人是工商企业或个人，付款人可以是工商企业或个人，也可以是银行。

（2）按照是否附有商业单据，汇票可分为光票和跟单汇票。

光票（Clean Bill）是不附带商业单据的汇票，附带商业单据的汇票称为跟单汇票（Documentary Draft）。光票的流通完全依靠当事人的信用，银行汇票多是光票。跟单汇票的付款以提交货运单据为条件，商业汇票一般为跟单汇票。

（3）按照付款时间的不同，汇票可分为即期汇票和远期汇票。

即期汇票（Sight Draft）是指在见票时即持票人提示汇票的当天立即付款的汇

票，即期汇票无须承兑。

远期汇票（Time Bill）是指在一定的期限或特定日期付款的汇票。

远期汇票须由持票人向付款人提示要求承兑，以明确承兑人的付款责任。见票后若干天/月付款的远期汇票，要从承兑日起算，确定付款到期日。

（4）按照承兑人的不同，汇票可分为商业承兑汇票和银行承兑汇票。

商业承兑汇票（Trader's Acceptance Bill）是由企业或个人承兑的远期汇票，它建立在商业信用的基础之上。银行承兑汇票（Banker's Acceptance Bill）是由银行承兑的远期汇票，它建立在银行信用的基础之上。

一份汇票通常同时具备几种属性，例如一份商业汇票，可以同时是即期的跟单汇票、远期的银行承兑汇票或远期的商业承兑跟单汇票。但是一份即期汇票不可能是商业承兑汇票同时又是银行承兑汇票。

4. 汇票的使用

汇票的使用包括出票、提示、承兑、付款等票据行为，如需转让，一般通过背书行为转让。远期汇票如想提前取得票款，可以通过贴现票据获得。汇票遭到拒付时，还要涉及发出退票通知、制作拒绝证书和行使追索权等票据行为。

（1）出票（Issue）。出票是指出票人签发票据并将其交付给收款人的票据行为。出票时必须逐一写明汇票的各项必备内容。

（2）提示（Presentation）。提示是指持票人向付款人或其他人出示汇票要求承兑或付款的行为。付款人看到汇票即为见票（Sight）。提示可分为承兑提示和付款提示两种。

（3）承兑（Acceptance）。承兑是指远期汇票的付款人承诺在汇票到期日支付汇票金额的行为。承兑的手续由付款人在汇票正面写上"承兑"字样，注明承兑日期，并签名/盖章，交还持票人。

汇票的承兑可以是普通承兑或一般承兑，也可以是限制性承兑或保留性承兑。承兑人对于出票人的命令不加限制的同意确认即为普通承兑，限制性承兑是指附加有修改汇票文义的保留性付款记载的承兑。常见的限制性承兑有：有条件承兑、部分承兑、限定付款地点承兑和修改付款时间承兑四种。

（4）付款（Payment）。持票人在汇票到期日或规定的期限内提示汇票，经付款人或承兑人付款后，汇票上的一切债权债务即告结束。持票人获得票款时，应当在汇票上签收，并将汇票交给付款人。

（5）背书（Endorsement）。背书是指持票人在汇票的背面签上自己的名字，或再加上被背书人的名字，并把汇票交给被背书人或受让人的票据转让行为。经背书转让后，受让人享有汇票的收款权利，还可以通过再次背书继续转让汇票。对于受让人来说，所有在他以前的背书人和出票人都是他的"前手"；对于出让人来说，所有在他以后的受让人都是他的"后手"。任一背书人都是汇票的债务人之一，"前手"对"后手"负有担保汇票必然会被承兑或付款的责任。

远期汇票承兑后尚未到期时，持票人如想提前取得票款，可以通过背书将汇票转让给银行或贴现公司，并从票面金额中扣减按照一定贴现率计算的贴现息后获取部分余款。这种票据转让行为被称为贴现（Discount）。贴现银行待贴现汇票到期时，再次提示给承兑人要求全额付款。

（6）拒付（Dishonor）与追索（Recourse）。无论持票人提示汇票要求承兑时遭到拒绝承兑，还是持票人提示汇票要求付款时遭到拒绝付款，均称为拒付，也称为退票。除了明确表示拒付外，付款人逃避不见、死亡或宣告破产，以致付款事实上已不可能执行时，也可视为拒付。

持票人是汇票的唯一债权人，如在合理的时间内提示承兑，或在到期日提示付款遭到拒付，可向其任一前手背书人、出票人和承兑人行使追索权，要求偿还汇票金额及费用。持票人行使追索权之前，必须及时发出退票通知，将拒付事实书面通知其前手，并及时制作拒绝证书。

二、本票

《英国票据法》关于本票（Promissory Note）的定义是：本票是一人向另一人签发的，保证于见票时或定期或在可以确定的将来的时间，对某人、其指定人或持票人支付一定金额的无条件的书面承诺。

我国《票据法》第七十三条对本票下的定义是：本票是出票人签发的，承诺自己在见票时无条件支付确定的金额给收款人或者持票人的票据。本法所称本票，是指银行本票。

1. 本票的内容

根据《日内瓦统一法》，本票必须具备以下内容：

（1）票据主文中列有"本票"一词；

（2）无条件支付一定金额的承诺；

（3）付款日期；

（4）付款地点；

（5）收款人或其指定人的姓名；

（6）签发本票的日期和地点；

（7）出票人的签名。

2. 本票的种类

本票按照出票人的不同分为商业本票和银行本票两种。商业本票的出票人是企业或个人，银行本票的出票人是银行。银行本票如果开成不记载收款人名称或来人抬头的本票，即可代替现金流通。为了限制银行本票的签发，有的国家对本票的发行规定了最低限额，只允许开出一定金额以上的大额本票，或禁止发行来人抬头的银行本票，以免当作纸币在市场上流通。

我国《票据法》只允许使用银行本票，不承认银行以外的工商企业、组织机构或个人签发的本票。

3. 本票与汇票的区别

（1）本票是出票人的无条件支付承诺，是承诺式票据；汇票是出票人要求受票人无条件付款的支付命令，是命令式票据或委托式票据。

（2）本票有两个基本当事人，即出票人和收款人；汇票有三个基本当事人，即出票人、受票人和收款人。

（3）本票的出票人就是付款人，远期本票不需要承兑；远期汇票必须承兑。

（4）本票的出票人是主债务人；汇票在承兑前，出票人是主债务人，承兑后，承兑人是主债务人。

三、支票

《英国票据法》关于支票（Cheque、Check）的定义是：支票是以银行为付款人的即期汇票。即存款人对其开户行签发的，授权该银行对某人或其指定人或持票人即期支付一定金额的无条件书面支付命令。

《中华人民共和国票据法》第八十一条对支票下的定义是：支票是出票人签发的，委托办理支票存款业务的银行或者其他金融机构在见票时无条件支付确定的金额给收款人或者持票人的票据。

1. 支票的内容

根据《日内瓦统一法》，支票必须具备以下内容：

（1）票据主文中列有"支票"一词；

（2）无条件支付一定金额的命令；

（3）受票人的姓名；

（4）付款地点；

（5）出票日期和地点；

（6）出票人的签名。

2. 支票的种类

（1）按照抬头的不同性质分类。支票按照抬头的不同性质，可分为记名支票和不记名支票。具体如下：

① 记名支票。记名支票在其收款人一栏写明具体收款人姓名，如 pay A Co. or order（付 A 公司或其指定人），取款时必须由收款人签章。

② 不记名支票。不记名支票又称空白支票，收款人一栏只写明 pay bearer（付持票人）。持票人无须在支票背后签章即可支取票款，此种支票可以仅凭交付而转让。

按照支票签发人的不同，可分为银行支票和商业支票。

（2）按照支票签发人的不同。

① 银行支票。银行支票是由银行签发，并由银行付款的支票。银行代理客户办理票汇时，可开立银行支票。银行支票分为现金支票和转账支票。

② 商业支票。由企业或个人签发，委托银行或其他金融机构在指定日期无条件支付确定的金额给收款人或持票人的票据。与银行支票相比，商业支票的信用等级可能较低，因为它们是由非金融机构的个人或企业签发的，存在一定的支付风险，如账户余额不足导致支票"跳票"。

（3）按照支票本身的基本特征分类。按照支票本身的基本特征，可分为划线支票和保付支票等。

① 划线支票。正面划有两道平行线的支票称为划线支票。一般支票可以委托银行收款入账，也可由持票人自行提取现款，支票不带划线者，称为现金支票。划线支票只能委托银行代收票款入账，在支票遗失或被人冒领时，使用划线支票可以通过银行代收的线索追回票款，从而保障了持票人和出票人的资金安全。

② 保付支票。保付支票是由付款银行在支票上加盖"保付"戳记，保证在支票提示时一定付款。支票一经保付，保付银行就承担付款责任，出票人、背书人都可免于追索。付款银行对支票保付后，即将票款从出票人账户中提出，转入专户存储，以备付款。

3. 支票和汇票的区别

（1）付款人的身份不同。支票的付款人只能是银行，汇票的付款人可以是工商企业或个人，也可以是银行。

（2）付款期限不同。支票只能是即期付款，一经提示，除正当理由可以拒付外，通常是见票即付，汇票既有即期汇票也有远期汇票，远期汇票必须提示承兑。

（3）支票可以划线、保付，汇票在法律上无划线和保付的规定。

【案例分析】

选择结算方式的重要性

出口公司 A 与外国公司 B 签订了一份货物买卖合同，合同约定使用美元电汇支付。货物发出十余天后，A 公司业务员收到 B 公司电汇付款的银行收据传真件及要求立即电汇货物的要求。A 公司当即书面指示船公司将货物电汇（凭提单正本影印件提货）给提单上的通知人，B 公司顺利收到了货物，然而 A 公司却迟迟未收到货款。

经查，B 客户在办理电汇付款手续取得银行收据后马上传真给卖方并要求立即电汇货物。在拿到 A 公司给船公司的电汇指示附件后，立即去银行撤销了这笔电汇付款，造成了 A 公司 8 万美元的损失。

问题：

从这个事件中我们可以得出哪些启示？

分析提示：

国际货款结算涉及信用和使用何种货币、票据，以及在什么时间、以何种方式收付。上述案例中，因为对汇付的性质认识不透，以至造成买方随意撤销付款通知，合同项下货款无端地收不回来的严重后果。因此，业务员必须准确地选用合适的结算方式，了解必要的结算知识，避免不必要的贸易争端和收汇风险。

任务二

支付方式

国际货款的支付方式根据资金的流向与支付工具的传递方向是否相同，可以分为顺汇和逆汇两种方法。国际货款的结算方式主要有汇付、托收和信用证三种，其中汇付属于顺汇法，托收与信用证属于逆汇法。

一、汇付

1. 汇付的含义

汇付（Remittance）又称汇款，是指债务人或付款人通过银行将款项汇交债权人或收款人的结算方式。

汇付方式的当事人包括如下几个：

（1）汇款人（Remitter），即汇出款项的人。在进出口贸易中，汇款人通常是进口商。

（2）收款人（Payee or Beneficiary），即接收汇款的人。在进出口贸易中，收款人通常是出口商。

（3）汇出行（Remitting Bank），即接受汇款人的委托，汇出款项的银行。在进出口贸易中，汇出行通常是进口地的银行。

（4）汇入行（Paying Bank），即又称解付行，即接受汇出行的委托，解付汇款的银行。在进出口贸易中，通常是出口地银行。

在上述当事人中，汇款人和收款人也可以是同一人，即汇款人将款项汇出后，可以自己到异地取款。

2. 汇付方式的种类及业务程序

汇付方式按照汇出方式的不同，分为电汇、信汇和票汇三种。

（1）电汇（Telegraphic Transfer, T/T），是指汇出行应汇款人的申请，用加押电报或电传的形式指示汇入行付款给收款人的一种汇款方式。

电汇具有交款迅速、安全可靠的优点，但费用较高。电汇方式下资金周转迅

动画：
电汇流程

速，有利于资金的充分利用，适用于金额大、需求急的汇款。

（2）信汇（Mail Transfer, M/T），是指汇出行应汇款人的申请，用邮寄信汇委托书或支付委托书的方式指示汇入行付款给收款人的一种汇款方式。

动画：
信汇流程

在处理程序上，信汇与电汇基本相同，不同的是汇出行以航邮方式将信汇委托书或支付委托书寄给汇入行。委托书上不加具密押，而是加具有权签字人的签字或印鉴，汇入行经核对证实无误后，解付汇款。

信汇具有费用较电汇低廉，但汇款在途时间长、收款人收款时间较迟等特点。由于电信的发展，大多数发达国家目前已不再使用和接受信汇。

电汇和信汇的业务程序如图8-1所示。

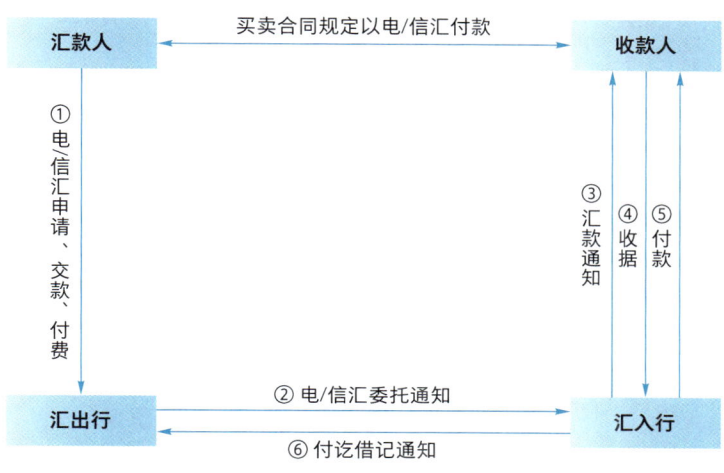

图 8-1　电汇和信汇的业务程序

（3）票汇（Remittance by Banker's Demand Draft, D/D），是指汇出行应汇款人的申请，开立以汇出行的海外分行或代理行为付款人的银行即期汇票，交由汇款人并由汇款人自行寄交给收款人，凭票向付款行取款的一种汇付方式。

票汇的业务程序如图8-2所示。

票汇与电汇、信汇的区别是：第一，票汇方式下汇票的传递不通过银行，汇入行无须通知收款人前来取款，由收款人自行持票上门取款，而电汇、信汇的汇入行在收到汇出行的委托或支付通知后，必须通知收款人取款；第二，票汇的收款人可以通过背书的方式转让汇票，而信汇委托书则不能流通转让。

3. 汇付方式在国际贸易中的运用

在国际贸易结算中，无论是电汇、信汇还是票汇，银行都不经手货运单据，而由出口商自行寄交进口商，这种支付方式被称为单纯支付。由于汇付方式建立

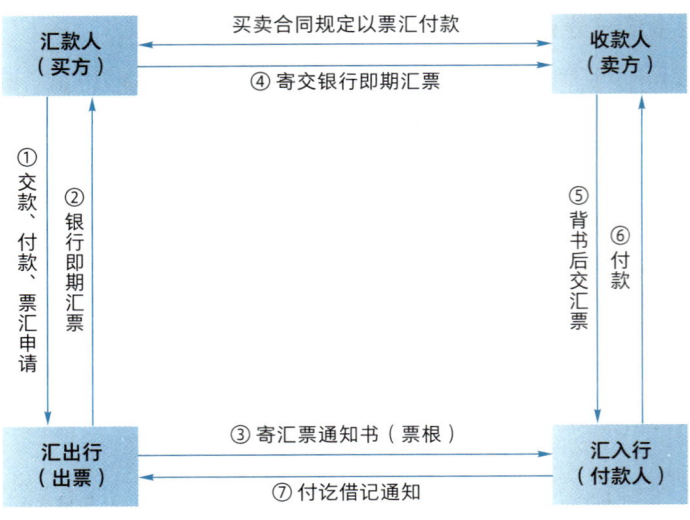

图 8-2　票汇的业务程序

在商业信用基础之上，风险较大。

在国际贸易中，以汇付方式结算买卖双方债权债务时，根据货款的交付和货物运送时间的关系可分为预付货款和货到付款两种。

【国际贸易与中国经济】

国际原油跨境数字人民币结算首单交易

2023 年 10 月 27 日，中国石油国际事业有限公司通过上海石油天然气交易中心在交通银行开立的数字钱包，首次采用数字人民币结算了 10 月 19 日在交易中心平台采购的一船原油。这是数字人民币在我国油气贸易领域跨境结算的突破，促进了国际能源贸易中支付手段的多样化，有助于加速数字人民币在国际贸易中的应用。除了研究数字人民币在油气等大宗商品贸易中的跨境支付，数字人民币在跨境零售领域的应用也在不断探索之中。

采用数字人民币跨境结算，有以下几点优势：一是可以减少对现有国际支付网络的依赖，确保跨境支付的安全性；二是可以降低支付成本，提高跨境结算效率；三是可以提升交易透明度，全程可跟踪和追溯，优化监测手段；四是有助于加强各国央行间数币合作，加快推动人民币国际化。

二、托收

托收（Collection）是指债权人（一般为出口商）开具汇票，委托当地银行通过其在进口地的分行或代理行向债务人（一般为进口商）收取票款的一种支付方式。

由于在托收业务中，汇票是从出口地开向进口地的，而资金要从进口地流向出口地，结算工具汇票与资金流向相反。因此，托收属于逆汇方式。

1. 当事人

（1）委托人（Principal），是指委托银行办理托收的一方，通常是开立汇票委托银行向国外进口商收取货款的出口商。

（2）托收行（Remitting Bank），是指接受委托人的委托办理托收业务的人，通常是出口地银行。

（3）代收行（Collecting Bank），是指接受托收行的委托向付款人收取票款的银行，通常是进口地银行，并且多数是托收行在进口地的分行或代理行。

（4）付款人（Drawee），是指根据托收指示，被提示单据并被要求付款或承兑汇票的人，即汇票的受票人，通常是进口商。

委托人与托收行的关系以及托收行与代收行的关系都是委托代理关系。委托人与托收行的委托代理关系以委托人提交的托收申请书确定，托收行与代收行之间通常订有代理合同并按照托收委托书确定双方的委托代理关系。付款人和代收行之间不存在任何契约关系。如果付款人拒付，代收行只负责将拒付情况通知托收行并由托收行通知委托人，并不承担付款责任。

2. 托收的种类

托收按其是否带有商业单据可分为光票托收和跟单托收两种。

（1）光票托收（Clean Collection），是指不附带商业单据的资金单据的托收。光票托收主要用于货款尾数、小额货款、贸易从属费用和索赔款的收取。

（2）跟单托收（Documentary Collection），是指附有包括货运单据在内的商业单据的托收。跟单托收既可以是带有资金单据（汇票）的跟单托收，也可以是不带有资金单据的跟单托收。跟单托收的汇票，既可以是即期汇票，也可以是远期汇票。

在国际贸易支付中，采用的托收方式通常都是跟单托收，其中的货运单据代表了货物的所有权，交单即等于交货。因此，对于交单的规定要符合合同的要求。

根据代收行向进口商交付货运单据的条件不同，跟单托收的交单方式可分为付款交单和承兑交单两种。

付款交单（Documents against Payment，D/P），是指在代收行提示跟单汇票后，只有在进口商付清货款后，才能将货运单据交给进口商的一种交单方式。按付款时间的不同，付款交单又可分为即期付款交单和远期付款交单。

即期付款交单（D/P at Sight），是指出口商发货后开具即期汇票，连同货运单据通过银行向进口商提示，进口商见票即付，在付清货款后领取货运单据的付款交单方式。即期付款交单的业务程序如图8-3所示。

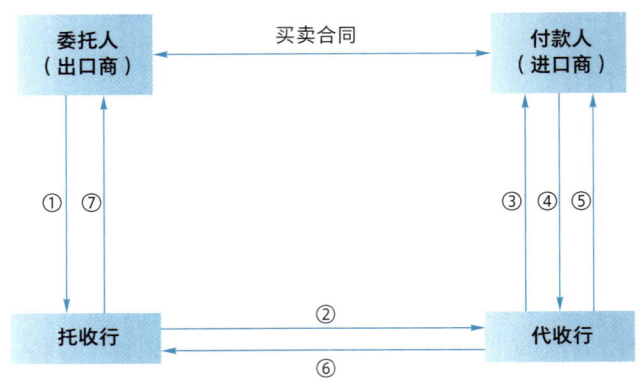

图8-3 即期付款交单的业务程序

说明：
① 委托人（出口商）按合同规定装货后，填写托收申请书，开立即期汇票，连同货运单据（有时不开立汇票）交托收行委托代收货款。
② 托收行根据托收申请书缮制托收委托书连同汇票（或无汇票）、货运单据寄交进口地代收行委托代收。
③ 代收行按照委托书的指示向付款人（进口商）提示汇票与单据。
④ 付款人（进口商）审单无误后付款。
⑤ 代收行交单。
⑥ 代收行办理转账并通知托收行款已收妥。
⑦ 托收行向委托人（出口商）交款。

远期付款交单（D/P after Sight），是指出口商发货后开具远期汇票，连同货运单据通过银行向进口商提示，进口商先在汇票上承兑，然后于汇票到期日付清货款后再领取货运单据的付款交单方式。远期付款交单的业务程序如图8-4所示。

在远期付款交单的情况下，当到货日期早于付款日期时，如要提前取得货运单据，以便及时转售或使用，进口商可采取以下做法：一是在付款到期日之前付款赎单；二是进口商开立信托收据交给代收银行，凭以借出货运单据先行提货。信托收据（Trust Receipt, T/R）是指进口商借单时提供的一种书面信用担保文件，用来表示愿意以代收行受托人的身份代为提货、报关、存仓和销售，并承认货物的所有权仍属银行，保证取得的货款应于汇票到期日交付代收行。

远期付款交单方式下的凭信托收据借单提货实质上是委托人或代收行对进口商提供的一种资金融通方式，这种方式只有在出口商对进口商的资信、偿款能力等十分了解并确信能如期收回款项时才能使用。如果是出口商提出或同意的，可以凭信托收据借单提货，并在托收委托书上写明"付款交单，凭信托收据借单提货"（D/P,T/R）字样，代收行以此指示办理托收业务而产生的风险应由出口商承担。

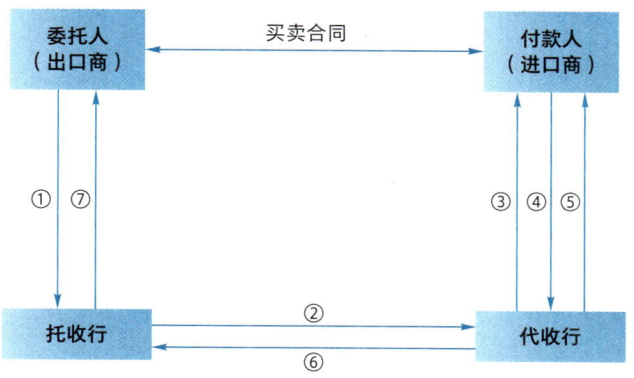

图 8-4　远期付款交单的业务程序

说明：

① 委托人（出口商）按合同规定装货后，填写托收申请书，开立远期汇票，连同货运单据交托收行委托代收货款。

② 托收行根据托收申请书缮制毛收委托书连同汇票、货运单据寄交进口地代收行委托代收。

③ 代收行按照委托书的指示向付款人（进口商）提示汇票与单据，付款人（进口商）经审核无误后在汇票上承兑后，代收行收回汇票与单据。

④ 付款人（进口商）到期付款。

⑤ 代收行交单。

⑥ 代收行办理转账并通知托收行款已收妥。

⑦ 托收行向委托人（出口商）交款。

如果出口商和托收行未曾在托收委托书上允许这一融资条件，而是代收行想为其本国进口商提供融资，同意进口商凭信托收据借单提货的话，那么一切后果应由代收行自行负责。

承兑交单（Documents against Acceptance, D/A）是指进口商在远期汇票上承兑后，即可先向银行领取货运单据，然后于汇票到期日再行付款。承兑交单的业务程序如图 8-5 所示。

3. 托收的风险及其防范

在跟单托收方式下，出口商先行发货，然后委托银行收取货款。而银行只负责提示单据，代收货款，对能否收回款项并无责任，出口商能否安全及时地收回货款，完全取决于进口商的信用。此外，根据国际惯例，银行只需核实所收到的单据在表面上与托收委托书所列内容一致，对出口商所交单据的真伪及是否发运伪劣货物概不负责，进口商能否安全取得合格的货物，完全依赖于出口商的信用。因此，跟单托收建立在商业信用基础之上，交易双方均存在相应的风险。

在托收方式中，出口商发运货物后，在一定程度上失去了货物和资金两方面的主动权，因此托收方式对出口商风险较大。货物发运后，如进口商倒闭或无力付款，或有意拒不付款赎单，出口商就有可能收不回货款。在货物抵达目的地时还会产生存仓、转售或不得已运回出口地的费用和损失。在承兑交单或远期付款

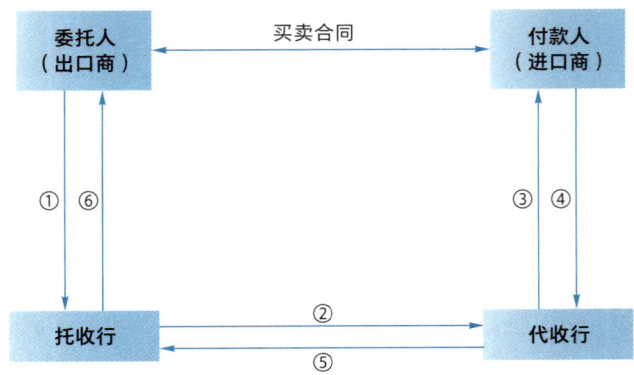

图 8-5　承兑交单的业务程序

说明：

① 委托人（出口商）按合同规定装货后，填写托收申请书，开立远期汇票，连同货运单据交托收行委托代收货款。

② 托收行根据托收申请书缮制托收委托书连同汇票、货运单据寄交进口地代收行委托代收。

③ 代收行按照委托书的指示向付款人（进口商）提示汇票与单据，付款人（进口商）在汇票上承兑，代收行在收回汇票的同时，将货运单据交给付款人（进口商）。

④ 付款人（进口商）到期付款。

⑤ 代收行办理转账并通知托收行款已收妥。

⑥ 托收行向委托人（出口商）交款。

凭信托收据借单提货的方式下，出口商的风险更大，因为进口商只要办理了承兑或提交了信托收据，即可取得单据并提取货物，一旦到期不付款，出口商就会钱货两空。

由于托收方式费用低廉，进口商可免去开立信用证的手续，不必付银行押金，减少了资金支出。如果采用远期托收，还可以不必占用自有资金，有利于资金周转。总的来说，托收方式对进口商比较有利。实际上，在出口业务中采用托收，是出口商对进口商提供的一种融资，以此作为竞争的一种手段，有利于调动进口商采购货物的积极性，从而有利于促进成交和扩大出口。同时，为了防范风险，确保安全收汇，应采取防范措施。

第一，做好售前调查工作。出口商必须详细调查进口商的资信情况、进口国的贸易和外汇管制法令等，并注意避免市场风险。

第二，正确确定交单方式和价格条件。出口商如确定采用托收方式，应尽量争取采用即期付款交单方式，而避免使用承兑交单方式，以确保进口商付款赎单。

世界上有些地区，如拉美地区，习惯上将 D/P 远期按 D/A 方式处理，使原来的只有进口商付款后才交单的付款交单方式，实际上变成了只凭承兑就交出货运单据的方式，使出口商面临着钱货两空的风险。如不得已采用了 D/P 远期，应采取措施避免出现上述问题。

如果使用 D/P 方式，争取以 CIF（或 CIP）条件成交，由出口方办理保险；

如以 FOB（或 FCA）、CFR（或 CPT）条件成交，应加保卖方利益险，以求当货物在运输途中受损而买方又不支付货款时，由保险公司承担赔偿责任。

第三，把托收方式与银行保函、信用证等方式结合起来，以降低风险。为了使收取货款有保障，可以要求进口商申请开立出口商认可的银行保函，一旦进口商在规定的时间内拒绝赎单或承兑取单提货后拒不付款，出口商有权向开立保函的银行索赔。

4. 托收的国际惯例

在国际贸易中，银行与委托人之间，托收行与代收行之间，往往由于各方对权利、义务和责任的解释有分歧，加上不同银行的具体做法也有差异，从而导致误会、纠纷和争议。国际商会为调和各有关当事人之间的矛盾，以利于商业和金融活动的开展，曾于 1958 年草拟并于 1967 年公布了《商业单据托收统一规则》，从而在银行托收业务中取得了统一的术语、定义、原则和程序，并建议各国银行采用。国际商会于 1978 年对该规则进行修订，改名为《托收统一规则》（国际商会第 322 号出版物）。目前使用的《托收统一规则》（Uniform Rules for Collection，简称 URC522）以国际商会第 522 号出版物的形式颁发，于 1996 年 1 月 1 日起实施。

《托收统一规则》自公布实施以来，被各国银行广泛采纳和使用。但应当指出的是，作为国际惯例，只有在当事人事先约定的条件下，才受该惯例的约束。

三、信用证

信用证（Letter of Credit, L/C）是进口方银行（开证行）根据进口商（开证申请人）的申请和要求，向出口商（受益人）开立的，凭规定的单据在一定期限内支付一定金额的书面保证文件。简而言之，信用证是一种银行开立的有条件的书面付款承诺，具体条件就是受益人必须提交符合信用证规定的各种单据。

1. 信用证的当事人

信用证一般有三个基本当事人：开证申请人、开证行、受益人，在使用过程中，又产生了通知行、议付行、付款行和保兑行等其他当事人。

（1）开证申请人（Applicant），又称开证人（Opener），是指向银行申请开立信用证的人，通常是进口商。

（2）开证行（Opening Bank, Issuing Bank），是指应开证申请人的要求，开立信用证并承担付款责任的银行，通常是进口地银行。

（3）受益人（Beneficiary），是指接受信用证并享有信用证下合法权利的人，通常是出口商或实际供货人。

（4）通知行（Advising Bank, Notifying Bank），是指受开证行的委托，将信用证转交或通知出口商的银行，通常是出口地的银行。

（5）议付行（Negotiating Bank），是指自己垫付资金买入或贴现受益人开立和提交的符合信用证规定的跟单汇票的银行。议付行可以是信用证上指定的银行，也可以是非指定的银行。

（6）付款行（Paying Bank, Drawee Bank），是指开证行授权进行信用证项下付款或承兑并支付受益人出具的汇票的银行。付款行可以是开证行自己，也可以是接受开证行委托的另一家银行。

（7）保兑行（Confirming Bank），是指应开证行的请求，在信用证上加具保兑的银行，它具有与开证行相同的责任。

2. 信用证支付方式的业务程序

微课：
信用证审核

（1）进口商申请开证（Application for Credit）。进口商在与出口商签订贸易合同后，应根据合同条款向银行申请开立信用证。申请开证时，进口商应填写开证申请书，内容包括两部分：第一部分是要求开立信用证的基本内容，是开证行开证的主要依据。第二部分是开证人对开证行的声明或保证，以明确自己应承担的责任，其基本内容是承认在其付清货款前，开证行对单据及其所代表的货物拥有所有权，若到期不付款，开证行有权没收一切抵押物，作为应付款项的一部分。

开证申请人申请开证时，开证行可根据开证人的资信状况，要求提供一定的担保品或一定比例的押金，并收取手续费。

（2）进口方银行开立信用证（Issuance of Credit）。开证行开立信用证时，必须严格按照开证申请书的要求开立，否则，开证行的权益不能得到可靠保障。

开立信用证的方法有信开、全电开和简电开三种。信开是指开证行将信函形式的信用证通过航邮寄送给出口商或通知行。全电开是指开证行通过 SWIFT 系统（环球银行金融电信协会）或电报电传等电信方式将信用证内容传至通知行。简电开是指通过电报或电传预先通告通知行信用证的主要内容，并附有"详情后告"等词语。信开和全电开信用证都是有效的信用证，简电开必须补寄证实书方为有效信用证。

（3）出口方银行通知信用证（Advice of Credit）。出口方银行收到开证行开来的信用证时，经核对密押和印鉴相符，确认其表面真实性后，应及时将信用证通知受益人。开证行在开立信用证时可以指定另一家银行加具保兑，此时，保兑行通常由通知行兼任。

受益人收到信用证后，应仔细审核信用证。如发现其内容有与合同条款不符或不能接受之处，应及时要求开证人通过开证行对信用证进行修改或拒绝接受信用证。如接受信用证，应立即备货，并在信用证规定的装运期限内，按照信用证规定的条件装运发货。然后，缮制并取得信用证所规定的全部单据，开立汇票，连同信用证正本和修改通知书，在规定的期限内送交：信用证规定的议付行或付款行、保兑信用证的保兑行、任何愿意议付该信用证下单据的银行。

（4）出口方银行议付信用证（Negotiation of Credit）。议付行对出口商提交的单据进行仔细的审核后，确认单证相符、单单相符后，即可进行议付。议付是指议付行以自有资金按照汇票金额扣除各项费用和利息后，垫付款项给受益人，并获得受益人提交的汇票及单据的所有权的行为。议付表面上是银行的购票行为，实际上是银行为受益人融通资金的一种方式。银行议付单据后，有权向开证行或其指定的付款行索偿，如遭拒付，可向受益人追索议付款项。

（5）进口方银行接受单据（Documents Taken up by Issuing Bank）。开证行（或其指定的付款行）收到议付行寄来的汇票和单据后，如审单后发现单证或单单不符，则有权拒付，但必须及时将拒付事实通知议付行。如未发现单据中的不符点，应无条件付款给议付行，并取得汇票和单据的所有权。

（6）进口商赎单提货（Take Delivery of Goods against Documents Retired）。开证行接受单据后，应立即通知进口商备款赎单。进口商核验单据无误后，将全部票款（或部分票款以押金抵补）及有关费用付给开证行，即可取得所有单据并提货。此时，开证行和进口商之间由于开立信用证而形成的契约关系就此终止。进口商付款赎单后，如发现任何有关货物的问题，不能向银行提出赔偿要求，应分具体情况向出口商、保险公司或运输部门索赔。

即期不可撤销跟单议付信用证的收付程序如图8-6所示。

3. 信用证的内容

根据不同交易的需求，各银行习惯使用的信用证格式各不相同。国际商会曾先后设计并介绍过四种信用证标准格式，其中包括：即期付款信用证、承兑信用证、延期付款信用证和议付信用证。但是，现在各国银行基本上还是按照其过去的习惯开立信用证，同时参照国际商会推荐的标准格式略加修改。

虽然目前信用证尚无统一格式，但是其基本内容大致相同，主要包括以下几个方面：

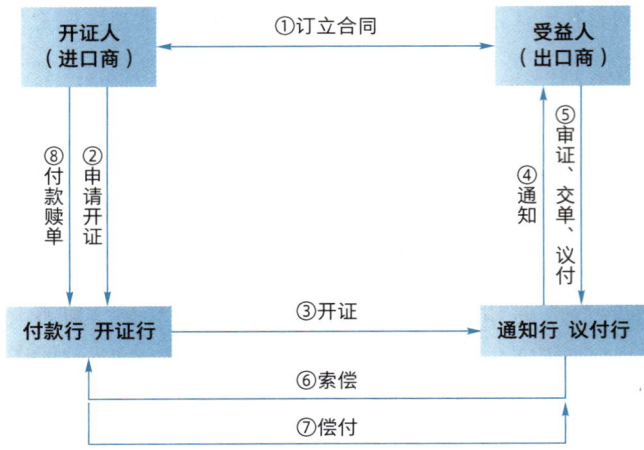

图 8-6　即期不可撤销跟单议付信用证的收付程序

（1）对信用证本身的说明。如信用证的编号、种类、金额、开证日期、到期日和交单地点等。

（2）信用证的当事人。如开证申请人、受益人和开证行，以及开证行指定的通知行、议付行、付款行、偿付行和保兑行等。

（3）货物条款。如货物的名称、规格、数量、包装、价格等。

（4）装运与保险条款。如运输方式、起运地、目的地、装运日期、可否分批装运、可否转运等；以 CIF 或 CIP 贸易术语达成的交易项下的保险要求，以及投保的金额和险别等。

（5）单据条款。包括对汇票的要求，如使用汇票，应列明汇票的必要项目；对货运单据的要求，如商业发票、海关发票，提单或运输单据、保险单证等；此外，还有包装单据、产地证、检验证书等。

（6）特别条款。主要是根据进口国政治经济贸易状况的变化或不同业务需要规定的一些条款。

（7）开证银行的责任条款以及适用的国际惯例。目前，银行开出的信用证都注有"该证受国际商会第 600 号出版物《跟单信用证统一惯例》的约束"字样。

4. 信用证的特点

信用证支付方式具有以下三个特点：

（1）开证行负有第一性付款责任。信用证是由开证银行以自己的信用作出的付款保证。在信用证支付方式下，只要出口商履行了信用证条款所规定的义务，开证行就应履行其第一性的付款责任。

（2）信用证是一项独立自主的文件。信用证通常都是以交易合同为基础开立的。信用证一经开出，就成为独立于买卖合同之外的另一种契约。信用证的各当事人的权利和责任完全以信用证所列条款为准，不受买卖合同的约束。

（3）信用证是一种纯单据交易。在信用证业务中，各有关当事人处理的是单据，而不是单据所涉及的货物、服务或其他行为。至于单据的真伪、法律效力，以及单据所代表的货物状况等，银行概不负责。

5. 信用证的性质及作用

采用信用证支付方式，只要出口商按信用证的要求提交单据，银行即保证付款。所以，信用证建立在银行信用之上，由开证银行代进口商承担第一性的付款责任。这种银行提供信用并以自有资金直接参与到支付过程中的支付方式，在一定程度上解决了建立在商业信用基础之上的支付方式所存在的交易双方权利和义务不对等的问题，并为买卖双方的融通资金提供了多种途径和便利。

众多彼此不熟悉、相互不了解的贸易当事人可以通过信用证提供的银行信用建立贸易联系。因此，信用证支付方式较易被进出口双方接受和采用，有利于双方贸易活动的顺利进行，从而促进了国际贸易的发展。

信用证在国际贸易结算中可以起到以下两个主要作用：一是保证作用，二是资金融通作用。这些作用通过各有关当事人体现。首先，对出口商来说，只要按信用证规定发运货物，向指定银行提交单据，收取货款就有了保障。发货后将汇票和单据交议付行议付，通过押汇可及时收回货款，有利于加速资金周转。在货物装运前，还可以凭信用证向银行申请打包放款（Packing Credit），这是对出口商业务开展较为有利的一种融资方式。其次，对进口商来说，申请开证时只需缴纳少量押金或免交押金，大部分或全部货款在单据到达后支付，减少了资金占用。如为远期信用证，还可凭信托收据向开证行借单提货出售或使用，到期后再向开证行付款。可以通过信用证条款控制出口商的交货时间、交货方式，以及所交货物的质量和数量，可以保证进口商付款后即获得代表货物的单据。

对银行来说，开证行贷出的是信用，不必占用资金，既可取得开证手续费的收入，又可将收取的开证押金加以利用。虽然面临一定的垫款风险，但开证时已收取一定的押金，付款后即获得出口商提交单据所代表货物的所有权，因而，风险已经得到有效的控制。至于出口地的议付行，议付出口商提交单据后，可向开证行索偿，只要出口商交来的单据符合信用证规定，就可以对出口商进行垫款、叙做出口押汇，还可以从中获得利息和手续费等收入。

【国际贸易新视界】

数字支付助力跨境贸易加速发展

2023 年 12 月 11—12 日的中央经济工作会议提出："要加快培育外贸新动能，巩固外贸外资基本盘，拓展中间品贸易、服务贸易、数字贸易、跨境电商出口。"近年来，跨境电商作为发展速度最快、潜力最大、带动作用最强的外贸新业态，显示出巨大的市场活力和增长韧性，成为外贸领域新的一抹亮色。

据海关统计，2024 年，我国跨境电商进出口总额 2.63 万亿元，同比增长 10.8%。其中，跨境电商快速发展，既满足了国内消费者多样化个性化需求，又助力我国产品通达全球，成为外贸发展的重要动能。随着海外年轻一代采购商的崛起，海外企业买家行为习惯的改变，通过在线平台进行跨境采购的趋势非常明显，B2B 跨境贸易已成为对外贸易的重要部分。

随着线上贸易额不断增长，成本较高、回款周期较长的传统跨境收款方式已经不能完全满足小额且高频的交易需求。在这一背景下，连连数字、PingPong 等数字科技企业通过遍布全球的服务网络、全球化服务能力及数字技术实力，为处于不同发展阶段的跨境企业提供全链路、个性化的解决方案，助其全球展业。数字支付服务颠覆了过去大单、低频的贸易交易特点，帮助企业应对传统支付业务模式难匹配、支付成本较高、海外市场覆盖率不够高等掣肘，提升支付安全保障能力和交易运营效率，赋能全球贸易活动。

目前，PingPong 企业用户从注册到审核通过的周期，已经从 1 天缩短到 1 个小时；80% 的企业入账可以在数秒间完成；跨境支付时效也从 2 周缩短到几分钟。在第二届全球数字贸易博览会上，连连数字从产业支付综合服务、一站式跨境贸易服务平台、"数智出海"项目、"一带一路"等几大板块全面展示了其全球数字支付解决方案。凭借覆盖 100 多个国家和地区的全球商业网络、64 项支付牌照及相关资质，连连数字可为中国及全球客户提供涵盖收款、付款、收单、汇兑、虚拟银行卡、聚合支付的数字支付服务，以及数字化营销、运营支持、引流服务、账户和电子钱包、软件开发服务等增值服务。

支付方式的选用

在对外贸易实际业务中，根据不同国家和地区、不同客户、不同交易的实际情况，正确和灵活地选用货款结算支付方式是一个关系到交易成败的重要问题。一般情况下，一笔交易只使用一种支付方式，但在特定情况下，也可以在一笔交易中把两种甚至两种以上不同的支付方式结合起来使用。

一、信用证和汇付的结合使用

信用证和汇付的结合是指部分货款在货物装运后即采用信用证支付，另一部分货款在货物运抵目的地并经过商品检验确定其品质或数量后，余额采用汇付方式支付的方式。这种方式多适用于交货数量不易控制的初级产品贸易上，对于特定商品或特定交易需要进口商预付定金的，也可将预付定金部分以汇付方式支付，其余货款以信用证结算。

二、信用证与托收的结合使用

信用证与托收的结合是指一笔交易的部分货款用信用证支付，余额用托收结算的方式。实际做法是，出口商签发两张汇票，凭光票支取信用证款项，凭跟单汇票采用 D/P 方式支取余款。即信用证采用光票信用证的方式，跟单托收必须是付款交单方式。这种做法对进口商来说，可减少开证金额，少付押金，减轻了资金周转的压力；对出口商来说，有部分信用证付款的保证，且进口商必须付清全部货款后才能获得货运单据，出口商的安全收汇较有保障。

三、跟单托收与预付押金的结合使用

在进口商预付部分货款或以一定比率的押金为保证的前提下，可采用跟单托收的方式结算货款。出口商收到预付款或押金后发运货物，并从货款中扣除预付押金，其余金额通过银行托收。如托收金额被拒付，出口商可将货物运回，并以预收押金抵偿运费、利息及其他损失。

四、跟单托收与备用信用证或银行保函的结合使用

跟单托收与备用信用证或银行保函的结合使用，可以保证跟单托收项下的货款被拒付时，出口商可以利用备用信用证或银行保函的有关条款，签发进口商拒付的声明书，并开立汇票要求银行付款。使用这种方式时，备用信用证或银行保函的有效期必须晚于托收付款期限，以便被拒付后能有足够的时间办理追偿手续。

五、汇付与备用信用证或银行保函的结合使用

这种支付方式一般用在大型设备、成套设备，以及飞机与轮船等大型运输工具的交易中。由于这种交易具有货物金额大、制造生产周期长、检验手段复杂、交货条件严格，以及质量保证期限长等特点，外贸企业往往采用两种甚至两种以上不同的结算方式，如汇付与备用信用证或银行保函的结合使用，再结合使用分期付款或延期付款的方法支付货款。

> **【职业道德与素养】**
>
> 案例背景：
>
> 我国某出口企业签订了一份信用证付款的订货合同：1 950 万美元出口5 万立方米的花岗岩砌石，在美国某银行开立的一份见票 90 天承兑付款的信用证中规定，为了让美国海关和开证申请人安排检验货物，开证行将仅凭开证申请人的收据无偿放单。开证行对该信用证项下汇票的承兑要等全部货物被美国海关放行和开证申请人接受货物并向其发出书面通知。直到开证行收到上述的书面通知之前，开证行对其无法从开证申请人处索回单据不负责任。如果开证行从开证申请人处收到美国海关或开证申请人拒绝接收货物的通知，开证行将立即将此情况通过交单银行通知收益人。
>
> 无论从收汇的安全性和及时性来说，这样存有"软条款"的信用证存在较大的不确定性和包含非常大的风险，属于国际结算业务中的欺诈行为，因

而我验证行要求更改该条款。

问题：

在国际贸易中，对于存在"软条款"的信用证，企业应采取怎样的防范措施？

分析提示：

信用证中的"软条款"（Soft Clause），也称为"陷阱条款"（Pitfall Clause），是指在不可撤销的信用证中加列一种条款，使出口商不能在发货后如期收款，据此条款，开证申请人（买方）或开证行具有单方面随时解除付款责任的主动权，即买方完全控制整笔交易，受益人处于受制人的地位，是否付款完全取决于买方的意愿。

知识与技能训练

一、单项选择题

1. 国际贸易货款的收付，大多数采用（　　）作为支付工具。

    A. 现金
              B. 支票

    C. 信用卡
            D. 金融票据

2. 使用托收方式时，托收行和代收行在货款收进方面（　　）。

    A. 没有责任
         B. 承担部分责任

    C. 有责任
            D. 视情况分析

3. 出票人签发票据并将其交付给收款人的票据行为称为（　　）。

    A. 出票
              B. 提示

    C. 承兑
             D. 付款

4. 出口商要保证信用证下安全收汇，必须做到（　　）。

    A. 提交单据与合同相符且单单相符

    B. 提交单据与信用证相符且单单相符

    C. 当 L/C 与合同不符时，提交单据以合同为准

    D. 提交单据与合同、信用证均相符

5. 下列关于支票的说法错误的是（　　）。

    A. 支票的付款人只能是银行

    B. 支票只能是即期付款

    C. 支票按照抬头的不同性质可以分为记名支票和不记名支票

    D. 支票是一人向另一人签发的，保证于见票时或定期或在可以确定的将来的时间，
        对某人、其指定人或持票人支付一定金额的无条件的书面承诺。

二、多项选择题

1. 在实际业务中，远期汇票付款时间的规定方法有（　　　　）。

    A. 见票后若干天付款
        B. 出票后若干天付款

    C. 提单签发后若干天付款
     D. 指定日期付款

2. 根据《中华人民共和国票据法》的一般规定，出现（　　　　　）情况时持票人可视作承兑人或付款人拒付。

    A. 承兑人或付款人正式拒绝

    B. 承兑人或付款人已经死亡、逃匿或避而不见，持票人经过合理努力仍未找到

    C. 承兑人或付款人已被依法宣告破产的或因违法被责令终止业务活动

    D. 付款人是虚构人物或根本没有资格支付汇票的人，在经过合理努力后都无法提示

3. 本票与汇票的区别在于（　　　　　）。

    A. 前者有三个当事人，后者则只有两个

    B. 前者无须承兑，后者的远程通常要经过承兑

    C. 前者的主债务人不会变化，后者则会因为承兑而发生变化

    D. 前者只有即期，后者有即期和远期之分

4. 对于信用证与合同的关系，表述正确的是（　　　　　）。

    A. 信用证的开立以买卖合同为依据

    B. 信用证的履行不受买卖合同的约束

    C. 有关银行只根据信用证的规定办理信用证业务

    D. 合同是审核信用证的依据

5. 受益人受到信用证后，正确的做法有（　　　　　）。

    A. 仔细审核信用证

    B. 如发现信用证与合同条款不符，应及时要求开证行修改信用证

    C. 如发现信用证与合同条款不符可以拒绝接受信用证

    D. 如果接受信用证应立即备货。

三、判断题

1. 由于银行的介入，信用证内使用的汇票为银行汇票。（　　　）

2. 议付信用证中规定的汇票的付款人不应为开证申请人。（　　　）

3. 汇票是出票人的无条件支付承诺，是承诺式票据。（　　　）

4. 总的来说，托收方式对进口商比较有利。（　　　）

5. 汇付属于顺汇法，托收与信用证属于逆汇法。（　　　）

【调查研究与善作善成】

一、调查研究

外贸企业的国际结算调查

1. 总体要求

近年来，国际形势风云变幻，国际货币体系开始加速进入调整期，跨境人民币结算迎来重要发展"窗口期"。请结合本项目学习内容，分小组实地走访当地五家以上的外贸企业，以座谈等形式了解企业通常使用的国际支付工具、支付方式、采用的结算货币及在国际结算中遇到的问题。思考企业采用这些国际结算的方式原因并撰写一份调查研究报告。

2. 具体要求

（1）准备要足。国际结算方式的选择受到外贸企业的规模、业务形态及目标国家的影响。为了提高调研的准确性，建议在调研对象上尽量选择不同的外贸企业。小组调研前，通过电子邮件、电话、实地走访等方式对所选调研企业进行调研前的沟通，确定调研对象、时间、地点等信息。拟定调研提纲和问卷，做好调研行程安排。

（2）范围要准。根据调研目的，合理设计调研主题。小组此次调研主要围绕外贸企业国际结算展开。在调研过程中，需要收集企业的国际结算工作经验，探寻企业国际结算工作存在的痛点和难点，分析问题存在的原因，并研究完善企业国际结算工作的举措。

（3）内容要实。充分查阅文献资料后，结合企业自身的特点，制定内容翔实的调研提纲和问卷。实地访问结束后，分析整理调研资料，总结外贸企业常用的国际结算支付工具、支付方式、结算货币及其原因。

二、综合实训

信用证审核

1. 实训目标

通过实训，使学生掌握信用证的主要内容，培养细致、严谨的工作素养。

2. 实训资料

教师选取合适的案例，并提供用于分析的进出口企业的外贸合同和信用证。

3. 实训要求

（1）教师介绍案例背景。

（2）学生阅读合同，分析信用证。

（3）学生展示结果。

（4）教师讲解。

4. 实训指导

（1）向学生讲解信用证构成。

（2）引导学生抓取关键信息。

（3）指导学生审核信用证。

（4）和学生一起整理信用证审核要点。

5. 实训评价

教师对各组完成情况进行点评并作出综合评价，填入表8-2。

表8-2 实训综合评价表

考评人		被考评人	
考评地点			
考评内容	信用证审核	分值	实际得分
	审核结果的正确性	40	
	审核结果的完整性	40	
	任务完成时间	20	
合计		100	

项目九

国际贸易
合同履行

学习目标

// 素养目标 //

- 提高独立完成国际贸易合同履行的能力，强化团队合作精神
- 培育法律意识和契约精神，严格按照约定履行国际贸易合同

// 知识目标 //

- 掌握出口合同履行的基本程序和应注意的问题
- 掌握进口合同履行的基本程序和应注意的问题
- 熟悉货物进出口过程中涉及的运输、保险、检验和报关等相关步骤以及相关的单据
- 熟悉出口过程中所涉及的议付单据及种类
- 掌握各种议付单据的填制规范

// 技能目标 //

- 能够完成信用证的审核和修改
- 能够根据合同条款填写信用证申请书

思维导图

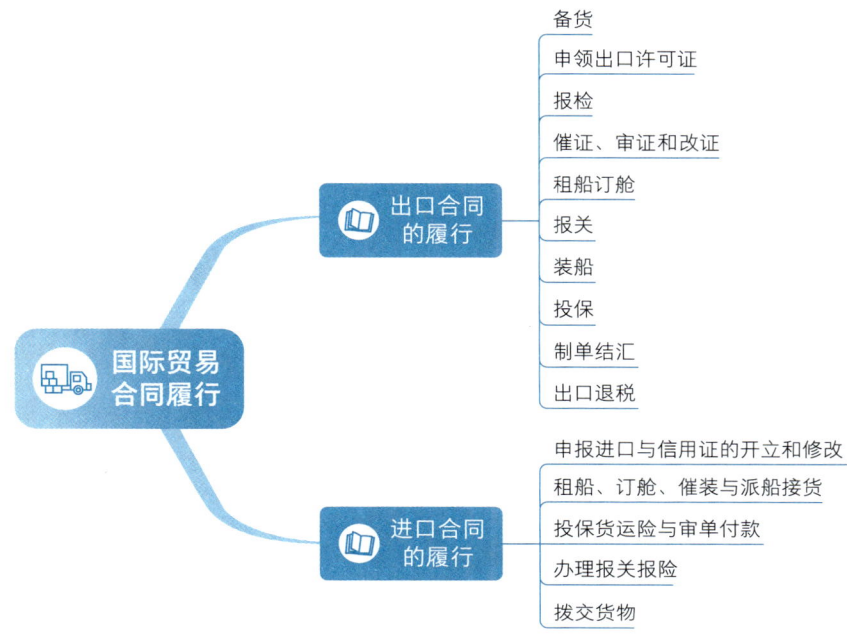

国际贸易合同履行

出口合同的履行
- 备货
- 申领出口许可证
- 报检
- 催证、审证和改证
- 租船订舱
- 报关
- 装船
- 投保
- 制单结汇
- 出口退税

进口合同的履行
- 申报进口与信用证的开立和修改
- 租船、订舱、催装与派船接货
- 投保货运险与审单付款
- 办理报关报险
- 拨交货物

学习计划

● 素养提升计划

_____

_____

_____

● 知识学习计划

_____

_____

_____

● 技能训练计划

_____

_____

_____

出口合同的履行

我国 A 公司在 2022 年与海外 B 公司签订一份 CIF 出口合同，出口一批汽车配件，合同金额 10 万美元，结算方式是电汇，双方约定签订合同后 B 公司预付 30% 的定金，在出口商发货后，用电子邮件形式发送海运提单复本给 B 公司，B 公司再支付剩余 70% 的货款，A 公司收到货款后再邮寄正本提单给 B 公司，B 公司凭单提货。

在签订合同 5 天后，A 公司收到了定金 3 万美元，于是开始备货并租船订舱。但是，让双方始料不及的是，进口国国内局势突变，A 公司已经备妥的货物无法出运，只能一直堆放在仓库，待形势好转再给客户发货。然而，进口国持续内乱导致 A 公司始终无法发货，这个时候离合同签订过去 2 年多，而这批汽车配件因为长期堆放在仓库导致生锈，最后，A 公司只好将这批汽车配件当废铁卖掉，损失惨重。

2024 年，B 公司在局势稳定后又联系 A 公司，提示 A 公司要完成交货。本着诚信原则和契约精神，A 公司又重新制作货物并发货给 B 公司。自此以后，A 公司和 B 公司一直保持着良好的合作关系。

【问题】

上述案例对外贸从业人员有什么启发？

【分析提示】

国际货物买卖合同的订立，只是表达了双方当事人各自的经济愿望。只有履行了合同，才能实现双方当事人各自的经济目的。我国外贸企业一直秉承着中华民族传统美德，本着重合同、守信用的原则与国外客户打交道，赢得了客户的信任和尊重。外贸企业一方面按照商品经营方案广泛而重点地联系客户，及时磋商和订立出口合同，为完成或超额完成既定的销售目标奠定基础；另一方面，按照合同规定履行合同，以实现这个目标。一份合同得以有效履行，取决于买卖双方。卖方要按照合同规定履行交货、交单和转移货物所有权的义务，而对于买方也同样本着重合同守信用的原则，支付货款和收货。

我国对外签订的出口合同，大多数是按 FOB、CIF 或 CFR 成交，并按信用证支付方式付款。履行此类出口合同，涉及面广，工作环节多，手续复杂。履行出口合同的程序，一般包括备货，申领出口许可证，报检，催证、审证和改证，租船订舱，报关，装船，投保，制单结汇，出口退税等工作环节。

一、备货

备货是进出口合同履行的第一步，也是十分重要的一个环节，出口商是否能根据合同或信用证的内容按时、保质、保量地准备应交付的货物，是合同履行成败的基础。当合同中使用信用证为付款方式时，以信用证为准，而其他结算方式则以合同为准。

流通型的进出口公司根据合同或信用证规定，与生产企业签订采购合同；有进出口经营权的大型生产企业，获取出口订单后直接向生产加工及仓储部门下达联系单，有关部门按照联系单的要求，对应交的货物进行清点、加工整理、刷制运输标志等工作。

（一）货物的品质、规格

货物的品质、规格应按合同的要求核实，必要时应进行加工整理，以保证货物的品质、规格与合同规定一致。

（二）货物的数量

货物的数量应保证满足合同或信用证对数量的要求，备货的数量应适当留有余地，以防装运时可能发生的包装损坏而换货，以及适应舱容之用。

（三）货物的包装

货物的包装应进行认真检查和核实，使之符合信用证的规定，并要做到对保护商品和适应运输的要求，如发现包装不良或破损，应及时进行修补或换装。

（四）唛头（运输标志）

唛头包括收货人或买方名称的英文缩写字母或简称；参考号，如运单号、订

视频：
包装与装运

单号或发票号；目的地；件号。

（五）备货时间

备货时间应根据信用证规定，结合船期安排，以利于船货衔接。

二、申领出口许可证

一般来说，为了鼓励出口，我国对绝大多数外销商品不加限制，出口企业在出口其经营范围内的商品时，无须申报出口，即可申领出口许可证。但有时国家为了特定目的，也对某些商品实行出口许可证管理制度。因此，出口许可证管理范围内的商品，必须在货物出口前向管理部门［商务部及其驻各地特派员办事处和各省（自治区、直辖市以及计划单列市）商务厅（委、局）］领取货物出口许可证。

三、报检

出境货物报检是指出口方在货物备妥后，根据合同约定或国家规定，向海关申请对出境货物进行检验的工作。在备货完毕后，应及时向海关申请检验，只有检验合格，海关才会出具相关证书并放行。否则，一律不得出口。

出境货物报检的手续是报检企业通过国际贸易单一窗口申报出口货物报关单检务数据，向海关申请报检。报检时应附资料包括合同、信用证、厂检单、发票、装箱单等。法定商品检验的出境货物，应经由生产单位或货主检验合格，并出具有效的厂检单或验收单。

四、催证、审证和改证

当采用信用证支付方式时，出口方为了维护自己的权益，必须做好对信用证的催证、审证和改证等工作。

（一）催证

催证是指出口方以某种通信方式催促进口方开立信用证的手续，以便出口方履行交货义务的过程。按照合同规定及时开证是进口方的主要义务，因而在正常情况下无须催证。但在实际业务中，有时国外进口商在遇到市场发生变化或资金发生短缺的情况下，往往会拖延开证。对此，出口方应催促对方及时开证，特别是大宗商品交易或按卖方要求而特制的商品的交易，更应结合备货情况及时进行

催证。

（二）审证

出口方审核信用证的思路主要是从信用证的各项条款开始，逐条审核，参考依据是进出口双方签订的销售合同。

1. 对信用证的开证日期、开证地点、开证申请人和受益人的名称、地址等的审核

这些内容要求书写正确，如有错误应及时要求开证行证实、修改更正，以免出口方制单议付发生困难，影响收汇。

微课：
审证和改证

2. 对信用证商品的名称、品质、规格、数量、包装等条款的审查

信用证中有关商品名称、品质、规格、数量、包装、单价等条款内容必须和合同规定相符。

3. 对信用证金额与货币的审查

信用证金额应与合同金额相一致，如合同订有溢短装条款，信用证金额亦应包括溢短装部分的金额。信用证金额中的单价与总值要填写正确，大小写并用。来证所采用的货币应与合同规定相一致。

4. 对信用证规定的装运期、有效期和到期地点的审查

装运期必须与合同规定一致，如国外来证晚或出口方由于某种原因无法按期装运，则应及时电请国外买方延展装运期限。若信用证中未规定装运期，则信用证有效期即被视为装运期，信用证有效期一般应与装运期有一定的合理间隔，以便在装运货物后有足够时间办理制单结汇工作。在我国的出口业务中，通常要求将信用证的议付到期日规定在装运期限后 15 天。若信用证的装运期与有效期是同一天，业务上称其为"双到期"；若信用证内只注明有效期，但未注明装运期，也应理解为"双到期"。遇到这种情况，出口企业应在装运期内尽快完成装运工作，否则可能来不及在有效期届满前向银行交单。

关于信用证的到期地点，通常要求规定在中国境内到期，如信用证将到期地点规定在国外或国外银行的柜台等，出口方不易掌握国外银行收到单据的确切日期，这不仅会影响收汇时间，而且容易引起纠纷，故一般不宜接受。

5. 对信用证运输条款规定的审查

应审查来证对装运港/起运地、目的港/目的地以及对转运和分批装运的规定是否与合同相符。除非合同中有明确规定，出口方应要求信用证允许转运或分批装运，或对此不做规定。

另外，还应审查来证对分批装运是否有特殊要求，如有的信用证在规定分批

装运期限的同时，也规定了各批装运的具体数量，这时只要分批装运中有一批未能按时、按量运出，则信用证对该期及以后各期均告失效。若出口方难以达到这些特殊要求，就应向对方提出修改要求。

6. 对信用证保险条款规定的审查

出口方应对来证中规定的投保险别、保险金额和投保加成率等内容进行审核。

7. 对信用证付款期限规定的审查

审查信用证付款期限是否与合同相符，在远期付款条件下，应审查信用证是否对买方负担利息的条款作出了与合同一致的规定。在即期合同下，只要开证行资信可靠，出口方也可以接受对方开来的假远期信用证。

8. 对单据的审查

对于来证中要求提供的单据种类和份数及填制方法等，要进行仔细审核，特别是要审查对发票、装箱单、重量单、产地证书、检验证书等单据的内容有无特殊要求，如发现有不正常的要求，例如要求商业发票或产地证明须由国外第三方签证以及提单上的目的港后面要加上指定码头等，都应慎重对待。

9. 对其他特殊条款的审查

在审证时，除了对上述内容进行仔细审核外，还应对信用证内加列的许多特殊条款进行审查，如指定船公司、指定船籍、船龄等条款。

10. 对开证行责任条款的审查

国外开证行一般应有保证付款的声明，并注明"除另有规定外，本行根据国际商会 UCP600 办理"。如果信用证中没有上述规定，甚至加列某种"保留"和"限制"条款，有关银行和企业不应接受这种信用证，应向对方提出改证。

（三）改证

出口方在对信用证进行了全面细致的审核以后，如发现有任何与合同规定不符并影响到合同的顺利履行和安全收汇的不符点时，应该针对这些内容向进口方提出修改或者要求取消某些不能接受的条款。

1. 改证应注意的问题

（1）凡是需要修改的各项内容，应做到一次向国外客户提出，尽量避免由于出口方考虑不周而多次提出修改要求。否则，会使履约受到影响，而且手续烦琐，改证费用过高，从而引起国外客户的不满。

（2）对通知行转来的信用证修改通知书的内容，经审核后，只能全部接受或全部拒绝，不能只接受一部分而拒绝其余部分。

（3）接到国外银行寄来的信用证修改通知书后，应仔细审核。如发现修改内容仍难以接受，应在3个工作日内将修改书退通知行，并说明有关情况。

（4）对提出修改的信用证，在收到修改通知书并已审核同意后，方可将货物装船出运，否则，会使出口方陷入被动，影响收汇安全。

（5）对来证不符合合同规定的各种情况，还需要作出具体分析，不一定坚持要求对方办理改证手续。只要来证内容不违反政策、原则并能保证出口方安全迅速收汇或经过适当努力可以办到并不造成损失的，出口方也可以酌情处理。

信用证修改书作为信用证一个不可分割的部分，应在交单时连同信用证正本一起提交银行。

2. 关于修改信用证的函电应用

出口方仔细审核完信用证之后，应该把所有与合同规定不符并影响到合同的顺利履行和安全收汇的不符点总结罗列出来，然后针对这些不符点，提出修改或者要求取消某些不能接受的条款的解决方法，最终以外贸英文函电的形式告知进口方，请求进口方及时进行信用证修改。

关于信用证修改的信函大体包含三方面的内容：

（1）确认收到信用证，同时指出其中的不符点。

We are pleased to inform you that L/C No.1686521 issued by the Chartered Bank of New York for our S/C No.855 has just been received. However, on examining the clauses，we regretfully find that it contains a number of discrepancies. We request you to instruct your bankers to make the following amendment to the L/C.

（2）详述不符点的内容，并提出如何修改这些不符点。

① The name should be Bank of China, Zhuhai branch instead of Messrs & john Co.，LTD..

② The amount of the L/C should be US＄55 000.00 in figures and say US Dollars Fifty-five Thousand only in words.

③ The draft under the L/C should be at sight instead of at 60 days after sight.

④ Please insert "Children" before "Bicycles".

⑤ The port of destination should be New York instead of Atlanta.

⑥ The date and place of expiry should be December 15，2024 in Zhuhai，China.

（3）要求尽快修改或展期的一个愿望表达。

We should appreciate it if you would cable the amendment to the L/C.

出口方必须在收到信用证修改通知书，再经审核确认无误后，才能发运货物。

五、租船订舱

在 CIF 或 CFR 条件下，租船订舱是卖方的主要职责之一。出口商在审核信用证或备妥货物后，即可办理货物的租船订舱，以备装运。

（一）租船订舱的方式

进出口贸易合同采用的贸易术语决定了运输合同由买卖双方谁来负责签订。不管是卖方还是买方，必须要有一方来负责签订运输合同，交付运费。

鉴于在国际货物运输方式中，最主要、最常用的是海洋运输方式，这里以租船订舱为例来讲解运输合同的签订。

卖方审核信用证无误并生产好、备妥货物后，卖方或者买方即可办理货物的租船订舱，以备装运。如果是由买方租船订舱，那么卖方应主动提前联系买方，告知对方货物已备好，请对方租船订舱；买方签订运输合同后，应及时把船名、航次、开船日期等信息告知卖方。如果是由卖方自己来租船订舱，那么卖方可以根据货物的实际生产进度，在合同规定的交货期内合理安排租船订舱。

如出口货物数量较大，需要整船装运的，则要对外办理租船手续；如出口货物数量不大，无须整船装运的，可租订班轮或租订部分舱位运输。

出口企业或进口企业既可以直接找船公司的代理人（以下称"承运人"）洽订舱位，也可以委托货运代理公司（以下称"货代公司"）代其洽订舱位。在实际业务中，出口企业或进口企业通常委托货代公司代为办理货物运输。

（二）租船订舱时所需提供的单据

在实际业务中，买卖双方通常委托国际货代公司来办理货物运输。那么，在委托货代公司办理订舱出运业务时，若由出口企业委托，则出口企业需要填写并向货代公司提供订舱委托书，该委托书是双方之间委托代理关系的证明文件。另外，还需要向货代公司提供商业发票、装箱单及其他单证。若由进口企业委托订舱，则应填写好进口订舱联系单，连同合同副本，提交给货运代理公司并委托其安排船只或舱位。

六、报关

出口货物报关是指出口货物的发货人或其代理人在规定的期限内向海关交验有关单证，办理出口货物申报手续的法律行为。

出口货物报关程序依次为：出口申报、海关查验、缴纳关税、海关放行。

（一）出口申报

出口申报是指发货人或其代理人（通常是货运代理）在海关规定的时间内，持规定的单证向海关申请对出口货物的查验、放行。除了海关特准外，报关人员应在装货 24 小时前向海关申报出口。申报时需要按海关规定的格式填写"出口货物报关单"，一式两份。报关随附下列单证交海关审核：报关人员证件、出口货物许可证、发票、装箱单、法定检验证书或免检证明书、减免税的证明文件。对应实施商品检验的文物、医药、出口管理或其他管制的出口货物，还应交验有关主管部门签发的证明文件。海关认为必要时，出口企业还须提供销售合同、产地证明及账册等。

海关收到上述单证后，即进行认真审核，以确定所申报的出口货物是否符合《中华人民共和国海关法》及有关法律规定。

为了进一步提高通关效率，提高监管效能，自 2012 年 8 月起，我国启动海关通关作业无纸化改革试点，2014 年，试点范围扩大到全国海关的全部通关业务现场。企业向海关申报出口货物各类报关单时，合同、发票、装箱清单、载货清单（舱单）等随附单证可不提交，海关审核需要时再次提单。

（二）海关查验

海关查验是指海关以经过审核的单证为依据，在海关监管场所，对所申报的出口货物进行实际核查、验证。核查是指海关对照报关单核对货物的品种、件数、数（重）量、标记唛头等。验证是指海关或海关委托有关部门对货物的化学性质、物理性质、使用价值及功能予以确认。

海关查验时，出口货物的发货人或其代理人应派人到现场，并负责搬移货物、开拆和重封货物的包装。对于成套设备、精密仪器、贵重物资、急需物资、集装箱货物等，若在海关规定场所查验确有困难，经核准，海关可派人到发货人仓库、场地或监管区域外的其他合适地点进行查验。如果采用这种方式，海关将按照规定的收费标准收取一定的费用。

（三）缴纳关税

征收出口税是海关的基本业务之一。由于征收出口税必将增加出口货物成本，影响其在国际市场上的竞争力，因此，许多国家对其出口货物大部分不征收出口税。我国目前征收出口税的货物较少，但是少数出口货物由于种种原因仍需征收出口税。所以，按规定应该缴纳出口税的出口货物，当海关查验货物，认为情况正常后，由海关根据《中华人民共和国关税法》和《中华人民共和国进出口税则》

规定征收出口税，发货人应在海关填发税款缴款书之日起 15 日内缴纳税款。逾期不缴纳者，除了依法追缴外，还应加收滞纳金。

（四）海关放行

海关经审核单证和查验货物未发现问题，在应纳税货物完成出口纳税或提供担保后，由海关在有关报关单证和查验货物记录上签章，并在装货单上加盖放行印章，准予货物出境。海关放行后，出口企业或其代理人即可对货物装船发运。

七、装船

海关放行后，发货人或其货运代理即可凭借盖有海关放行章的装货单，与有关的港务部门和理货人联系，核查已发至码头的货物并做好装船准备工作，待轮船到达后，凭装货单装船。在装船的过程中，尤其是在不采用集装箱运输的情况下，发货人或其货运代理必须亲临现场，如发现货物短少、包装破损、污染等情况，应设法补齐、换货、修理或更换包装。

货物装船后，由承运船舶的船长、大副或其委托人向发货人或其货运代理签发收货单（也称"大副收据"，它是船方表示已收到货物并已将货物装船的收据）。发货人或其货运代理持收货单向船公司交付运输费用后，即可换取已装船提单。为了便于进口方及时收货和付款，发货人或其代理应在货物装船后，及时向国外买方发出装船通知（Shipping Advice）。

【职业判断】

装船通知案例

美国某贸易有限公司以 CFR 条件向我国某外贸公司出口一批微波炉，卖方在合同规定的装运期内装船完毕，船舶当天开航。因正值公休日，卖方公司的业务员第三天才向买方发出装运通知，导致买方未能及时向保险公司办理投保手续，而货物在起航后的次日因发生火灾被烧毁。

问题：

这一货损应由谁来负责承担？为什么？

分析提示：

由卖方承担责任和损失。根据有关货物买卖合同的适用法律规定，卖方因遗漏或不及时向卖方发出装船通知，而使买方未能及时办妥货运所造成的后果，承担违约责任。本案例中，卖方第三天才向买方发出装船通知，因而导致买方没有及时办理投保手续，所以卖方应承担责任。

八、投保

凡是按 CIF 价格成交的出口合同，我国出口企业在装船前须及时向保险公司办理货物的保险。出口货物的投保手续通常都是逐笔办理的。其基本程序如下：

（一）申请保险

出口企业或其代理人申请保险时，需要按照保险公司规定的格式逐笔填写投保单，所填内容应与信用证中的有关规定一致。出口企业应按照与进口方约定的险别为出口货物投保。如果进口方未规定险别，只需投保平安险。

（二）纳费领单

出口企业收到保险公司签署的投保单后，即按规定缴纳保险费，然后领取保险公司签发的保险单据。

九、制单结汇

出口企业在货物装运后，要按照信用证规定正确缮制好相应的各种单据并在交单的有效期内递交银行，办理结汇手续，这就是制单结汇。

（一）出口结汇的主要方式

1. 买单结汇

买单结汇又称为出口押汇。这是国际银行界通常采用的"议付"的做法。它是指议付行收到出口企业提交的单据，按照"单证相符、单单相符"的原则审单无误后，买入单据，从票面金额中扣除从议付日到收到票款日之间的利息及手续费，将余额按当日外汇牌价折算成人民币，垫付给出口企业。

2. 收妥结汇

收妥结汇又称为收妥付款，是指国内银行在审核企业提交的单据无误后，将全套单据寄交信用证规定的国外付款行，待收到对方付款后，再对出口企业付款。

3. 定期结汇

定期结汇是指国内议付行在审核企业提交的单据无误后，根据向国外付款行索偿所需的时间，预先确定一个固定的结汇期限，到期后主动将票款支付给出口企业。

（二）对结汇单据的要求

在信用证方式下，能安全、及时收汇的关键在于，出口企业提交的各种单据，必须与信用证规定的一致，单据间也不得有矛盾之处，这就是银行审单时所遵循的"严格符合原则"。因此，出口企业在缮制单据时，要做到以下几点：

1. 正确

正确即做到"单证一致""单单一致""单货一致"。

2. 完整

完整即必须按照信用证的规定提供各种单据，不能短少，每种单据本身的项目也必须完整，不能短缺或遗漏。

3. 及时

及时即必须及时备制单据，并在信用证的到期日和交单期限内送交银行办理付款、承兑或议付结汇手续，以争取尽早收汇。此外，最好在货物装运之前先将有关单据递送银行预审，使银行有较充裕的时间来检查单证、单单之间有无差错或问题。

4. 简明

简明即应按照信用证的要求和国际惯例填写单据的内容，力求简洁明了，切勿添加不必要的内容。

5. 整洁

缮制的单据要布局美观大方、表面洁净、文字规范清晰，更改处要加盖校对图章。但一般来说，诸如提单、汇票的金额、数量、件数、重量等主要项目，不宜更改。

十、出口退税

为鼓励出口创汇，我国对出口商品实行退税制度，由国家税务机关将先征收的产品税、增值税、特别消费税按一定比率退还出口商，即"先征后退"。

（一）出口退税的范围

出口退税的范围为：

（1）有出口经营权并承担出口创汇任务的企业出口的货物。

（2）工业企业委托有出口经营权的企业出口自制的产品。

不能申请出口退税的情况：来料加工、来件装配复出口的产品；保税工厂开展的加工装配复出口的产品；保税仓库储存的复出口的货物；捐赠出口货物；暂准出口货物；不结汇的援外货物；出口企业报关出口，但实际不出境的货物；没有出口经营权的企业出口的货物。

（二）出口退税管理

我国实行出口退税与出口收汇核销挂钩政策。按照我国出口退税管理办法，出口单位申请出口退税，应向国家税务机关提交银行出具的结汇税单、出口收汇核销单（出口退税专用联）、出口货物报关单、出口销售发票、出口购货发票，即"三单两票"，经国家税务机关审核无误后，退还有关税款。

（三）出口退税程序

按照出口退税管理办法，我国出口退税业务的程序是：

（1）出口企业从供货部门购进商品，取得增值税专用发票。

（2）出口企业将货物报关出口并做财务销售处理，取得出口销售发票。

（3）出口企业取得国外支付货款，办理结汇手续，取得银行出具的结汇税单。

（4）出口企业按规定向外汇管理部门办理出口收汇核销手续，取得外汇管理部门盖章的出口收汇核销单（出口退税专用联）。

（5）出口企业填写出口退税申报表，汇集退税单据凭证，如银行出具的结汇税单、出口收汇核销单（出口退税专用联）、出口货物报关单、出口销售发票，按月报请税务机关批准退还或免交有关税款。

（6）税务机关收到出口企业申请退税的单、票、证后即进行审核，审核无误后将应退税款退给出口企业。

外贸企业一般由财会部门或设专人负责办理出口退税事宜。

（四）无纸化退税申报

无纸化退税申报是指企业在进行出口退（免）税正式申报以及申请办理出口退（免）税相关证明时，不再需要报送纸质申报表和纸质凭证，只提供通过数字签名证书签名后的正式申报电子数据，原规定向主管国税机关报送的纸质凭证留存企业备查。可理解为：企业使用一种被税务局认可的能证明企业身份信息的加密设备对出口退税数据进行加密后，在网上发送给税务局即被税务局认可，数字签名相当于企业的电子签章。

如不属于出口退税预警业务以及出口退税审核系统没有提示涉嫌骗取出口退税等疑点的，税务机关审核电子数据，不审核纸质凭证；如存在涉嫌骗取出口退税等疑点的，税务机关会审核试点企业按规定提供收汇凭证、备案单证等纸质凭证。

进口合同的履行

在进口业务中，进口方作为买方，必须按照合同、有关国际条约和国际惯例的规定，完成基本任务：接货、付款。所谓接货，主要是指买方按时派船接货和按时开立信用证，而且在履行合同的同时，应随时做好与卖方的沟通，并督促其按合同履行交货义务。另外，进口环节还包括保险、审单付款、报关、报检以及可能的索赔等事项，因此进口方应与各有关部门密切配合，逐项完成各个环节涉及的工作。

一、申报进口与信用证的开立和修改

（一）申报进口

为了维护正常的进口秩序，保护和促进国内生产，加强对进口贸易的管理，我国对部分商品实行进口许可证制度。国家限制进口货物的品种，由商务部根据国家规定统一调整和公布。

申领进口许可证的一般程序为：

1. 申请

由订货的单位向发证机关提交厅、局级以上单位出具的进口许可证申请函。申请函内容包括进口商品名称、规格、数量、单价、总金额，以及进口方对外成交单位、进口国别、外汇来源、贸易方式、到货口岸、申请单位名称等项目。

2. 审核、填表

发证机关收到申请以及有关资料后，经审核符合有关规定的，即发给申请单位《中华人民共和国进口许可证》申请表，要求申请单位按要求如实填写并加盖公章。

3. 发证

发证机关对申请表审核通过后，即向申请单位签发进口许可证。申请单位领到许可证后，才能对外订货，并凭此向海关办理货物进口报关手续和向银行付汇。

（二）信用证的开立和修改

进口企业应按照合同规定的时间和条件开立信用证。信用证开出后，如果因情况或其他原因需要修改，也应及时办理修改手续。

1. 信用证的开立

我国进口合同大部分采用信用证方式支付货款。进口企业在履行开证手续时，通常涉及下列几个问题：

（1）在进口业务中，按时开证是履约的首要任务。进口方应严格按照合同规定期限（如未规定期限则应在合同期限内）开立信用证，既不宜过早，也不宜过迟。

（2）开证种类一般有信开信用证（L/C Opened by Mail）和电开信用证（L/C Opened by Teletransmission）。电开信用证最为常用。电开信用证一般分为如下三种：电传开证、SWIFT[1] 开证、电报开证。

（3）进口开证应该注意的问题有：信用证条款必须完备、具体、明确。其中对商品的品名、品质、数量、包装、价格、交货期限、装运条件、付款期限等内容，均应以买卖合同为依据，详细列明。根据商品性质及进口需要来规定单据条款，尽量避免列入实际不需要的单据，但必要的单证不能遗漏。为了防止因第二受益人资信欠佳给进口方造成损失，一般不宜对外开立可转让信用证。必须明确信用证的到期日和到期地点，否则为无效信用证。数量与金额的增减不宜使用"大约"（About）字样，应具体规定货量与金额所允许增减的具体的百分比。对于部分凭单付款、部分货到验付的信用证，最好按照凭单付款部分的金额开证，明确规定剩余部分由买卖双方另行结算。具体说明单据要求。对据以付款、承兑或议付的单据的种类、形式、份数、文字、内容、签发机构、证明事项等作出明确规定。如果进口合同中规定禁止分批装运和转运，则应在进口开证中作出相同的规定。

2. 信用证的修改

信用证开出后，受益人（出口方）或开证申请人（进口方）经常会因情况发生变化或其他原因而要求对信用证进行修改。常见的原因有发现信用证与合同不符，装运期与有效期已过，需要变更装卸口岸，增加数量、金额，某些条款受益人认为无法履行等。

在不可撤销信用证下，任何一方对信用证的修改，都须征得各当事人的同意，尤其是进出口双方的同意，方能生效。

当信用证的修改项目不止一项时，必须接受全部项目，否则必须全部退回，

视频：
信用证修改与通知

---

① SWIFT 是"环球银行金融电讯协会"的简称。

不能仅接受其中一项，而拒绝其他各项。

二、租船、订舱、催装与派船接货

采用 FOB 条件的进口合同，进口企业必须做好租船、订舱、催装与派船接货等一系列工作。

（一）租船、订舱

履行以 FOB 贸易术语达成的进口合同，进口企业要负责办理租船或订舱事宜。进口货物在整船运输的情况下需要办理租船手续，一般少量货物的进口，则只需洽订舱位。进口企业既可以亲自向船东或班轮公司订舱，也可以委托货运代理代其办理。

（二）催装

船舶或舱位订妥后，进口企业或其代理商还需做好催装工作。在进口业务中，有时出口供货商会因生产成本上涨或国际市场价格上涨无法按期安排生产等原因，使进口方不能按期收到合格的货物。为了防止此类情况的发生，保证进口方如期收到合格的货物，进口企业除了在合同中争取订立迟交罚金等约束性条款外，还必须随时了解和掌握对方备货和装船前的准备工作的情况，督促对方按期装运。在交货期前的一段时间，通常是 45 天左右即向对方发出"催装通知"。对于数量多、金额大或重要、急需的进口物资，必要时进口企业可委托己方驻外机构就近了解备货情况，督促出口方按照合同规定，按时、保质、保量履行交货义务，以防对方在装货时有作假行为。

（三）派船接货

进口方在接到货运代理公司舱位已安排妥当的通知后，应及时向发货人（出口方）发出派船通知，将船名、预计到达日期、拟装载的重量（数量）、到达的港口、船舶的国籍等以电报方式通知出口方，以便出口方做好准备。

三、投保货运险与审单付款

（一）投保货运险

采用 FOB 或 CFR 价格条件成交的进口合同，货物装船后，出口方应及时向进口方发出装船通知，以便进口方办理货运保险及做好接货准备。我国进口货物保险的投保一般采用逐笔投保和预约保险两种方式。

（二）审单付款

审单付款是指银行收到国外寄来的汇票及单据后，对照信用证的规定，审查、核对单据的份数和内容，在审核无误后，对外进行付款或承兑的行为。按照国际惯例，付款人对不合格的单据付款或长期缄默，都可以被认为是对单据的接受而丧失拒付的权利。因此，在进口业务中，审核进口单据是一项十分重要的工作。

我国的进口交易大多采用信用证方式，但也有一部分采用托收方式。在托收方式下，审单付款的具体做法是：当代收行（中国银行）接到委托行寄来的托收单据后，先受托收行委托核对单据份数，填制进口代收发送清单，然后连同单据一并送交进口企业签收；进口企业须在合理时间内办理付款或承兑手续，即在进口代收发送清单上签章同意付款，然后将其退交代收行；代收行卖出外汇，核定用汇额度后，与进口企业结账，同时以规定方式付款给委托行。

四、办理报关报检

（一）报关报检

国际贸易中的商品一般都要进行检验。商品检验是国际货物买卖过程中的一个重要组成部分，商品检验证书可以证明卖方所交货物在品质、数量和包装方面是否符合贸易合同的规定，是买方对品质、数量、包装提出异议的法律依据，也是买卖双方结汇的依据。

1. 报关

报关是履行海关出入境手续的必要环节之一，是指出入境运输工具的负责人、进出口货物和物品的收发货人或其代理人，在通过海关监督口岸时，依法进行申报并办理有关手续的过程。

报关涉及的对象可分为出入境运输工具、货物和物品两大类。由于性质不同，其报关程序各异。运输工具（如船舶、飞机等）通常应由船长、机长签署入境、离境报关单，交验载货清单、空运单、海运单等向海关申报，作为海关对装卸货物和上下旅客实施监管的依据。而货物和物品则应由其收发货人或其代理人，按照货物的贸易性质或物品类别填写报关单，并随附有关法定单证、商业和运输单证。如果是保税货物，应按"保税货物"的方式进行申报，海关会对应办事项及采用的监管办法与采用其他贸易方式的货物有所区别。

2. 报检

报检是指出口前商品的生产经营部门，进口商品的收货、用货或代理核运部门按照《中华人民共和国进出口商品检验法实施条例》的规定，向海关总署申请办理检验、鉴定手续，报检人办理报检时要填制"报检申请单"，并提交买卖合同、信用证、往来函电等有关资料。

3. 关检合一

海关总署于 2021 年 11 月 19 日公布了《中华人民共和国海关报关单位备案管理规定》（以下简称《管理规定》），自 2022 年 1 月 1 日起施行。2014 年 3 月 13 日海关总署令第 221 号公布、2017 年 12 月 20 日海关总署令第 235 号修改、2018 年 5 月 29 日海关总署令第 240 号修改的《中华人民共和国海关报关单位注册登记管理规定》、2015 年 2 月 15 日原国家质量监督检验检疫总局令第 161 号公布、2016 年 10 月 18 日原国家质量监督检验检疫总局令第 184 号修改、2018 年 4 月 28 日海关总署令第 238 号修改、2018 年 5 月 29 日海关总署令第 240 号修改的《出入境检验检疫报检企业管理办法》同时废止。

2019 年 1 月，为了规范进出口货物收发货人的申报行为，统一进出口货物报关单填制要求，海关总署对《中华人民共和国海关进出口货物报关单填制规范》（海关总署 2018 年第 60 号公告）进行了修订。修订后的《中华人民共和国海关进出口货物报关单填制规范》自 2019 年 2 月 1 日起执行，海关总署 2018 年第 60 号公告同时废止。

2021 年 12 月，为进一步优化营商环境，根据国务院印发的《关于深化"证照分离"改革进一步激发市场主体发展活力的通知》，就报关单位备案（进出口货物收发货人备案、报关企业备案）全面纳入"多证合一"改革有关事项，海关总署、市场监管总局发布公告：申请人办理市场监管部门市场主体登记时，需要同步办理报关单位备案的，应按照要求勾选报关单位备案，并补充填写相关备案信息。市场监管部门按照"多证合一"流程完成登记，并在市场监管总局层面完成与海关总署的数据共享，企业无须再向海关提交备案申请。"多证合一"改革实施后，企业未选择"多证合一"方式提交申请的，仍可通过国际贸易"单一窗口"或"互联网＋海关"提交报关单位备案申请。本公告自 2022 年 1 月 1 日起施行。海关总署、市场监管总局发布的 2019 年第 14 号公告同时废止。

（二）"提前申报""两步申报"通关模式

1."提前申报"

为贯彻落实海关总署关于优化口岸营商环境的决策部署，进一步提高口岸进出口货物通关时效，持续提升跨境贸易便利化水平，各地海关启动出口"提前申报"模式。

（1）政策依据。根据《中华人民共和国海关进出口货物申报管理规定》和《关于明确进出口货物提前申报管理要求的公告》，明确了提前申报时限规定、单证要求等。

（2）企业操作指南。

① 进出口货物的收发货人、受委托的报关企业先取得提（运）单或载货清单（舱单）数据。其中，提前申报进口货物应于装载货物的进境运输工具启运后、运抵海关监管场所前向海关申报；提前申报出口货物应于货物运抵海关监管场所前3日内向海关申报。

② 进出口货物的收发货人、受委托的报关企业按照海关要求交验有关随附单证、进出口货物批准文件及其他需要提供的证明文件。

③ 进口提前申报货物因故未到或者所到货物与提前申报内容不一致的、出口提前申报货物因故运抵海关监管场所的货物与提前申报内容不一致的，收发货人或其代理人需要向海关提交说明材料并办理报关单修改撤销手续；出口提前申报货物因故未在海关规定的期限内运抵海关监管场所的，海关撤销原提前申报的报关单。

④ 企业按规定提交进出口货物许可证件，并确保许可证件在海关接受申报之日有效。货物提前申报之后、实际进出之前，国家贸易管制政策发生调整的，适用货物实际进出之日的贸易管制政策。

⑤ 企业提前申报适用的税率和汇率为：提前申报的进口货物，适用装载该货物的运输工具申报进境之日实施的税率和汇率；提前申报的进口转关货物，适用装载该货物的运输工具抵达指运地之日实施的税率；提前申报的出口货物，适用海关接受申报之日实施的汇率和税率；提前申报的出口转关货物，适用启运地海关接受该货物申报出口之日实施的税率。

2."两步申报"

2019年7月，为贯彻落实国务院"放管服"改革要求，进一步优化营商环境，促进贸易便利化，海关总署决定在部分海关开展进口货物"两步申报"改革试点。"两步申报"是海关总署主动适应国际贸易特点和安全便利需要所采取的一项重要通关改革措施。在"两步申报"通关模式下，企业不需要一次性填报所有申报项目，可分为概要申报及完整申报两步分别申报。

（1）申报步骤。

① 概要申报。对于不涉及进口禁限管制、检验或检疫的货物，企业只需要申报9个项目，确认2个物流项目；对于涉及进口禁限管制或检验检疫的，分别增加申报2个和5个项目。如果货物不涉税也不需查验，即可提离；涉税货物已经

提交税款担保的且需查验货物海关已完成查验的，也可以提离。

②完整申报。企业在规定时间内补充申报其他项目，办理缴纳税款等通关手续。

（2）"两步申报"的条件要求。

①资质要求。境内收货人信用等级为一般信用及以上的，其货物实际进境的可采用"两步申报"。

②监管证件要求。在概要申报前需要准确掌握进口货物是否"涉税、涉证、涉检"，有监管证件管理要求的，企业应在申报前，根据相关规定办理进口所需的监管证件，所涉及的监管证件已实现联网核查的货物才能使用"两步申报"。检疫准入、境外预检、境外装运前检验等需要在进口申报前实施的，企业应在申报前根据规定办理相关手续，取得相应的进口批准文件及证明文件。

③时限要求。概要申报需要在自运输工具申报进境之日起14日内完成，否则将不可以采用"两步申报"。

④进出境要求。目前"两步申报"只限进口货物。

⑤其他要求。舱单传输义务人按照规定时限和填制规范要求向海关传输舱单数据。

五、拨交货物

无论进口企业是自营进口，还是代理进口，货物在港口卸货并经海关查验放行后，都需要办理货物拨交手续。货物拨交方法有两种：一种是在口岸拨交。凡是属于必须在卸货港检验的货物，必须经检验部门检验合格后，方可办理拨交。如果用货单位在卸货港所在地，则可就地拨交货物。另一种是用货单位目的地拨交。如果用货单位不在卸货地区，则委托货运代理将货物运至用货单位所在地拨交。至于进口货物的有关税费，进口企业应事先与货运代理结算后，再向用货单位办理结算手续。

> 【案例分析】
> ### 化解单货不一致导致的贸易纠纷
> 2024年3月，中国A公司与韩国B公司签订合同进口化工原料，价值为10万美元，A公司按合同规定开立不可撤销延期付款信用证，信用证中规定

受益人在货物装船 48 小时内将全套单据（包括一份正本提单）直接寄给申请人。货物如期装船并很快到达我方港口，同时也收到了正本提单，随后办理了清关及提货手续。经我方海关检验后，发现货物质量与合同严重不符，我方立即向对方提出退货并要求赔偿损失，而对方态度十分强硬，不予理睬。A 公司随即通知了开证行。几天后，我方开证行收到信用证项下全套单据，经审核，单据完全符合信用证要求，开证行将只能做出承担远期付款责任的保证，一旦作出，将对 A 公司十分不利。这时，A 公司通过当地法院对 B 公司提出诉讼，宣称申请人具有实质上的欺诈，向法院提示了检验证书，法院经过核实后，暂时禁止了开证行兑付该信用证的提示。至此，B 公司主动联系 A 公司，答应退货并赔偿 A 公司的经济损失。

问题：

纠纷得以快速顺利地解决的原因有哪些？

分析提示：

信用证"正本提单"条款对 A 公司相当有利。受益人收到正本提单就可以先行清关提货，并对货物进行检验，发现问题后，便可及时向对方提出，受益人显然掌握了主动权。

此外，法院颁发了止付令。本来在 B 公司提交了符合信用证要求的单据后，开证行必须要付款。但 A 公司申请了法院的支付令，就可以暂时禁止开证行兑付信用证，使出口商在整个谈判中处于优势地位。

【职业道德与素养】

案例背景：

2023 年，全国海关坚持依法治税、综合治税，加强科学征管，全年海关税收入库 2.21 万亿元。全国海关坚决贯彻落实党中央、国务院稳增长政策措施，认真执行减税、进口税收优惠政策和自贸协定关税减让等措施：落实《2023 年关税调整方案》减税措施，减征税款 767.9 亿元；推进《区域全面经济伙伴关系协定》（RCEP）等 22 个优惠贸易安排原产地规则和关税减让措施落地见效，享惠进口货值 1.22 万亿元，税款减让 1 062.6 亿元。同时，海关优化完善检疫准入程序，新增准许 51 个国家和地区 146 种次优质农食产品输华，支持外贸新业态创新发展，持续优化口岸营商环境。2023 年，我国外贸连续 7 年保持全球货物贸易第一大国地位。

另外，海关多措并举服务外贸保稳提质，持续优化口岸营商环境，跨境贸易更加便利，进出口整体通关时间大幅压缩。定期发布外贸数据及各类贸易指数，服务宏观决策和外贸企业。海关先行先试，服务高水平对外开放，推进海南自贸港、自贸试验区、横琴粤澳深度合作区、综合保税区海关监管制度创新。积极服务高质量共建"一带一路"，推动"智慧海关、智能边境、智享联通"理念纳入世界海关组织战略规划，与多个国家签署海关合作协议。

问题：海关有哪些职责？

分析提示：

海关的主要职责包括监督管理、征收税费、查缉走私、统计数据，以及办理其他海关业务等，简而言之，海关用自己的付出彰显责任与担当，落实一揽子外贸促稳提质措施、服务高质量共建"一带一路"、打造高水平对外开放平台，体现了我国制度的优越性。未来，全国海关将切实履行守国门、促发展职责使命，更好统筹高质量发展和高水平安全，以实施"智关强国"行动为牵引、建设智慧海关为抓手，对标国家重大战略，对接国际高标准制度规则，全面建设中国特色社会主义现代化海关。

知识与技能训练

一、单项选择题

1. 审核信用证的主要参考依据是（　　）。

    A. 销售合同及《UCP 600》的规定　　B. 一整套单据

    C. 开证申请书　　　　　　　　　　　D. 商业发票

2. 卖方审证后有不能接受之处，应向（　　）提出进行修改。

    A. 开证行　　　　　　　　　　　　　B. 开证申请人（买方）

    C. 通知行　　　　　　　　　　　　　D. 付款行

3. 按 CIF 价格成交的出口合同，卖方应在（　　）向保险公司办理投保手续。

    A. 拿到提单后　　　　　　　　　　　B. 货物装船前

    C. 货物装船后　　　　　　　　　　　D. 任何时候

4. 报关是指出入境运输工具的负责人、进出口货物和物品的收发货人或其代理人，向（　　）办理出入境手续的全过程。

    A. 边检　　　　　　　　　　　　　　B. 海关

    C. 进出境商品检验检疫局　　　　　　D. 外经部门

5. 海关规定进口货物采用"两步申报"中概要申报的申报期限为自载运货物的运输工具申请进境之日起（　　）内进行。

    A. 一周　　　　　　B. 14 日　　　　　　C. 20 日　　　　　　D. 2 日

二、多项选择题

1. 出口商对信用证的审核内容包括（　　）。

    A. 受益人　　　　　　　　　　　　　B. 信用证金额

    C. 信用证的真实性　　　　　　　　　D. 运输单据的要求

2. 改证的常见情形有（　　）。

    A. 信用证条款与外贸合同条款不一致

    B. 信用证条款存在软条款

    C. 受益人要求延期

D. 开证申请人要求增加商品数量和金额

3. 下列属于检验证书的是（　　　　）。

　　A. 品质检验证书　　　　　　　　　　B. 重量单

　　C. 原产地证书　　　　　　　　　　　D. 询证证书

4. 开证行可以拒付的理由为（　　　　）。

　　A. 单单不符　　　　　　　　　　　　B. 货物与合同不符

　　C. 信用证和合同不符　　　　　　　　D. 单证不符

5. 关于改证应该注意的问题，正确的有（　　　　）。

　　A. 凡是需要修改的内容，应做到一次性向国外客户提出

　　B. 对通知行转来的信用证修改通知书的内容，只能全部接受或全部拒绝

　　C. 如发现信用证修改通知书内容难以接受，卖方应在 3 个工作日内退修改书

　　D. 为了提早议付，哪怕信用证修改通知书还没收到，卖方也应立即发货

三、判断题

1. 修改信用证时，可不必经开证行而直接由申请人修改后交给受益人。（　　　）

2. 审证时，信用证采用的货币与合同规定的不相符，可以忽略不管。（　　　）

3. 报关涉及的对象可分为出入境运输工具、货物和物品两大类。（　　　）

4. 信用证一经开立则独立于合同，因而在填写开证申请时应审慎查核合同的主要条款，并将其列入申请书中。（　　　）

5. 信用证可分为信开信用证和电开信用证，其中，信开信用证最为常用。（　　　）

审证、改证和租船订舱业务实训

一、实训目标

（1）了解进出口合同的履行；

（2）会审核、修改信用证和租船订舱业务等。

二、实训资料、要求及步骤

（一）审核及修改信用证

1. 实训资料

卖方：中国广州华威进出口有限公司

China Guangzhou Huawei Imp. and Exp. Corp.

No.269 Dongfeng Rd, Guangzhou, China

TEL No.：0086-20-8381××××　　　FAX No.：0086-20-8381××××

中国广州华威进出口有限公司是主要从事机械设备进出口业务的外贸公司，经营商品种类繁多，尤其在机械零部件的出口上非常有优势。

买方：Vigor Trading Llc

阿联酋的 Vigor Trading Llc 是一家综合性进出口公司，从事服装、汽车零件、建材等商品的进出口业务，销售渠道多。最近，该公司欲从中国进口一批机械零部件及塑料制品。

买卖双方经过多次磋商谈判，最终签订销售确认书，并且在卖方的催促下，买方如期开来信用证。销售确认书和信用证内容如下：

SALES CONFIRMATION

Seller：China Guangzhou Huawei Imp. and Exp. Corp.　　No.：CX11EZ100

No.269 Dongfeng Rd, Guangzhou, China　　　　　　　　DATE：Jun 18, 2024

TEL No.：0086-20-83810328

FAX No.：0086-20-83810546

Buyer：Vigor Trading Llc

P.O. Box: 115130

Dubai, UAE

This contract is made by and agreed between the BUYER and the SELLER, in accordance with the terms and conditions stipulated below.

MARKS & NO.	DESCRIPTIONS OF GOODS	QUANTITY	UNIT PRICE	AMOUNT
N/M	ASSORTED PIPE CLAMP DCC10 DCC12 DCC14 DCC16 DCC18 DCC20 DCC30 ZDD08	800PCS 1 600 PCS 4 640 PCS 6 160 PCS 1 520 PCS 5 760 PCS 1 600 PCS 900 PCS	CIF DUBAI USD2.06 USD2.12 USD2.16 USD2.23 USD2.34 USD2.55 USD3.59 USD1.20	USD1 648.00 USD3 392.00 USD10 022.40 USD13 736.80 USD3 556.80 USD14 688.00 USD5 744.00 USD1 080.00
TOTAL AMOUNT:				USD53 868.00

Insurance:

To be effected by seller for 110 percent of invoice value covering All Risks and War Risk as per and subject to Ocean Marin Cargo Clauses of PICC dated 01/01/2018.

Payment:

By 100% irrevocable L/C available by 90 days sight draft, reaching the seller 20 days before the month of shipment, remaining valid for negotiation in China for further 15 days after the prescribed time of shipment.

Shipment: Before August 12, 2024

Port of Loading: China

Destination: Dubai, UAE

With transhipment allowed & partial shipments not allowed.

Force Majeure: The seller should not take any responsibility for partial or total non-performance of this contract due to Force Majeure. But the seller should advise the buyer on time of such occurrence.

Disputes Settlement:

All disputes in connection with this contract of the execution thereof should be amicably settled through negotiation. In case no amicable settlement can be reached between the two parties, the case under dispute should be submitted to arbitration, which should be held in the country where the defendant resides, or in third country agreed by both parties. The decision of the arbitration shall be accepted as final and binding upon both parties. The Arbitration Fees should be paid by the losing party.

Law Application:

It will be governed by the law of the People's Republic of China under the circumstances that the contract is signed or the goods while the disputes arising are in People's Republic of China or the defendant is Chinese legal person, otherwise it is governed by United Nations Convention on Contract for the International Sale of Goods.

The Buyer   The Seller

Kinega Balud   蔡仁轩

Letter of Credit

27: Sequence of total: 1/1

40A: Form of documentary credit : IRREVOCABLE

20: DC No.: DPCDEI422652

31C: Date of issue: 05JUL24

31D: Date and place of expiry: 27AUG24 AT OUR COUNTER

50: Applicant: VIGOR TRADING LLC

　　　　　　　　P.O. BOX 115130

　　　　　　　　DUBAI, UAE

59: Beneficiary: CHINA GUANGZHOU HUAWEI IMP. AND EXP. CORP.

ADD：NO.269 DONGFENG RD, GUANGZHOU, CHINA

FAX NO：0086−20−8381××××

32B：Currency code amount：USD 53868.00

39B：MAX CR AMT：NOT EXCEEDING

41D：Available with：ANY BANK BY NEGOTIATION

42C：Draft at：90 DAYS FROM DATE OF NEGOTIATION

42A：Drawee：ISSUING BANK

43P：Partial shipment：NOT ALLOWED

43T：Transshipment：NOT ALLOWED

44A：Loading/Dispatch at/From：CHINA

44B：For transportation to：DUBAI, UNITED ARAB EMIRATES

44C：Latest date of shipment：12AUG24

45A：Description goods and/or services：CIF DUBAI, UNITED ARAB EMIRATES

ASSORTED PIPE CLAMP

CHINA GUANGZHOU HUAWEI IMP.

AND EXP.CORP.

DOCUMENTARY CREDIT NO.：

DPCDEI422651

ALL OTHER DETAILS AS PER

BENEFICIARY S/C NO.：CX11EZ100

DATED 18 JUN., 2024.

46A：Documents required

1. SIGNED COMMERCIAL INVOICE IN 3 COPIES MENTIONING：

A）RELEVANT HARMONIZED SYSTEM COMMODITY CODE NUMBER（S）

APPLICABLE TO EACH ITEM SHIPPED UNDER THIS CREDIT.

B）NAME AND ADDRESS OF THE MANUFACTURERS/PRODUCERS.

2. FULL SET 3/3 ORIGINAL CLEAN ON BOARD OCEAN /MARINE B/L

MADE OUT TO THE ORDER OF SHIPPER ENDORSED IN BLANK, MARKED

FREIGHT PREPAID AND NOTIFYING APPLICANT AND HSBC BANK

MIDDLE EAST, P.O. BOX66, DUBAI, UAE QUOTING THIS DC NUMBER.

3. A CERTIFICATE OF ORIGIN STATES THAT THE GOODS ARE OF CHINA ORIGIN GIVING THE FULL NAME AND ADDRESS OF THE MANUFACTURER/ PRODUCER AND EXPORTER SIGNED BY CHINA COUNCIL FOR THE PROMOTION OF INTERNATIONAL TRADE. A CERTIFICATE OF ORIGIN INCORPORATED IN THE INVOICE WILL NOT BE ACCEPTED.

4. PACKING LIST IN 3 COPIES.

5. A COPY OF THE SHIPMENT ADVICE SENT BY FAX WITHIN 3 DAYS AFTER SHIPMENT IS EFFECTED.

6. INSURANCE POLICY OR CERTIFICATE FOR FULL INVOICE VALUE PLUS 110% COVERS ALL RISKS AND WAR RISKS AS PER AND SUBJECT TO OCEAN MARINE CARGO CLAUSES OF PICC DATED 01/01/2018.

7. A CERTIFICATE FROM THE SHIPPING COMPANY OR THEIR AGENT STATING：

—THAT THE GOODS ARE SHIPPED BY REGULARITY OR CONFERENCE LINE VESSELS ONLY.

—THAT HAVE A CURRENT ISM CODE CERTIFICATE, IF THE CARRYING VESSEL IS SUBJECT TO "SOLAS".

—COVERED BY THE INSTITUTION CLASSIFICATION CLAUSE.

—THAT ARE ALLOWED BY THE ARAB AUTHORITIES TO CALL AT ARABIAN PORTS.

47A：Additional conditions

1. BILLS OF LADING MUST EVIDENT THE FOLLOWING：

   A）THE NAME, ADDRESS AND TELEPHONE NUMBER OF THE CARRYING VESSEL'S AGENT AT THE PORT OF DESTINATION.

   B）GOODS ARE SHIPPED IN 2*20' CONTAINERS.

2. ALL DOCUMENTS MUST BE ISSUED IN ENGLISH LANGUAGE.

3. UNDER NO CIRCUMSTANCES MAY A BANK LISTED IN THE ARAB

ISRAEL BOYCOTT BLACK LIST BE PERMITTED TO NEGOTIATE DOCUMENTS UNDER THIS DOCUMENTARY CREDIT.

4. SHOULD THE NEGOTIATING BANK FOR WHATEVER REASON, DECIDE TO NEGOTIATE ANY BILL DRAWN UNDER THIS CREDIT UNDER RESERVE OR AGAINST AN INDEMNITY, ALL DISCREPANCIES MUST BE ANVISED BY THE TELEX TO THE OPENING BANK FOR THEIR ACCEPTANCE.

5. A USD50.00（OR EQUIVALENT）FEE SHOULD BE DEDUCTED FROM THERE IMBURSEMENT CLAIM FOR EACH PRESENTATION OF DISCREPANT DOCUMENTS UNDER THIS DOCUMENTARY CREDIT. NOTWITHSTANDING ANY INSTRUCTIONS TO THE CONTRARY, THIS CHARGE SHOUID BE FOR THE ACCOUNT OF BENEFICIARY.

6. NOTWITHSTANDING THE PROVISIONS OF UCP600, IF WE GIVE NOTICE OF REFUSAL OF DOCUMENTS PRESENTED UNDER THIS CREDIT, WE SHOULD HOWEVER RETAIN THE RIGHT TO ACCEPT A WAIVER OF DISCREPANCIES FROM THE APPLICANT AND, SUBJECT TO SUCH WAIVER BEING ACCEPTABLE TO US, TO RELEASE DOCUMENTS AGAINST THAT WAIVER WITHOUT REFERENCE TO THE PRESENTER PROVIDED THAT NO WRITTEN INSTRUCTIONS TO THE CONTRARY HAVE BEEN RECEIVED BY US FROM THE PRESENTER BEFORE THE RELEASE OF THE DOCUMENTS. ANY SUCH RELEASE PRIOR TO RECEIPT OF CONTRARY INSTRUCTIONS SHOULD NOT CONSTITUTE A FAILURE ON OUR PART TO HOLD THE DOCUMENTS AT THE PRESENTER'S RISK AND DISPOSAL, AND WE WILL HAVE NO LIABILITY TO PRESENTER IN RESPECT OF ANY SUCH RELEASE.

71B：Detail of Charges：ALL BANKING CHARGES FOR BENEFICIARY'S ACCOUNT.

48：Period for presentation：DOCUMENTS MUST BE PRESENTED WITHIN 15 DAYS AFTER THE DATE OF SHIPMENT BUT WITHIN THE VALIDITY

OF THIS CREDIT.

49：Confirmation instruction：WITHOUT

53D：Reimbursement Bank：HSBC BANK USA

   REIMBURSEMENT NEW YORK

          500 STANTON CHRISTIANA ROAD 3 OPS 1 NEW YORK

          DE 19713-2107 USA

78：Instructions to pay/account/negotiation bank

1. UPON MATURITY, PLEASE CLAIM REIMBURSEMENT（LESS REIMBURSEMENT CHARGES）TO THE DEBIT OF HSBC BANK MIDDLE EAST, A/C NO.000 045276 SWT：MRMDU533 WITH THE NOMINATED REIMBURSING BANK UNDER TESTED TELEX ADVICE TO US.

2. THE AMOUNT OF EACH NEGOTIATION MUST BE ENDORSED ON THE REVERSE OF THIS CREDIT AND THE NEGOTIATING BANK' S COVERING SCHEDULE TO CERTIFY THE SAME.

57D ADVISE THRU：BANK OF CHINA

   GUANGZHOU BRANCH, BAIYUN SUB BRANCH

   ADD：NO.62 GUANGHUA RIVE ROAD,

   GUANGZHOU, CHINA

72：BK TO BK INFO：DOCUMENTS MUST BE DESPATCHED BY COURIER IN ONE COVER TO HSBC BANK MIDDLE EAST LTD, TRADE SEVICES DEPT, P.O. BOX 66, DUBAI, U.A.E. ON THE SAME DAY OF NEGOTIATION.

THIS ADVICE CONSTITUTES A DOCUMENTARY CREDIT ISSUED BY THE ABOVE BANK AND SHOULD BE PRESENTED WITH THE DOCUMENTS/DRAFTS FOR NEGOTIATION/PAYMENT/ACCEPTANCE, AS APPLICABLE.

***********************END OF DC***********************

2. 实训要求

卖方根据销售确认书，审核信用证，并提出修改意见，通过函电方式请求对方修改信用证。

3. 实训步骤

华威进出口有限公司根据审核结果，归纳出以下几点，并通过外贸英语信函的方式通知对方修改信用证。具体信函如下：

广州华威进出口有限公司

CHINA GUANGZHOU HUAWEI IMP. AND EXP. CORP.

地址：广州东风路 269 号   Add：No.269 Dongfeng Rd，Guangzhou

传真：0086-020-8381××××   Fax No.：0086-020-8381××××

VIGOR TRADING LLC

P.O.BOX 115130

DUBAI, UAE

Date：Jul 06, 2024

Dear sirs,

Thank you for your L/C NO. DPCDE1422652 issued by HSBC Bank Middle East Ltd. On going through the L/C, however, we found the following discrepancies with our Sales Contract No. CX11EZ100：

1. The credit is to expire in CHINA not AT OUR COUNTER.

2. Transshipment should be ALLOWED not NOT ALLOWED.

3. The destination port is DUBAI not DUBAL.

4. Insurance is to be covered for full invoice value PLUS 10% not PLUS 110%.

5. The banking charges outside the country of issue should be for the account of beneficiary instead of all the banking charges.

Please ask your banker to amend the L/C accordingly, and please let us have your L/C Amendment soon so that we may effect shipment within the contracted delivery time.

Thank you for your cooperation.

Yours sincerely,

CHINA GUANGZHOU HUAWEI IMP. AND EXP. CORP.

MANAGER

×××

（二）租船订舱

1. 实训资料

卖方根据销售确认书，审核信用证，并提出了修改意见，买方也痛快地按要求修改了信用证。

广州华威公司于 2024 年 7 月 9 日收到汇丰银行中东分行通过中国银行转来的信用证修改通知书如下：

NOTIFICATION OF AMENDMENT TO DOCUMENTARY CREDIT

DATE OF THE AMENDMENT：JUL-09-2024

BENEFICIARY：CHINA GUANGZHOU HUAWEI IMP. AND EXP. CORP.

ADD.：NO.269 DONGFENG RD, GUANGZHOU, CHINA

FAX NO.：0086-020-8381××××

APPLICANT：VIGOR TRADING LLC

P.O.BOX 115130

DUBAI, UAE

DC NO.：DPCDE1422652

DATE OF ISSUE：05JUL2024

THIS AMENDMENT IS TO BE CONSIDERED AS PART OF THE ABOVE MENTIONED CREDIT AND MUST BE ATTACHED THERETO.

DEAR SIRS,

WE HAVE PLEASURE IN ADVISING YOU THAT WE HAVE RECEIVED

AN AMENDMENT TO DOCUMENTARY CREDIT NO. DPCDE1422652
CONTENTS OF WHICH ARE AS FOLLOWS：

EXPIRY ADTE AND PLACE：27AUG2024 IN CHINA

TRANSSHIPMENT：ALLOWED

FOR TRANSPORTATION TO：DUBAI, UNITED ARAB EMIRATES

INSURANCE POLICY OR CERTIFICATE FOR 110 PERCENT OF INVOICE VALUE COVERING ALL RISKS AND WAR RISK AS PER AND SUBJECT TO OCEAN MARINE CARGO CLAUSES OF PICC DATED 01/01/2018.

ALL CHARGES OUTSIDE COUNTRY OF ISSUE FOR ACCOUNT OF BENEFICIARY/ EXPORTER.

OTHER TERMS AND CONDITIONS REMAIN UNCHANGED.

THE ABOVE MENTIONED DOCUMENTARY CREDIT IS SUBJECT TO THE UNIFORM CUSTOMS AND PRACTICE FOR DOCUMENTARY CREDITS （2007 REVISION）I.C.C. PUBLICATION NO.600.

PLEASE ADVISE THE BENEFICIARY IMMEDIATELY.

Johnson

***********************END***********************

2. 实训要求

根据信用证及实际合同要求，租订合适的舱位，并制作订舱单证。

3. 实训步骤

广州华威进出口有限公司在收到信用证修改通知书后，再次根据销售确认书及原始信用证进行审核确认，最终发现没有异议，即开始安排出口货物的装运事宜。开始着手通过他们公司常用的货代进行租船订舱，订舱时向其货代提交的单证文件主要包括：出口货物订舱委托书，商业发票和装箱单。具体单据如下：

出口货物订舱委托书

公司编号：ZYLC07EZ100	日期：2024-07-15	
发货人： CHINA GUANGZHOU HUAWEI IMP. AND EXP. CORP. NO.269 DONGFENG RD, GUANGZHOU, CHINA FAX NO.：0086-020- 8381××××	信用证号码： DPCDE1422652	开证日期： JUL-05-2024
	开证银行：HSBC BANK MIDDLE EAST LTD	
	合同号：CX11EZ100	成交金额：USD53 868.00
	装运口岸： CHINA	目的港： DUBAI, UNITED ARAB EMIRATES
收货人： TO THE ORDER OF SHIPPER	转船运输：YES	分批装运：NO
	信用证有效期： AUG-27-2024	装船期限： AUG-12-2024
通知人： VIGOR TRADING LLC P.O.BOX 115130 DUBAI, UAE HSBC BANK MIDDLE EAST P.O.BOX 66, DUBAI, UAE	运费：PREPAID	成交条件：CIF DUBAI
	公司联系人：蔡仁轩	电话/传真：0086-20-8381××××
	公司开户行： 中国银行广州分行	银行账号：
	特别要求：	

标记	货号规格	包装件数	数量	毛重	单价	总价

N/M Assorted Pipe Clamp 1 410CNS 22 980PCS 29 960KGS CIF DUBAI USD53 868.00

A）THE NAME, ADDRESS AND TELEPHONE NUMBER OF THE CARRYING VESSEL'S AGENT

AT THE PORT OF DESTINATION：

Pioneer Shipping Agency L.L.C

P.O.BOX：35736 Dubai, U.A.E.

Sharaf Building, Near Pakistan Bur Dubai, United Arab Emirates

Tel：（971-4）-3961616   FAX：（971-4）-3973472

B）GOODS ARE SHIPPED IN 2*20' CONTAINERS

C）GOODS ARE FOR RE-EXPORT

商 业 发 票

CHINA GUANGZHOU HUAWEI IMP. AND EXP. CORP.
NO.269 DONGFENG RD, GUANGZHOU, CHINA
FAX NO.: 0086-20-8381××××

COMMERCIAL INVOICE

To:	VIGOR TRADING LLC P.O.BOX 115130 DUBAI, UAE			Invoice No.:	ZYLC11EZ100
				Invoice Date:	JUL-15-2024
				S/C No.:	CX11EZ100
				S/C Date:	JUN-18-2024
From:	CHINA	To:		DUBAI, UNITED ARAB EMIRATES	
L/C No.:	DPCDE1422652	Issued By:		HSBC BANK MIDDLE EAST LTD.	
Marks and Numbers	Number and kind of package Description of goods	Quantity		Unit Price	Amount
N/M	Assorted Pipe Clamp DCC10 DCC12 DCC14 DCC16 DCC18 DCC20 DCC30 ZDD08	800PCS 1 600 PCS 4 640 PCS 6 160 PCS 1 520 PCS 5 760 PCS 1 600 PCS 900 PCS		CIF DUBAI USD2.06 USD2.12 USD2.16 USD2.23 USD2.34 USD2.55 USD3.59 USD1.20	USD1 648.00 USD3 392.00 USD10 022.40 USD13 736.80 USD3 556.80 USD14 688.00 USD5 744.00 USD1 080.00
TOTAL:		22 980PCS			USD53 868.00
SAY TOTAL:	USD FIFTY THREE THOUSAND EIGHT HUNDRED SIXTY EIGHT ONLY.				

TATAL PACKED IN：1 410 CTNS

CIF DUBAI, UNITED ARAB EMIRATES

ALL OTHER DETAILS AS PER BENEFICIARY P/I NO.：CX11EZ100 DATED JUN-18-2024

中国广州华威进出口有限公司
CHINA GUANGZHOU HUAWEI IMP. AND EXP. CORP.

蔡仁轩

装 箱 单

PACKING LIST

To:	VIGOR TRADING LLC P.O.BOX 115130 DUBAI, UAE	Invoice No.:	ZYLC11EZ100
		Invoice Date:	JUL-15-2024
		S/C No.:	CX11EZ100
		S/C Date:	JUN-18-2024
From:	CHINA	To:	DUBAI, UNITED ARAB EMIRATES
L/C No.:	DPCDE1422652	Marks and Numbers	N/M

NUMBER AND KIND OF PACKAGE; DESCRIPTION OF GOODS	NOS.OF PKGS.	QTY.	G.W. KGS	N.W. KGS	MEAS. M³
Assorted Pipe Clamp					
DCC10	050CNS	800PCS	850.00	800.00	1.203 2
DCC12	100CNS	1 600 PCS	1 800.00	1 700.00	2.406 4
DCC14	290CNS	4 640 PCS	5 510.00	5 220.00	9.595 5
DCC16	385CNS	6 160 PCS	7 700.00	7 315.00	12.739 0
DCC18	095CNS	1 520 PCS	2 090.00	1 995.00	3.714 9
DCC20	360CNS	5 760 PCS	9 360.00	9 000.00	14.077 4
DCC30	100CNS	1 600 PCS	4 400.00	4 200.00	12.633 6
ZDD08	030CNS	900 PCS	450.00	420.00	2.340 0
TOTAL:	1 410CNS	22 980PCS	32 160.00KGS	30 650.00KGS	58.71

中国广州华威进出口有限公司
CHINA GUANGZHOU HUAWEI IMP. AND EXP. CORP.

蔡仁轩

　　租订到舱位后，按时发运货物到指定集装箱堆场或集装箱货运站，准备进港报关，办理后续发生的一系列工作程序，直至安全收汇，核销退税。

（三）开立信用证

1. 实训资料

福建昌南进出口有限公司在与新加坡华盛股份有限公司签订合同之后，开始着手准备开立信用证事宜，根据签订的合同填制开证申请书。本次买卖合同，福建昌南进出口有限公司要求对方提供的文件如下：商业发票 3 份正本，注明合同号与信用证号；装箱单 3 份正本，注明每一包装单位的毛重、净重和体积；全套海运提单，指示抬头、运费预付并通知开证申请人；保险单或凭证 1 份正本，按发票金额 110% 投保一切险和战争险，以汇票币种在中国赔付；发票金额全额的支付汇票；接受早于信用证开证日期的提单。

买方在依法拥有进出口权及进口许可后，根据买卖双方之间的销售合同，到双方都同意的开户银行，交付押金，申请开立信用证。销售合同如下：

SALES CONFIRMATION

卖方　Huasheng Holding Corporation Ltd.　　　　　　NO.：CN-77HS001

Seller：P.O.Box 226 Road Town, Singapore　　　DATE：JUN.18, 2024

买方　China Fuzhou ChangNan Imp. and Exp. Corp.

Buyer：No.266 Wusi Road, Fuzhou, China

　　　Fax No.：0086-0591-8385××××

This Contract is made by and between the Buyers and the Sellers, whereby the Buyers agree to buy and the Sellers agree to sell the under mentioned commodity according to the terms and conditions stipulated below：

买方与卖方就以下条款达成协议：

唛头 Marks and Numbers	名称及规格 Description of Goods	数量 Qty.	单价 Unit Price	总价 Amount
FUJIAN	Auto Parts	40PCS	CIF FUZHOU	USD48 640.00
MT0703-05	MT0703	40PCS	USD1 216	USD49 280.00
MADE IN SINGAPORE	MT0704	40PCS	USD1 232	USD49 800.00
	MT0705	300PCS	USD1 245	USD39 690.00
FUJIAN	MT5286	300PCS	USD132.3	USD40 020.00
MT5286-88	MT5287	300PCS	USD133.4	USD40 650.00
MADE IN SINGAPORE	MT5288		USD135.5	

USD268 080.00

总值：TOTAL CIF FUZHOU Say U.S. Dollars TWO HUNDERD SIXTY EIGHT THOUSAND EIGHTY only.

Packing：To be packed in waterproof wooden cases or iron cases.

Insurance：To be effected by seller for 110 percent of invoice value covering Institute Cargo Clauses（All risks）and Institute War Clauses（Cargo）.

Payment：By 100% irrevocable sight L/C, reaching the sellers 20 days before the month of shipment, remaining valid for negotiation in China by presenting the following documents：clean Bill of Lading in 3 original, commercial invoice in 3 copies, insurance certificate in 1 copy, for further 15 days after the prescribed time of shipment.

SHIPMENT：Before October 31, 2024, With transshipment allowed & partial shipments allowed.
PORT OF LOADING：Singapore, Singapore
DESTIANTION：Fuzhou, China
The seller should fax the Bill of Lading and E-mail the invoice and packing documents immediately after shipment.

Force Majeure：The sellers should not take any responsibility for partial or total non-performance of this contract due to Force Majeure. But the sellers should advise the buyers on time of such occurrence and submit the evidence of such accident within 14 days after occurrence.

Disputes Settlement：
All disputes in connection with this contract of the execution thereof shall be amicably settled through negotiation. In case no amicable settlement can be reached between the two parties, the case under dispute shall be submitted to arbitration, which shall be held in the country where the defendant resides, or in third country agreed by both parties. The decision of the arbitration shall be accepted as final and binding upon both parties. The Arbitration Fees shall be borne by the losing party.

Law Application：
It will be governed by the law of the People's Republic of China under the circumstances that the contract is signed or the goods while the disputes arising are in People's Republic of China or the defendant is Chinese legal person, otherwise it is governed by United Nations Convention on Contract for the International Sale of Goods.

The Buyer   The Seller

2. 实训要求

根据合同及相关要求，填制开立信用证申请书。

3. 实训步骤

买方福建昌南进出口有限公司，到买卖双方都同意的银行，申请开立信用证，并根据双方的售货合同填制信用证开证申请书。如下表：

APPLICATION FOR IRREVOCABLE DOCUMENTARY CREDIT

（1）TO：INDUSTRIAL AND COMMERCIAL BANK OF CHINA＿＿＿＿＿ BRANCH

（2）DATE：

（3）Please establish by □ SWIFT □ brief cable □ airmail an Irrevocable Credit as follows：

（57A）Advising bank：（to be left for bank to fill in）

（20）Irrevocable Documentary Credit no.

（31D）Expiry date and Place

（50）Applicant：（full name & detailed address）

（59）Beneficiary（full name & detailed address）

（32B）Currency code, Amount（In words and figures）

（39A）Quantity and Credit amount tolerance ＿＿＿＿＿%

（41A）Credit Available with □ any bank □ issuing bank □ other（pl. Indicate）

By □ Negotiation □ Acceptance □ Sight Payment □ Deferred Payment at ＿＿＿

（42C）Draft at ＿＿＿＿＿ sight ＿＿＿＿ for ＿＿＿ % of invoice value

（42A）Draw on ＿＿＿＿＿

（42P）Partial shipment □ allowed □ not allowed

（43T）Transshipment □ allowed □ not allowed

（44A）Loading on board from SINGAPORE

（44B）for transportation to FUZHOU, FUJIAN, CHINA

（44C）Latest shipment date 2024-10-15

（44E）Port of loading

（44F）port of discharge

（45A）Description of goods or services　AUTO PARTS

Price term：CIF FUZHOU

Packing：IN IRION CASES

（46A）Documents required：（marked with×）

1.（×）Signed commercial invoice in ＿＿＿＿ indicating L/C No. and Contract No.

2.（×）Full set of clean on board Bills of Lading made out □ to order/ □ to the order of and blank endorsed, marked "freight □ prepaid/ □ to collect showing freight amount" notifying □ the applicant/ □

3.（　）Air Waybills showing "freight □ prepaid/ □ to collect indicating freight amount" and consigned to

4.（×）Insurance Policy/Certificate in ＿＿＿＿ for ＿＿ % of the invoice value showing claims payable in China in currency of the draft, blank endorsed, covering（　□ Ocean Marine Transportation/ □ Air Transportation）All Risks, War Risks./ □ In statute Cargo Clauses（All Risks）and Institute War Clause （Cargo）

5.（×）Packing list/Weight Memo in ＿＿＿＿ indicating quantity/gross and net weights of each package and packing conditions

6.（　）Certificate of Quantity/Weight in ＿＿ issued by □ manufacturer/ □ Sell-er/ □ independent surveyor at the loading port, indicating the actual surveyed quantity/weight of shipped goods as well as the packing condition.

7.（　）Certificate of Quality in ＿＿ issued by □ manufacturer/ □ public recognized surveyor

8.（　）Beneficiary's Certified copy of fax dispatched to the applicant within＿＿＿＿hours after shipment advising □ the contract number, □ name of commodity, □ quantity, invoice value, □ bill of loading, □ bill of loading date, □ the ETA date.

9.（　）Certificate of Origin in＿＿copies certifying.

10.（　）Other documents, if any：

（47A）Additional instruction：（marked with ×）

（1）（　）Documents issued earlier than L/C issuing date are not acceptable.

（2）（　）Third party as shipper □ is □ is not acceptable.

（3）（　）Both quantity and amount ＿＿＿% more or less are allowed.

（4）（　）All documents to be forwarded in one lot by express unless otherwise stated above.

（5）（×）Other terms, if any：SHIPPING DATE EARLIER THAN ISSUING DATE OF L/C IS ACCEPTABLE.

（71B）All banking charges and interest if any outside the opening bank are for the account of □ beneficiary □ other（pl.indicate）

（48）Documents to be presented within ＿＿＿＿ days after the date of insurance of the transport documents but within the validity of the credit.

开证申请人（公章或授权印鉴）：

法定代表人或被授权人

联系人：

电话

福州昌南进出口有限公司
FUZHOU CHANGNAN IMP. AND EXP. CORP.

项目十

国际贸易善后

学习目标

// 素养目标 //

- 培养耐心周到、严谨细致的职业素养，认真对待国际贸易善后工作
- 培养法治思维，合法公正地协调和解决对外贸易纠纷
- 提升中国在国际仲裁案中的话语权，增强民族自豪感和民族自信心

// 知识目标 //

- 掌握索赔的含义及合同的索赔条款
- 掌握不可抗力条款
- 掌握仲裁的含义及仲裁的程序

// 技能目标 //

- 能够预防、处理国际贸易摩擦
- 能够完成贸易后的索赔和理赔

思维导图

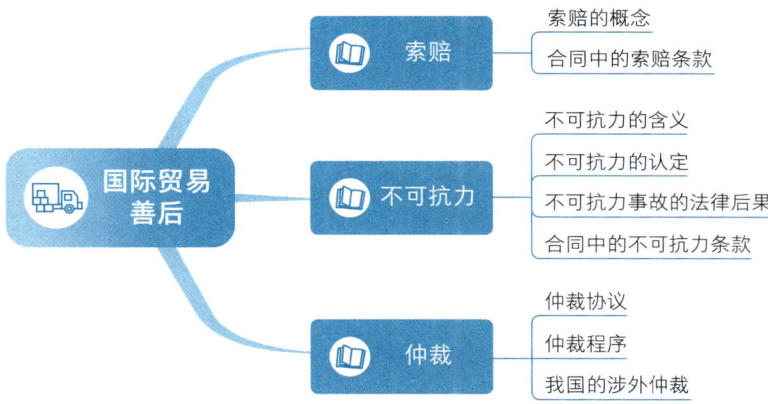

学习计划

● 素养提升计划

_____

_____

_____

● 知识学习计划

_____

_____

_____

● 技能训练计划

_____

_____

_____

妥善处理贸易摩擦

我国某进出口公司（以下简称"我方"）与美国洛杉矶的某日资企业（以下简称"日商"）签订了出口 1 万吨 CIF 洛杉矶总值为 72 万美元水镁石的合同。该合同明确规定：货款的 75% 以即期信用证方式支付（54 万美元），另外的 25% 在货到洛杉矶经买方检验合格后以电汇方式支付（18 万美元）。合同还规定，进口佣金率为货款的 5%，由我方在收到货款后直接寄到其伦敦某银行账户。按规定日期，我方接到日商通过其开证行开来的价值为 54 万美元的即期信用证。我方审查信用证与合同相符后在规定日期内装运了货物，制作了信用证要求的全套单据，并顺利地收到了 75% 的货款。但货到洛杉矶后不久，买方即告知我方货物中掺杂石头，并寄来石头的照片。买方还声称已将部分劣质货物倒入大海，从而拒付其余 25% 的货款，并要求我方赔偿其损失 13 万美元。索赔理由如下：① 由于货物中掺杂石头，致使买方费城的客户（某加工厂）在粉碎水镁石的过程中打坏了机器的齿轮，损失达 8 万美元；② 由于齿轮损坏，该加工厂停产一周，停产损失达 3.5 万美元；③ 因为加工厂未能及时向当地一电厂输送水镁石，电厂又向加工厂索赔 1.5 万美元。日商还强调根据美国的《产品责任法》，我方应给予足额的赔偿。

为查明事实，我方人员立即动身直接飞往美国费城，向加工水镁石的客户核对，取得了第一手资料。

我方回击声明：① 中美之间的贸易摩擦应适用于《联合国国际货物销售合同公约》（简称《公约》）。而日商擅自将我方货物倒入大海，已违背了《公约》保全货物的规定，侵犯了我方权益，应给予我方赔偿。② 经调查，由于货物掺杂石头而给费城加工厂造成的齿轮损坏损失只有 0.8 万美元，日商却称 8 万美元，故意夸大损失。③ 经向费城加工厂调查，电厂无索赔行为。

④ 根据以上情况，我方只承担 4.3 万美元的实际损失。但日商不肯让步，我方便谈到交易中的佣金问题。日商要求我方将 5% 的佣金寄往伦敦，是明显的逃税行为。如果日商在上述索赔问题上强词夺理，不肯让步，我方就将此事予以曝光，那么日商在美国商界的声誉将会受到较大影响。日商意识到我方的真实意图后，不再坚持原有的要求。我方借此机会提出三项条件：① 承认我方适用的法律正确；② 我方只负责赔偿 4.3 万美元的实际损失；③ 立即派人和我方的工作人员一起到银行把我方应得的货款划入我方的账户。日商自知理亏，又怕我方抓住佣金一事不放，只好一一答应。至此，这一贸易摩擦以我方胜利而告终。

【问题】

结合案例和所学知识，思考从本案中我们应得到哪些启示？

【分析提示】

在本案例中，合同属于 CIF 合同，我方作为卖方要承担货物越过船舷的风险，这就需要做好货物装船以前各个环节的工作。虽然卖方提供的水镁石是合格的产品，但是仅因为在装船过程中监督不严，致使货物中掺进了石头，从而引发了本次纠纷。这是我们从本案例中应吸取的教训。国际货物买卖合同的履行涉及很多环节，无论哪个环节出现问题，都会影响合同的顺利履行。对买卖双方来说，都可能导致"货款两空"的风险，因此需要做好每一个环节的工作，防患于未然，切不可疏忽大意。一旦发生贸易摩擦，应该沉着应对，有理有利有节地做好妥善处理以及索赔与理赔工作。

国际货物买卖合同履行时间长、涉及面大、业务环节多，一旦在货物的生产、收购、运输、交货任何一个环节发生意外或差错，都可能会给合同的顺利履行带来影响。而且国际市场变幻莫测，一方当事人往往因为发生了不利于己的市场行情变化，而不履行合同义务或不完全履行合同义务，致使另一方当事人的权利受到损害。再加上国际贸易中的双方当事人常处于不同的国家（地区），其所属国家（地区）的法律制度、文化传统等因素往往会导致争议的产生。争议产生后，作为当事人应积极面对，努力找出双方产生分歧的原因，再针对具体情况加以不同的处理方式。

在国际贸易中，买卖双方中任何一方有违约情况，受害方都有权提出索赔。

买卖双方对履约过程中产生的争议，可采取仲裁方式解决。合同签订后，若发生人力不可抗拒的事件，致使合同不能履行或不能如期履行，可按合同中关于不可抗力条款的规定免除合同当事人的责任。

一、索赔的概念

索赔（Claim）是指遭受损害的一方在争议发生后，向违约方提出赔偿要求的行为。索赔在法律上是主张权利，在实际业务中，通常是指受害方因对违约方违约而根据合同或法律提出予以补救的主张。一方提出索赔后，违约方受理对方的赔偿要求，称为理赔（Settlement of Claims）。索赔与理赔是一个问题的两个方面，在受害方看来是索赔，在违约方看来就是理赔。

二、合同中的索赔条款

在国际货物买卖合同中，对索赔条款有两种规定方式：一种是异议与索赔条款（Discrepancy and Claim Clause），另一种是罚金条款（Penalty Clause）。一般商品买卖合同大多只规定异议和索赔条款。在大宗商品买卖如机械设备一类商品的合同中，除了订有异议与索赔条款外，还要另订罚金条款。

（一）异议和索赔条款

在一般商品买卖合同中只订立此条款。主要适用于交货的品质、数量等方面的违约行为。该条款的内容有：索赔权、索赔依据、索赔期限、赔偿损失的办法和赔偿金额等。

1. 索赔权

索赔权是指交易的一方如违反合同，另一方有权提出索赔。

2. 索赔依据

索赔依据是指合同当事人在提出索赔时必须提供的证据和出具证据的机构。索赔依据包括法律依据和事实依据两方面。法律依据是指当事人在提出索赔时，必须以与买卖合同有关的国家法律规定为确定违约行为的依据。事实依据，是指当事人在提出索赔时，必须提供对方违约的事实真相、充分的书面证明等，以证实违约的真实性。

3. 索赔期限

索赔期限是指索赔方向违约方提出索赔要求的有效期限。按照国际惯例，受

视频：
投诉

害方必须在一定时期内提出赔偿要求，逾期提出索赔，违约方有权拒绝受理。因此，关于索赔期限的规定必须慎重合理，应根据不同商品的具体情况做出不同的规定。

索赔期限除了一些特殊商品（如机械设备）外，一般不宜过长，以免使一方承担过重的责任；也不宜过短，以免使另一方无法行使索赔权，而应根据商品性质及检验所需时间的多少等因素而决定。

应该注意的是，如果买卖合同未规定具体的索赔期限，在发生争议时，受害方可以援引某种法律或惯例所规定的期限进行索赔，这样将会延长另一方承担责任的期限。例如，《联合国国际货物销售合同公约》规定：如果买方不从实际收到货物之日起，两年内将货物不符合同情形通知卖方，他就丧失了声称货物不符合同的权利，除非这一时限与合同规定的保证期限不符。又如《中华人民共和国民法典》第五百九十四条规定，因国际货物买卖合同和技术进出口合同争议提起诉讼或者申请仲裁的时效期间为四年。

规定索赔期限时，须对索赔期限的起算时间做出具体规定，通常有以下几种起算方法：

（1）货物经检验后 ×× 天起算；

（2）货物到达目的港后 ×× 天起算；

（3）货物到达目的港卸离海轮后 ×× 天起算；

（4）货物到达买方营业所或用户所在地后 ×× 天起算。

索赔依据和索赔期限在异议和索赔条款中要明确地加以规定，并与检验条款相结合。

4. 赔偿损失的办法和赔偿金额

在实际业务中，违约行为发生的原因很多，具体情况复杂。在磋商交易和订立合同时很难预见到未来在履约过程中，哪些环节上会发生违约行为，违约的程度有多大。因此，除了个别情况外，通常在买卖合同中只做一般笼统规定。如果将来发生违约行为，将根据货损、货差的实际情况来确定赔偿的金额和索赔的办法。

关于违约赔偿金额的确定。根据《联合国国际货物销售合同公约》的有关规定，主要有三种方法：第一，如一方当事人违约，赔偿额应与另一方因此而受到的包括利润在内的损失额相等；第二，如宣告合同无效，在一段合理时间内，买方以合理方式购买替代货物，或者卖方以合理方式已把货物转卖，则要求赔偿方可以取得合同价格和替代货物交易价格之间的差额；第三，如宣告合同无效，货物又有时价，同时受到损失的一方如果没有根据第二项规定进行购买或转卖，则应赔偿合同价格与宣告合同无效时的时价之间的差额。如在收到货物之后，宣告合同无效，则应适用于收到货物时的时价。

最后，必须强调：异议和索赔条款，不仅是约束卖方履行合同义务的条款，而且是适用于约束买方履行合同义务的条款。在该条款中可以列明，当买方不履行合同规定时，卖方有权按照买方违约的情节，终止执行全部或部分合同，或者延期装运，或者停止交付在途货物。

（二）罚金条款

罚金条款，在买卖合同中不能独立订立。它必须在订立了"异议和索赔条款"之后，而且只有在大宗商品和机械设备的交易中，才需要订立罚金条款。

罚金条款主要适用于卖方延期交货或者买方延期接货、延期开立信用证等行为。罚金条款的主要内容是规定罚金金额与罚金的起算日期。

1. 罚金金额

"罚金"就其性质而言，就是"违约金"。它针对一方发生了合同中列明的违约行为时，应向对方支付载明于合同中的一定金额的约定罚金，以补偿对方的损失。

在买卖合同中，双方应协商议定，预先规定一个罚金的百分率或罚金金额，并且同时规定罚款的最高百分率或最高的罚款金额。罚金百分比的大小或罚金金额的多少，视违约时间的长短而定。例如，实际业务中有的合同规定：除了本合同第 × 条所列举的不可抗力原因外，如卖方不能按期交货，每延误 7 天，买方应收取 0.5% 的罚金，不足 7 天的则按 7 天计算。如卖方不能按照合同规定的装运期交货，延期十周时，买方有权撤销合同，并要求卖方支付上述延期交货的罚金。但是，延期交货的罚金，不得超过延期交货那部分货物总金额的 5%。

应该注意，当违约方支付罚金之后，并不能因此解除继续履行合同的义务。因此，违约方除了支付罚金外，仍应履行合同义务，如因故不能履约，则另一方在收受罚金的同时，仍有权索赔。

2. 罚金的起算日期

罚金的起算日期，一般有两种规定方法。一种是以合同规定的交货期，或者信用证开证期限终止后立即起算；另一种是规定一个优惠期，即在合同规定的交货期或开证期限终止以后，再宽限一定期限即优惠期，在这段期限内，免于罚款，等到优惠期届满后才开始计算罚金。

关于罚金条款，各国在法律上有不同的解释和规定。大陆法系国家的法律承认并执行合同中的罚金条款，他们认为如果一方不履行或不如实履行合同，另一方可以要求其支付一定金额作为处罚。而英美法系国家的法律认为，对于违约行为，只能要求赔偿损失，而不能予以惩罚。英美法系国家的法律，只承认损害赔偿，不承认带有惩罚性的罚金。所以在与英、美、澳、新等国进行贸易时，应注意约定的罚金金额的合法性。

《中华人民共和国民法典》第五百八十五条规定，当事人可以约定一方违约时应当根据违约情况向对方支付一定数额的违约金，也可以约定因违约产生的损失赔偿额的计算方法。约定的违约金低于造成的损失的，人民法院或者仲裁机构可以根据当事人的请求予以增加；约定的违约金过分高于造成的损失的，人民法院或者仲裁机构可以根据当事人的请求予以适当减少。当事人就迟延履行约定违约金的，违约方支付违约金后，还应当履行债务。

不可抗力

一、不可抗力的含义

不可抗力（Force Majeure）又称为人力不可抗拒，在货物买卖合同签订以后，不是由于订约者任何一方当事人的过失或疏忽，而是由于发生当事人所不能预见和预防，又无法避免和克服的意外事故，以致不能履行或不能如期履行合同，遭受意外事故的一方，可以免除履行责任或延迟履行合同。

二、不可抗力事故的认定

不可抗力事故通常包括两种情况：一是自然现象引起的，如水灾、地震、风暴、大雪、旱灾、火灾、暴风雨等；二是社会因素引起的，如战争、罢工、政府禁令、封锁禁运等。对于前者，国际上的解释比较统一；而对于后者，各国的解释分歧较大。因此，在实际业务中，接受不可抗力条款时，对不可抗力事故的认定必须慎重和严格掌握，避免盲目接受。

三、不可抗力事故的法律后果

不可抗力事故发生后所引起的法律后果，主要有两种：一种是解除合同，一种是延迟履行合同。至于什么情况下可以解除合同，什么情况下不能解除合同，只能延迟履行合同，则要根据该项事故的性质及对履行合同的影响程度来决定，也可以由双方当事人通过协商在买卖合同中加以具体规定。如果合同中未做出明确规定，一般遵循的原则是：如果不可抗力事故的发生使合同的履行成为不可能，则可以解除合同；如果不可抗力事故只是暂时阻碍合同的履行，那么就只能延迟履行合同，而不能解除合同。

四、合同中的不可抗力条款

不可抗力条款属于免责条款。在国际贸易中，对于不可抗力事故，各国的法律、法规和国际公约的解释并不统一，但其基本原则大体相同。应该注意的是，并非所有能够阻碍合同履行的意外事故都可以构成不可抗力事故。一般来说，构成不可抗力事故需要具备以下三个条件：该事故必须发生在合同签订以后；该事故不是因合同当事人的过失、疏忽或故意行为造成的；该事故是当事人无法预见、无法预防的。

为了避免当事人之间产生纠纷，防止一方当事人任意扩大和缩小对不可抗力事故范围的解释，或在不可抗力事故发生后在履约方面提出不合理要求，应在买卖合同中对不可抗力条款作出尽可能明确、具体的规定。

国际货物买卖合同中不可抗力条款的内容虽然不尽相同，但归纳起来，一般包括以下内容：

（一）不可抗力事故的范围

买卖双方在磋商交易和签订合同时，应对构成不可抗力事故的范围达成一致意见，并在合同中做出明确规定，因为这一问题与双方当事人的利益有密切关系。我国进出口合同中规定不可抗力事故的范围有以下三种：

1. 概括式规定

即不可抗力条款不具体订明哪些属于不可抗力事故，而只是以笼统的语言做出概括的规定。例如，"由于不可抗力的原因使卖方不能如期交货，卖方不负责任……"。概括式规定虽然覆盖面广，但是范围含糊不清，在解释上容易产生纠纷。

2. 列举式规定

即不可抗力条款明确列出经双方认可的不可抗力事故。凡是合同中没有明确规定的，均不能作为不可抗力事故对待。例如，"由于战争、洪水、火灾、地震、雪灾、暴风雨的原因致使买卖双方不能履行或不能如期履行各自的义务时，不负责任……"。列举式规定明确、肯定，在理解和解释上不容易产生分歧。但是，由于在条款中难以将所有不可抗力事故列举，一旦出现未列举的其他事故，就丧失了援引不可抗力条款达到免责的权利。

3. 综合式规定

即将上述列举式与概括式规定结合起来。先将双方当事人已取得共识的各种不可抗力事故列举出来，其后再加上"其他不可抗力事故等"概括式语句。例如，"如因战争、地震、水灾、火灾、雪灾、暴风雨或其他不可抗力事故，致使任何一方不能履行合同时，不负责任……"。综合式规定方法，弥补了前两种规定方法的不足，做到了既明确、具体，又有一定的灵活性。因此，在实际业务中采用较为普遍。

（二）不可抗力事故的后果

如上所述，不可抗力事故引起的后果有两种，一种是解除合同，一种是延迟履行合同。按道理来讲，应在条款中作出具体规定，以便于执行。但在实际业务中，由于签约时很难预料会发生何种事故以及对履约造成何种影响。因此，国外有些合同中规定，发生不可抗力事故，遭受事故的一方可以暂不履行合同至一段时间（如2~3个月）。届时，如果仍无法履行合同，则可以解除合同，如果影响合约事故已不存在，则可继续执行合同。

（三）发生事故后通知对方的期限和方式

依照国际惯例，当发生不可抗力事故影响到合同的履行时，遭受事故的一方必须及时通知对方，对方亦应于接到通知后及时给予答复，如有异议应及时提出。为了明确责任，一般在不可抗力条款中规定一方发生事故后通知对方的时限和方式。例如，合同中规定：一方遭受不可抗力事故后，应以电报通知对方，并应在15天内以航空挂号信提供事故的详情及其影响合同履行程度的证明文件。

（四）证明文件及出具证明的机构

不可抗力条款是一种免责条款，只有确实发生不可抗力，当事人一方才可免责。因此，当一方援引合同中不可抗力条款要求免责时，都必须向对方提交一定机构出具的证明文件，作为发生不可抗力的证据。在国外，一般由当地商会或经注册登记的合法公证机构出具。在我国，可通过中国国际贸易促进委员会或其设在口岸的贸促分会出具。

【案例分析】

援引不可抗力条款的后果

国内某出口公司与某外商签订一份农产品出口合同，签订日期为9月1日，合同规定装船日期为10—12月。但9月中旬以后，国内市场该产品价格上涨，该公司因亏损过高不能出口。经查，发现国内市场产品涨价的原因是7月中旬产地曾发生过严重水灾，货源受损。

问题：

在此情况下，我方是否可以利用不可抗力条款免除责任？为什么？

分析提示：

不可抗力条款属于免责条款。不可抗力事故引起的后果有两种，一种是解除合同，一种是延迟履行合同。不可抗力事故的构成需要具备以下三个条件：该事故必须发生在合同签订以后；该事故不是由于合同当事人的过失、疏忽或故意行为造成的；该事故是当事人无法预见、无法预防的。

在本案中，虽然7月中旬产地曾发生过严重水灾，但签订日期为9月1日，当事人不能任意扩大对不可抗力事故范围的解释，并在履约方面提出不合理要求。

任务三

仲裁

仲裁（Arbitration）又称为公断，是指买卖双方在争议发生之前或发生之后，签订书面协议，自愿将争议提交双方所同意的第三方予以裁决，以解决争议的一种方式。仲裁方式解决争议，比起其他方式来说，具有自主、灵活、迅速等多方面的优点，所以这一方式在国际贸易中被普遍采用。进口商和出口商要将他们之间存在的争议通过仲裁来解决，必须有仲裁协议在先，表明接受所指定的仲裁机构的审理和裁决。

一、仲裁协议

仲裁协议是指双方当事人自愿把他们之间已经发生或未来可能发生的争议，提交仲裁机构或仲裁员，依照法律和仲裁规则解决的协议，是仲裁机构受理案件最直接的依据。

仲裁协议必须以书面的形式呈现。仲裁协议一旦合法成立，在其有效期间内，任何一方不得任意变更或撤销，也不得将仲裁协议向法院起诉，必须自觉履行仲裁协议规定中的权利和义务。仲裁机构受理争议案件的依据是双方当事人订立的仲裁协议。

（一）仲裁协议的类型

根据仲裁协议达成的时间，仲裁协议有三种类型：第一种是双方当事人在争议发生前订立的，表示愿意将他们之间未来可能发生的争议提交仲裁解决的协议，这种协议一般就订立在合同中，作为合同中的一个条款，称作仲裁条款；第二种是双方当事人在争议发生后订立的，表示愿意将他们之间已经发生的争议提交仲裁解决的协议；第三种是当事人在争议发生前或争议发生后通过"援引"的方式达成的协议，即当事人不直接拟订仲裁协议的内容，而是同意将他们之间的争议按照某个公约、条约或标准合同中的仲裁条款所规定的方式进行仲裁。

（二）仲裁协议的作用

（1）表明当事人双方愿意将他们之间的争议交由仲裁庭来裁决，仲裁裁决对双方都具有约束力，双方都愿意服从裁决结果。

（2）表明仲裁庭取得了对争议案件的管辖权。任何仲裁机构都无权受理没有仲裁协议的案件。

（3）排除了法院对争议案件的管辖权。世界上除了极少数国家外，各国的法律一般都规定法院不受理双方订有仲裁协议的争议案件。即使一方当事人违反仲裁协议向法院起诉，另一方仍可依据仲裁协议排除法院的管辖权，一方当事人如果对仲裁裁决不服向法院起诉或上诉，法院一般也不受理。当事人在订立合同时，如果希望用仲裁方式解决争议，应该在合同中订立有仲裁条款。一旦发生争议，任何一方都有权将争议提交仲裁庭解决，同时也排除了另一方通过诉讼解决的途径。

（三）仲裁协议的内容

《中华人民共和国仲裁法》规定，仲裁协议包括合同中订立的仲裁条款和以其他书面方式在纠纷发生前或者纠纷发生后达成的请求仲裁的协议。仲裁协议应当具有下列内容：请求仲裁的意思表示；仲裁事项；选定的仲裁委员会。

1. 请求仲裁的意思表示

请求仲裁的意思表示是仲裁协议的首要内容，因为当事人以仲裁方式解决纠纷的意愿正是通过仲裁协议中请求仲裁的意思表示体现出来的。

2. 仲裁事项

仲裁庭只能在仲裁协议确定的仲裁事项的范围内进行仲裁，超出这一范围进行仲裁，所做出的仲裁裁决，经一方当事人申请，法院可以不予执行或者撤销。仲裁协议中订立的仲裁事项，必须符合两个条件：一是仲裁事项具有可仲裁性。即属于法律规定允许采用仲裁方式解决的争议事项，才能提交仲裁，否则会导致仲裁协议的无效。二是仲裁事项的明确性。由于仲裁事项是仲裁庭要审理和裁决的事项，因此，仲裁事项必须明确。

3. 选定的仲裁委员会

仲裁委员会是受理仲裁案件的机构。由于仲裁没有法定管辖的规定，因此，仲裁委员会是由当事人自主选定的。如果当事人在仲裁协议中不选定仲裁委员会，仲裁就无法进行。

对于仲裁委员会的选定，原则上应当是明确、具体的，即双方当事人在仲裁协议中要选定某一仲裁委员会进行仲裁。

二、仲裁程序

根据中国国际经济贸易仲裁委员会（以下简称贸仲委）的仲裁规则的规定，仲裁程序的主要内容大致如下：

（一）仲裁程序的开始

仲裁程序自仲裁委员会仲裁院收到仲裁申请书之日起开始。申请人向仲裁委员会书面提交仲裁申请及/或通过仲裁委员会网上立案系统申请仲裁的，仲裁程序开始于最先收到的日期。当事人申请仲裁时应提交由申请人或申请人授权的代理人签名及/或盖章的仲裁申请书，仲裁申请书应包括以下内容：申请人和被申请人的名称和住所、申请仲裁所依据的仲裁协议、案情和争议要点、申请人的仲裁请求、仲裁请求所依据的事实和理由。在提交仲裁申请书时，同时随附申请人请求所依据的证据材料以及其他证明文件并按照仲裁委员会制定的仲裁费用表的规定预缴仲裁费。

（二）案件的受理

仲裁委员会仲裁院收到申请人的仲裁申请书及其附件后，经过审查，认为申请仲裁的手续完备的，应将仲裁通知、仲裁委员会仲裁规则和仲裁员名册各一份发送给双方当事人。申请人的仲裁申请书及其附件也应同时发送给被申请人。

（三）答辩

被申请人应自收到仲裁通知后45天内提交答辩书。被申请人确有正当理由请求延长提交答辩期限的，由仲裁庭决定是否延长答辩期限。

对于被申请人未提交答辩书的，不影响仲裁程序的进行。

（四）指定仲裁员组成仲裁庭

根据我国仲裁规则的规定，仲裁庭分为独任仲裁庭和合议仲裁庭两种，独任仲裁庭由一名仲裁员组成，合议仲裁庭由三名仲裁员组成。当事人从贸仲委制定的、统一适用于贸仲委及其分会的《仲裁员名册》中选定仲裁员。当事人约定在贸仲委《仲裁员名册》之外选定仲裁员的，当事人选定的或根据当事人之间的协议指定的人士经贸仲委主任依法确认后可以担任仲裁员、首席仲裁员或独任仲裁员。适用简易程序的案件，由一名仲裁员组成独任仲裁庭予以审理，简易程序可以缩短仲裁时间，有利于迅速解决争议。对于其他大部分适用普通程序的案件，除非当事人另有约定，一般由三名仲裁员组成的合议仲裁庭审理。

如案件由独任仲裁员审理，双方当事人可以共同选定或者共同委托贸仲委主任指定一名仲裁员作为独任仲裁员。双方当事人也可以分别推荐一至五人作为独任仲裁员人选。如案件由三人仲裁庭审理，申请人和被申请人应当各自在收到仲裁通知之日起 15 天内选定一名仲裁员或者委托贸仲委主任指定。当事人未在上述期限内选定或委托贸仲委主任指定的，由贸仲委主任指定。首席仲裁员由双方当事人在被申请人收到仲裁通知之日起 15 天内共同选定或者共同委托贸仲委主任指定。双方当事人未能按照上述规定共同选定首席仲裁员的，由贸仲委主任指定。首席仲裁员与被选定或者被指定的两名仲裁员共同组成仲裁庭审理案件。

（五）审理案件

仲裁庭审理案件有两种形式：

一是书面审理，也叫不开庭审理，即经过当事人的书面申请，或者仲裁庭根据案情，在征得当事人双方的同意后，仲裁庭只依据当事人提供的书面材料和证据材料以及证人、专家、鉴定人的书面证据材料，对争议案件进行审理并且做出裁决。

二是开庭审理，即按照仲裁规则的规定，采取开庭但不公开的审理方式。

一般地，经济贸易争议案件普遍采用开庭审理形式，而海事仲裁常用书面审理形式。如果当事人在合同中引用了某项国际惯例，该惯例即对合同的当事人具有约束力，仲裁庭在划分责任和做出裁决时，适用该项惯例。如果双方在合同中没有约定所适用的国际贸易惯例，仲裁庭可以根据争议案件的具体情况，参考或选用与案件相适应的国际惯例。仲裁机构属于民间组织，在审理案件和做出裁决过程中，不受任何政府行政方面的牵制和干扰。开庭时，如果一方当事人不出席，仲裁庭可以进行缺席审理和作出缺席裁决。由三名仲裁员组成的仲裁庭，裁决依多数仲裁员的意见决定，少数仲裁员的意见可以做成记录附卷。如三位仲裁员意见不一致且各执己见无法达成多数，则裁决依首席仲裁员的意见做出。

（六）仲裁裁决的承认与执行

仲裁机构或仲裁庭不是法院，自身没有强制当事人执行仲裁裁决的权力。仲裁裁决的承认是指司法机关（主要是法院）根据当事人的申请，依法确认仲裁裁决具有可予执行的法律效力；裁决的执行是指司法机关（主要指法院）根据当事人的申请，依法强制另一方当事人执行裁决结果。法院是具有强制执行权力的国家机构。仲裁裁决的执行，必须有法院的配合与协助。而一国的法院是否执行仲裁裁决，取决于国家立法和该国所缔结或加入的国际条约的规定。

为了解决在执行外国仲裁裁决问题上的矛盾，国家间曾制订双边的和多边的国际公约。1958 年 6 月 10 日，联合国在纽约召开了国际商事仲裁会议，通过了

《承认及执行外国仲裁裁决公约》，又称《纽约公约》。《纽约公约》于1987年4月22日对我国生效。《纽约公约》规定，成员国要保证和承认任何公约成员国做出的仲裁裁决。《纽约公约》一方面减轻了申请执行裁决一方的责任，加重了被申请人的举证责任；另一方面严格限制了执行法院审查的范围，降低了拒绝执行的可能性。这一国际范围的裁决执行体系的确立，从根本上奠定了仲裁业发展的基石。

三、我国的涉外仲裁

在我国，有两个涉外仲裁机构，都隶属于民间机构——中国国际商会，一个是中国国际经济贸易仲裁委员会，是处理国际经济贸易方面争议案件的常设仲裁机构，它在深圳和上海设有分会。仲裁委员会与其分会是同一个仲裁机构，使用统一的仲裁规则和仲裁员名册。另一个是处理海事争议案件的仲裁机构——中国海事仲裁委员会。

从2024年1月1日起，我国国际经济贸易仲裁开始使用新版仲裁规则。修订后的新版《中国国际经济贸易仲裁委员会仲裁规则》规定，中国国际经济贸易仲裁委员会受理案件的范围主要包括：国际的或涉外的争议案件；涉及香港特别行政区、澳门特别行政区或台湾地区的争议案件；国内争议案件。中国国际经济贸易仲裁委员会在当今世界主要的国际商事仲裁机构中名列前茅，许多外国公司也愿意将他们之间的商务纠纷选择在中国仲裁。

由于我国现在已加入《纽约公约》，当事人可依照公约规定直接到其他有关缔约国申请承认和执行我国涉外仲裁机构作出的裁决。中国涉外仲裁机构作出的发生法律效力的仲裁裁决，当事人请求执行的，如果被执行人或者其财产不在中国领域内，应当由当事人直接向有管辖权的外国法院申请承认和执行。对于符合条件的外国仲裁裁决，当事人可依照1958年《纽约公约》规定直接向我国有管辖权的人民法院申请承认和执行。对于在非缔约国领土内作出的仲裁裁决，需要我国法院承认和执行的，只能按照互惠原则办理。我国有管辖权的人民法院接到一方当事人的申请后，应对申请承认和执行的仲裁裁决进行审查，如果认为不违反我国缔结或参加的国际条件的有关规定或《中华人民共和国民事诉讼法》的有关规定，应当裁决其效力，并依照《中华人民共和国民事诉讼法》规定的程序执行，否则，裁定驳回申请，拒绝承认及执行。

我国某公司与外商订立一项出口合同，在合同中明确规定了仲裁条款：履约过程中如发生争议，在中国仲裁。后来，双方就商品的品质发生争议，对方在其所在地法院起诉我方，法院发来传票，传我国该公司出庭应诉。

问题：

如果你作为一名中国的仲裁员，你将如何就此情况进行仲裁？

分析提示：

仲裁协议是指双方当事人自愿把他们之间已经发生或将来可能发生的争议，提交仲裁机构或仲裁员，依照法律和仲裁规则解决的协议，是仲裁机构受理案件最直接的依据。本案中，当事人在合同中规定了仲裁条款，双方愿意将他们之间的争议交由中国仲裁庭来裁决，排除了法院对争议案件的管辖权。我方作为仲裁员可以受理此案件并作出公正的裁决。

【职业道德与修养】

案例背景：

某公司与国外客户签订了一份 CIF 鹿特丹合同，交货期是 2024 年 9 月 15 日，合同金额共 32 万美元。此后该公司因为受多个台风等恶劣天气影响，不能及时安排运输。合同中规定的违约赔偿金额是合同金额的 30%，如果该公司不能按时发货，可能造成违约，违约金额高达 9.6 万美元，还面临订单被取消的风险。该公司及时与客户沟通，通知客户该不可抗力事件，并通过中国贸促会认证中心办理了不可抗力事实性证明，获得客户谅解，将交货期延长了两个月，双方增强了互信。

问题：在国际贸易业务中，外贸企业在发生不可抗力事件后应采取什么措施？

分析提示：无论是进口方还是出口方，一旦遭遇不可抗力事件，应紧扣合同中的不可抗力条款，以"不可抗力"为由与对方友好协商解决问题，对事件发生后的处置以及责任免除做到有序公平的约定。取得合同相对人的理解和支持，有益于长久合作。

海南自由贸易港快速仲裁规则的构建

2024 年 7 月 15 日，在海南自由贸易港注册的两家企业之间存在合同纠纷一案，在海南省仲裁协会的协助下组成临时仲裁庭开庭审理，该案是依据《海南自由贸易港国际商事仲裁发展若干规定》（以下简称《规定》）在海南审理的我国首例临时仲裁案件。临时仲裁逐渐进入大众的视野，其具有更灵活、费用更低、程序更便利等优点，助力海南自由贸易港的发展。

7 月 1 日，《规定》正式施行，这是《中华人民共和国海南自由贸易港法》实施以来，海南出台的第 31 部自贸港法规。《规定》全文共 27 条，在遵循仲裁基本制度的原则下，结合海南自贸港仲裁发展实际，充分借鉴国内外先进做法，着重在临时仲裁、名册外仲裁员选择等内容进行了变通和创新。尤其是《规定》在国内率先以自贸港法规形式对临时仲裁作出规定等亮点做法，不仅能为经营主体提供高效便捷、与国际接轨的仲裁服务，同时也丰富了商事争议解决工具箱，推动海南仲裁制度改革创新达到了新高度，为打造法治化、国际化、便利化营商环境提供了新支点。

根据《规定》，在海南自贸港注册的企业之间，海南自贸港注册的企业与国外、港澳台企业之间，以及国外、港澳台企业之间的商事纠纷，都可以在海南自贸港进行临时仲裁。除了对临时仲裁规则、收费标准、仲裁机构和仲裁员选择等作出规范，《规定》还明确，人民法院依法支持和监督仲裁，依法审查裁定和执行保全措施，根据申请对仲裁案件的调查取证给予协助；临时仲裁涉及的仲裁协议效力认定、保全措施和仲裁裁决撤销、执行等司法审查案件，由海南自贸港有管辖权的法院管辖。

知识与技能训练

一、单项选择题

1. 国际货物检验时间与地点有多种规定办法，其中照顾买卖双方利益、最为方便而且合理的规定办法是（　　）。

    A. 在出口国产地检验
        B. 在装运港（地）检验

    C. 在目的港（地）检验
        D. 在出口国检验，进口国复验

2. 在合同不可抗力条款中明确列出经双方认可的不可抗力事故，各项规定不可抗力事故范围的方法属于（　　）。

    A. 综合式规定
        B. 列举式规定

    C. 概括式规定
        D. 分类式规定

3. 2024 年 9 月，我国某外贸公司与外商签订一份农产品出口合同，规定 2024 年 10 月至 12 月交货，后因 2024 年 10 月以后该农产品价格猛涨，外贸公司因亏损较多不能出口。经查，2024 年 8 月，产地曾发生严重水灾，货源受损。因此，（　　）。

    A. 我方可以利用不可抗力条款，免除责任

    B. 我方不能利用不可抗力条款，免除责任

    C. 只要本省贸易促进委员会能出具不可抗力证明文件，我方可以免除责任

    D. 我方可以利用不可抗力条款，减少承担的责任

4. 我方与外商按 CIF 条件成交某商品 1 000 打，允许卖方有 5% 溢短装幅度，我方实际装 1 000 打（提单也载明 1 000 打），货抵目的港后，买方即来函反映仅收到 948 打，同时也取得船公司短少证明，向我方索赔。我方正确答复应是（　　）。

    A. 同意补装 52 打货物
        B. 同意退 52 打的货款

    C. 请其与船公司或保险公司联系
    D. 请其与银行联系

5. 仲裁协议是仲裁机构受理争议案件的必要依据。仲裁协议（　　）达成。

    A. 必须在争议发生之前

    B. 只能在争议发生之后

    C. 既可以在争议发生之前，也可以在争议发生之后

    D. 必须在争议发生的过程中

二、多项选择题

1. 下列可构成不可抗力的是（　　　　）。

   A. 森林自燃
   B. 海盗劫货
   C. 吸烟焚林
   D. 禁运
   E. 通货膨胀
   F. 地震

2. 某公司对外订立出口合同后，发生火灾，全部供出口商品被毁。如果该合同中订有不可抗力条款，该公司可援引该条款（　　　　）。

   A. 要求进口方按期付款
   B. 要求免除对对方的赔偿责任
   C. 要求撤销合同
   D. 要求延期履行合同
   E. 要求改换出口商品

3. 异议和索赔条款包括（　　　　）等。

   A. 索赔依据
   B. 索赔期限
   C. 赔偿损失的办法
   D. 赔偿金额

4. 下列说法正确的有（　　　　）。

   A. 索赔依据包括法律依据和事实依据两种
   B. 索赔期限是指索赔方向违约方提出索赔要求的有效期限
   C. 罚金条款一般适用于一方当事人延迟履约
   D. 罚金条款在买卖合同中必须独立订立

5. 仲裁裁决是终局的，这意味着（　　　　）。

   A. 任何一方当事人不得向法院起诉
   B. 当事人不得向任何机构提出变更裁决的请求
   C. 如败诉方不执行裁决，胜诉方有权向法院起诉
   D. 当事人可以向法院起诉
   E. 当事人可以向其他机构提出变更裁决的请求

三、判断题

1. 援引不可抗力的条件时，必须鉴于当事人一方遇到了双方无法预防，无法避免，无法处理的意外事故，如无法领取进出口许可证，市场价格发生剧烈变化，政府发布禁令等。（　　）

2. 我国某公司向西欧某商人进口在当地通常可以买到的某化工产品，在约定交货前，该商所属生产上述产品的工厂之一因爆炸被毁，该商可以援引不可抗力免责条款解除交货责任。（　　）

3. 在国际贸易过程中，买卖双方往往会由于彼此间的权力义务问题而引起争议。争议发生后，因一方违反合同规定，直接或间接给另一方造成损失，受损方向违约方在合同规定的期限内提出赔偿要求，以弥补其所受损失，就是理赔。（　　）

4. "罚金"就其性质而言，就是"违约金"。它针对一方发生了合同中列明的违约行为时，应向对方支付载明于合同中的一定金额的约定罚金，以补偿对方的损失。（　　）

5. 仲裁协议约束时，双方当事人只能以仲裁方式解决争议，不得向法院起诉。（　　）

【调查研究与善作善成】
一、调查研究

关于坚持互利共赢，深化拓展对外经贸关系的调查研究

1. 总体要求

专业学习不仅要学习书本知识，还要在实践中检验学习的效果。请围绕党的二十大报告提出的"深度参与全球产业分工和合作，维护多元稳定的国际经济格局和经贸关系"，结合本项目学习内容，实地走访当地商务主管部门、法院和贸促会等机构，深入一线调查，了解当地坚持互利共赢，深化拓展对外经贸关系，处理和化解国际贸易纠纷的政策和措施，形成一篇调研报告。

2. 具体要求

（1）准备要足。事先组建调查研究小组（每组4~5人），落实调查对象、地点和时间，拟定调查提纲和问卷，确定调查出行的交通工具，牢记调查过程中的安全要求，注意个人仪表和言谈举止。

（2）选题要准。围绕当地降低企业出口成本的主题，聚焦降低出口企业成本的政策和举措，从思路、问题、措施、经验和成效等方面选准调查切入点，发现重点、热点、难点、痛点和关注点，保持调研的前瞻性和准确性。

（3）内容要实。凡事要求贯彻落实。调查内容要深入全面，立意要高，及时总结有价值的经验，加以推广应用。

二、综合实训

模 拟 仲 裁

1. 实训目标

通过实训，使学生知晓仲裁的内涵，了解仲裁的流程以及在国际贸易纠纷处理中的作用。

2. 实训资料

青岛某进出口公司与法国A公司在履约过程中发生争议，双方决定通过友好协商解决。后协商不成，向中国国际经济贸易仲裁委员会青岛分会提交仲裁。

3. 实训要求

（1）学生自由组合成小组，每组5个人。

（2）小组讨论后，设计仲裁方案。

（3）模拟仲裁庭的情境，完成"案件受理、组成仲裁庭、开庭、裁决工作"等流程。

4. 实训指导

（1）指导学生签订仲裁协议。

（2）指导学生设计仲裁方案。

（3）指导学生成立仲裁庭。

（4）指导学生开庭裁决。

5. 实训评价

教师对各组完成情况进行点评并作出综合评价，填入表10-1。

表 10-1　实训综合评价表

考评人		被考评人	
考评地点			
考评内容	模拟仲裁裁决	分值	实际得分
	仲裁协议完整	30	
	仲裁方案得当	30	
	仲裁裁决公正客观	20	
	在训练中体现团队合作精神和职业素养	20	
	合计	100	

参考文献

［1］鲁丹萍. 国际贸易理论与实务［M］. 3版. 北京：高等教育出版社，2023.

［2］中国国际商会，国际商会中国国家委员会. 国际贸易术语解释通则2020［M］. 北京：对外经济贸易大学出版社，2023.

［3］黎孝先，王健. 国际贸易实务［M］. 7版. 北京：对外经济贸易大学出版社，2020.

［4］张向先. 国际贸易概论［M］. 4版. 北京：高等教育出版社，2014.

［5］吕红军. 进出口贸易实务［M］. 4版. 北京：对外经济贸易大学出版社，2022.

［6］邹建华，王燕萍. 国际贸易实务［M］. 3版. 北京：高等教育出版社，2024.

［7］吴百福，徐小薇，聂清. 进出口贸易实务教程［M］. 8版. 上海：格致出版社，2020.

［8］余庆瑜. 国际贸易实务：原理与案例［M］. 3版. 北京：中国人民大学出版社，2021.

［9］陈岩. 国际贸易理论与实务［M］. 5版. 北京：清华大学出版社，2021.

［10］冷柏军. 国际贸易实务［M］. 4版. 北京：中国人民大学出版社，2023.

［11］盛洪昌. 国际贸易实务［M］. 6版. 北京：清华大学出版社，2023.

［12］薛荣久，崔凡，杨凤鸣. 国际贸易［M］. 7版. 北京：对外经济贸易大学出版社，2020.

［13］克鲁格曼，奥伯斯法尔德，梅里兹. 国际贸易［M］. 11版. 北京：中国人民大学出版社，2021.

［14］黄卫平，丁凯，韩玉军. 国际贸易教程［M］. 6版. 北京：中国人民大学出版社，2023.

［15］许蔚. 国际贸易原理［M］. 2版. 杭州：浙江大学出版社，2023.

［16］易露霞，陈新华，尤彧聪. 国际贸易实务双语教程［M］. 5版. 北京：清华

大学出版社，2020.

［17］李盾. 国际贸易概论［M］. 北京：机械工业出版社，2021.

［18］苏宗祥，徐捷. 国际结算［M］. 7版. 北京：中国金融出版社，2020.

［19］栗丽，张后乐. 国际货物运输与保险［M］. 7版. 北京：中国人民大学出版
社，2023.

［20］李昊. 不可抗力与情势变更［M］. 北京：北京大学出版社，2021.

主编简介

鲁丹萍，二级教授，现任浙江省科技厅软科学研究基地区域经济与文化融合创新发展研究中心主任兼温州职业技术学院国际商务研究院院长。教育部国家职业教育教学专家库专家，全国外经贸行指委课程思政委员会委员。浙江省"万人计划"教学名师、浙江省151人才，浙江省首批高职国际商务专业带头人、浙江省首批优秀教学团队负责人、浙江省首批特色专业负责人，温州市第九届、第十届、第十一届政协委员，温州市瓯海区第十届人大代表。曾担任教育部国家职业教学成果奖和国家精品课程评审专家、商务部全国外贸单证员岗位专业考试中心专家、浙江省商务厅国际服务外包专家和浙江省教育厅国际商务专业教学指导委员会副主任。先后获得浙江省黄炎培职业教育奖杰出教师奖、温州市优秀政协委员、温州市优秀民建会员、上海对外贸易大学优秀访问学者、温州市"百名党外人士建功工程"示范典型等荣誉称号。

读者意见反馈

为收集对教材的意见建议，进一步完善教材编写并做好服务工作，读者可将对本教材的意见建议通过如下渠道反馈至我社。

咨询电话　400-800-0598

反馈邮箱　gjdzfwb@pub.hep.cn

通信地址　北京市朝阳区惠新东街 4 号富盛大厦 1 座

　　　　　高等教育出版社总编辑办公室

邮政编码　100029

防伪查询说明

用户购书后刮开封底防伪涂层，使用手机微信等软件扫描二维码，会跳转至防伪查询网页，获得所购图书详细信息。

防伪客服电话　（010）58582300

网络增值服务使用说明

授课教师如需获取本书配套教辅资源，请登录"高等教育出版社产品信息检索系统"（xuanshu.hep.com.cn），搜索本书并下载资源。首次使用本系统的用户，请先注册并完成教师资格认证。

高教社高职国贸 QQ 群：188542748